感激上主的愛，喚醒世間原來有真愛

聖經通識叢書

雅歌析讀

烈焰深水頌愛情

吳慧芬 著

基道出版社

▼

聖經通識叢書

烈焰深水頌愛情

雅歌析讀

Rediscovering the Bible

Book of Song of Songs

作者

吳慧芬 Goh, Elaine Wei-Fun

審閱

馬榮德

責任編輯

許寶瑩

裝幀設計

奇文雲海・設計顧問

■

出版／發行

基道出版社

香港沙田火炭坳背灣街 26 號富騰工業中心 10 樓 1011 室

LOGOS PUBLISHERS

Unit 1011, 10/F, Fo Tan Ind. Centre, 26 Au Pui Wan St., Shatin, Hong Kong

電話：(852) 2687-0331　傳真：(852) 2687-0281

網址：https://www.logos.com.hk

承印

雅聯印刷有限公司

●

6/2025 初版

Cat. No. LP1115

ISBN-13: 978-962-457-663-4

頁 71 相片由夏達華研道中心提供，謹此致謝。

刷次	10	9	8	7	6	5	4	3	2	1
年份	2034	2033	2032	2031	2030	2029	2028	2027	2026	2025

聖經書卷析讀

出版研經工具書的主要目的，是要將上帝的話語向現代人闡明，讓一羣愛好研讀聖經的信徒得到適切指引。近代聖經研究無疑對於這工作提供了莫大幫助，可惜學者採用的語言往往讓人有晦澀難明之感，令信徒望而卻步。「聖經通識叢書」的出版則試圖作為兩者的橋樑，將那些看似深奧的聖經研究學術理論，化成顯淺的文字，讓信徒可享受當今學者的研究成果。

本叢書設「聖經鳥瞰」、「聖經書卷要領」和「聖經書卷析讀」三個層次，並配以幾本研經工具書，以供信徒於研經上的不同需要。研經的參考資料包括曾出版的《聖經導讀卡 —— 三分鐘的聖經研讀》(2002)、《實用聖經地圖集》(2003)，並深受讀者喜歡的《憑祢恩言 —— 實用基督徒生活手冊》(2004)、《聖經通識手冊》(2005)。第一個層次「聖經鳥瞰」旨在處理一些有關聖經的基本問題，如正典與版本的問題、書卷的編排分類問題，以及基本的聖經史地資料等，而《聖經鳥瞰 —— 基礎篇》(2002)和《聖經鳥瞰 —— 進深篇》(2002)這兩本著作，正就此為我們勾勒出一清晰的圖畫。

第二個層次是「聖經書卷要領」，這是聖經各組書卷的「特寫」，希望向讀者闡明每組書卷的特色和讀經時要留心之處。現已出版的舊約書卷組別有：《舊約先知書要領》(2007)；新約書卷組別則有：《耶穌生平與福音書要領》(2002)、《使徒行傳與保羅書信要領》(2003)、《希伯來書、大公書信與啟示錄要領》(2010)。

至於第三個層次則為「聖經書卷析讀」。「析讀系列」旨在進深分析各聖經書卷的內容和信息，既像釋經書那樣，對書卷進行逐段解釋，亦會針對每一書卷類別，按其文學格式、歷史背景以及神學主題等，作出提綱挈領的分析，又會從書卷中選取一些課題作較深入的探討。編者期望通過這一系列析讀作品，幫助信徒跨過學術的門檻，得以一窺近代華人學者對各書卷豐碩的研究成果之堂奧。現已出版的舊約書卷計有：《在曠野中與上帝同行 —— 民數記析讀》(2008)、《背約沉淪的循環軌迹 —— 士師記析讀》(2009)、《愛的審判與生命的應許 —— 耶利米書析讀》(2012)、《剛強壯膽回應上帝的應許 —— 約書亞記析讀》(2013)、《以敬以虔活在當下 —— 傳道書析讀》(2019)、《建立新世代 —— 申命記析讀(卷上)》(2019)、《建立新世代 —— 申命記析讀(卷下)》(2019)。新約書卷有：《風起雲湧的初代教會 —— 使徒行傳析讀》(2002)、《奔走風塵的僕人 —— 馬可福音析讀》(2003)、《情理之間持信道 —— 加拉太書、帖撒羅尼迦前後書析讀》(2003)、《逆轉人生的上帝之子 —— 路加福音析讀》(2005)、《道成為人的耶穌 —— 約翰福音析讀》(2006)、《僕人領袖的教導與領導 —— 提多書、提摩太前書析讀》(2013)、《擁抱危機的事奉傳承 —— 提摩太後書析讀》(2014)、《同歸於一得基業 —— 以弗所書析讀》(2014)、《與人同在的彌賽亞君王 —— 馬太福音析讀(卷上)》(2016)、《與人同在的彌賽亞君王 —— 馬太福音析讀(卷下)》(2016)、《連於基督走窄路 —— 歌羅西書析讀》(2017)。

此書乃屬第三個層次「聖經書卷析讀」作品。這層次作品有三項主要特色：一、書中不時設有「信仰反省」專欄，以引導讀者將經文與信仰生活連繫，深化靈性體會；二、各章末附有「溫習及思考問題」，可供個人或小組研讀討論之用，讓讀者重溫內容，並思索其在實際生活中的應用；三、章末亦附以「短註」或「釋經短註」，其原意並非為學術討論而設，而為幫助讀者更深入理解經文，推廣普及聖經閱讀之效。基於此定位，編輯於組稿過程中，對學術標註方面作出適度簡化與取捨，包括刪去原稿部分註腳，並將相關參考資料統一整理於導論之「參考書目」中。然而，隨著作者與讀者對本叢書之學術深度有更高期許，本叢書的整體定位亦經歷多個階段的調整。近年出版的作品中，「短註」或「釋經短註」的功能亦不斷擴展，已不再僅限於經文延伸釋義，亦會擔綱一般學術註解之角色。於此演變過程中，有部分處於過渡階段的作品，其註釋取捨或處理有未盡周全之處，致令讀者啟疑，尚祈海涵。

最後，讀者須留意，除特別標明，本書所採用的聖經經文均引自「新標點和合本」(上帝版)；凡經文是引自雅歌的，無論是一個詞彙還是一段文字，皆會以「標楷體」標示；凡古外語(如拉丁文等)或古外語音譯(即希伯來文音譯、希臘文音譯等)，則均以英文斜體字表達。

序言

能夠到達為《雅歌析讀》寫序的階段，實在百感交集。這不單是因為過去至少五年的努力終於看見成果，也是因著再一次豐盛恩典的見證和感動。

筆者在 2019 年開始預備撰寫這本書時，適逢新冠病毒疫情突然爆發，導致神學院停課、圖書館閉館、人人居家隔離。疫情蔓延期間，我花了不少時間適應由實體教學改為線上教學的轉變，書寫計劃因此曾一度擱置。我在教學與寫作間輾轉忙碌，直至 2024 年中旬才完成初稿。將文稿交予出版社後，我終於鬆了一口氣，得以安心參加聖經文學學會（Society of Biblical Literature）舉行的學術交流會。

在過去幾年對雅歌的研究中，我以不同的主題和解讀進路，撰寫了兩篇文章，並在交流會中發表。在高手如雲的學術交流裏發表自己多年的研究，心情是既興奮又忐忑。然而，與學者之間的交流和互動，開拓了我研究的視野，也深化了我的理解。學術會議期間，我得以在酒店安坐，俯瞰窗外的漆黑海景，回想這幾年書寫歷程，並完成這篇序。

不少傳統學者將雅歌描述的男女關係視為上主與以色列的關係，及而延伸至基督與信徒的關係。無可否認，上帝與基督徒的關係是十分特別也是專屬的，然而雅歌所描述的，確實是男女之間愛的親密關係，且很多描述「性」方面的親密關係。我會從「愛情神學」來解讀雅歌，以展示男女關係與上帝創造的關連，從而反省上帝創造男女愛的關係之美。所謂「愛情神學」，就是在愛情的理解上去論述上帝並傳達我們的信仰。

我要感謝基道出版社編輯同工團隊的厚愛。此書能夠達至出版的階段，背後確實有他們付上的努力。在合作當中，我在解讀雅歌中也大受裨益。

此外，我感激馬來西亞神學院院長、衞理公會西馬華人年議會的會長，以及同工團隊，他們看重聖經的教導，經常鼓勵我在教學上不斷突破。神學院的學生亦是我在研讀雅歌時的互動對象。因此，我解讀雅歌的過程，有同工和神學生們的參與。他們彷彿是雅歌男女的愛之韻當中那股支持與鼓勵的羣體聲音。

我更要感激丈夫伍偉民。他的愛和專一，活現了雅歌中的良人，使我像雅歌女子深信不疑的宣告：「若有人拿家中所有的財寶要換愛情，就全被藐視」(歌八7)。最後，我也希望這本書成為女兒的激勵和指引——勇敢去愛！

吳慧芬

2024年11月26日

筆於美國加州聖地牙哥聖經文學學會學術交流會期間

目錄

專欄目錄

寫表

AB	Anchor Bible Commentary
AEL	*Ancient Egyptian Literature*
ANET	*Ancient Near Eastern Text Related to the Old Testament*
AOTC	Apollos Old Testament Commentary
BDB	*A Hebrew and English Lexicon of the Old Testament.* Edited by Brown, F., S. R. Driver, and C. A. Briggs
BHS	*Biblia Hebraica Stuttgartensia.* Edited by R. Kittel, K. Elliger, W. Rudolph and F. Horst et al.
BST	The Bible Spcaks Today
CBQ	*The Catholic Biblical Quarterly*
ESV	English Standard Version
GNT	Good News Translation
HALOT	*The Hebrew and Aramaic Lexicon of the Old Testament.* Edited by Ludwig Koehler, Walter Baumgartner, and Johann J. Stamm. Translated and edited under the supervision of Mervyn E. J. Richardson. 4 Volumes
JAAR	*Journal of the American Academy of Religion*
JBL	*Journal of Biblical Literature*
JSOT	*Journal for the Study of the Old Testament*
JSOTSup	*Journal for the Study of the Old Testament*, Supplement Series

KJV	King James Version
NASV	New American Standard Version
NCBC	The New Century Bible Commentary
NICOT	New International Commentary on the Old Testament
NRSV	New Revised Standard Version
OTL	Old Testament Library
TOTC	Tyndale Old Testament Commentaries
VT	*Vetus Testamentum*
WBC	Word Biblical Commentary

第一章
雅歌導論

- 作者課題
- 正典課題
- 文學類型
- 結構大綱
- 語法特徵
- 寫作背景
- 解讀進路
- 參考書目

「雅歌」意思是「最美的歌」，它之所以美，是因它最為優美，亦最具代表性。它亦可以解作屬於所羅門許多詩歌的其中一首歌（詳細分析，可參 2.1 有關的討論，頁 28）。

雅歌是一卷極具魅力卻充滿爭議的書。全書只有一百一十七節經文，但詮釋難度高且解讀方法歷來分歧。古代猶太拉比與現代學者對其詮釋更是見解不一。公元二世紀聞名的猶太拉比亞基巴（Rabbi Akiva ben Yosef），在公元 90 年羣集猶太人拉比的詹尼亞會議（Council of Jamnia）上，把雅歌推崇為「聖中之聖」的地位。他甚至說雅歌是上帝賜給以色列最珍貴的禮物。❶ 亞基巴這立場於今亦常被提及。據說第二聖殿時期，猶太人拉比們激烈爭辯雅歌和傳道書的正典地位，以及它們會否「使雙手顯為不潔」。相關議題稍後會作詳細解釋。❷

1.1 作者課題

1.1.1 所羅門是否作者

許多人一直受傳統影響，認為所羅門是雅歌的作者。首先，所羅門被視為雅歌作者，可能是根據列王紀記述他曾寫詩作句（王上四 32）。不過，不少學者亦根據所羅門時代的歷史場景，指出他既有妃嬪一千人（王上十一 3），就不可能有雅歌那種的兩情相悅、惟你不娶的愛情敍事。此外，因書拉密女皮膚黝黑（一 5～6），不太像生活在奢華的後宮或是所羅門最得寵的妃嬪。

此外，教會傳統上千多年的解經歷史，幾乎認定「所羅門」是雅歌的作者，其根據就是所羅門這名字在雅歌出現了七次（一 1、5，三 7、9、11，八 11、12）。但是，不少現代的猶太教和基督教聖經學者以客觀態度看作者這課題，漸漸接受作者未必是所羅門。

若從原文看這「所羅門的歌，是歌中的雅歌」（*šîr haššîrîm ʾăšer lišlōmōʰ*）這短語，其意思可以解作「寫給所羅門的歌中之歌」、「屬於所羅門的歌中之歌」或「為所羅門寫的歌中之歌」（詳細討論可參 2.2 對「所羅門的歌，是歌中的雅歌」的解釋，頁 29）。因此，雅歌一章 1 節即使提及「所羅門的歌」，未能完全證明所羅門是作者。

筆者較傾向支持雅歌不是由所羅門寫的，並將會於下文「文學類型」和「寫作背景」的題旨下作進一步論述。基督教傳統上相信所羅門是作者，多源於神學與信仰的考量，希望從中得到靈性指引或與上帝建立親密關係。然而，作者是否所羅門其實並不影響聖經的權威，因為聖經所有書卷皆來自上帝的默示。筆者認為，結合信仰期望與文學考量，才是詮釋雅歌的最佳方法。

1.1.2 雅歌以女性聲音為主導

根據女性主義學者阿塔利亞・布倫納（Athalya Brenner），雅歌有女性的聲音及角色，而且有著主導並優越的地位。❸ 布倫納進一步解說，雅歌不凡之處在於凸顯母性的特質（「我同母的弟兄」或「我母親的家」；一6，八2；另參三4），而少提及「父親/父家」的概念。雅歌亦顛覆了女性在父權社會裏的習俗，因為有一位「女詩人」一直在說話，即使是在她的兄弟當中（八1～10）說話。雷妮塔・韋姆斯（Renita J. Weems）指出，雅歌的女聲是聖經中惟一「無中介」（unmediated）的女聲論述，意思是說雅歌毋須透過敘事者的聲音去論述書中的女性主角（例如以斯帖記和路得記），而是透過獨白（monologues）、自言自語（soliloquies）和情歌來表達。韋姆斯也認為，聖經其他書卷似乎沒有這種以女性的言語、思想、渴求、情感和經驗主導著內容的書卷。❹ 從女性的聲音主導著雅歌裏愛情故事的演繹看來，雅歌的確有別於其他聖經的經卷。

1.2 正典課題

古猶太傳統理解雅歌乃所羅門之作，雅歌因此便符合了被列入希伯來聖經的條件。不過，事實上，古代猶太學者在處理正典的課題上充滿複雜性和爭議性。

雅歌的內容流露男女愛慾和表達露骨的親密言語，要斟酌能否進入猶太教「正典」是經過一番辯論和對峙的。古代猶太教神學有兩大對立的派系，其一是公元前一世紀，代表巴勒斯坦且比較保守的煞買（Shammai），其二是約公元前70年至公元10年間，代表巴比倫且比較開放的希列（Hillel）。煞買學派反對雅歌被列入正典，而希列派卻無條件地接受之。❺ 猶太人「他勒目」（Talmud）曾指出雅歌由於沒有提及上主（YHWH）之名而被視為「使雙手顯為不潔」（defile the hands）的書卷。

即使拉比之間對雅歌應否出現於正典這課題上有激烈的爭辯，雅歌卻是猶太人重視的書卷，是逾越節（猶太曆一月，即尼散月）這重要的宗教節日中必定誦讀的書卷，原因是他們相信雅歌的愛情喻指上主與以色列民的愛。再者，因著他們採用寓意解經法來詮釋雅歌，它逐漸成為民族性代表和猶太宗教節日的重要經卷。❻ 後來為了避免讓雅歌淪為樂宴狂歡的娛樂品，猶太傳統為雅歌附加了一個「安全使用措施」——雅歌不能在宴會當中成為香艷情歌。❼ 亞基巴更極力認為在宴會中朗讀雅歌的，就是「將之視為世俗音樂的人，將與天國無分」。❽

希伯來聖經正典有三大分類（即「訓誨書」〔*Torah*〕、「先知書」〔*Nevi'im*〕和「聖卷」〔*Kethuvim*〕）。雅歌在第一世紀成典之時已被編入「聖卷」，與耶利米哀歌、傳道書、路得記、以斯帖記組成「五小卷」（*Megilloth*），成為回歸後猶太人**五大宗教節期**誦讀的書卷。

逾越節誦讀雅歌、五旬節誦讀路得記、住棚節誦讀傳道書、修殿節誦讀耶利米哀歌、普珥節誦讀以斯帖記。

基督教的舊約正典，採納了希伯來聖經全部的**二十四卷書**，編排次序則採納「七十士譯本」（Septuagint/LXX）的歷史順序，形成了舊約聖經三十九卷書。雅歌在基督教正典是屬於「詩歌智慧書」類，確定了雅歌的詩歌文學類型，同時把雅歌與智慧文學扯上了關係。

二十四卷書是指：摩西五經（5卷）、先知書（8卷；撒母耳記上下合併為一卷、列王紀上下合併為一卷、十二先知書合併為一卷）、聖卷（11卷；以斯拉記與尼希米記合併為一卷、歷代志上下合併為一卷）。

1.3 文學類型

由於普遍認為雅歌是所羅門所寫，而它亦被列入基督教正典的詩歌智慧書類，於是經常有人標籤它為智慧文學的文學類型（genre）。有些人認為雅歌是智慧文學，是因為一個人若能懂得愛情，就會懂多一些人生智慧，畢竟愛情能夠影響一個人是否活得快樂。可是，這一點是值得相榷的。

雅歌的內容涉及的，最明顯是表達愛情。它流露著一對男女彼此傾慕和思念，及你儂我儂的愛意。此外，雅歌裏的男女對閨房之樂似乎存有一種渴想，因而不缺露骨且大膽的性愛場景之描繪。

從書卷的內容、主題、詞彙，和人物互動的角度顯示，我們可以肯定地認為雅歌是一卷愛情詩歌集，而它所歌頌的是愛情。以色列民是一個喜歡歌唱的民族，不同主題的詩歌分佈在希伯來聖經不同書卷，毋庸置疑地見證了以色列民族吟詩歌唱的文化。他們把悲哀、禱告、信靠和讚美述之於詩，也把愛情頌之於歌；雅歌就是一卷吟唱愛情的詩歌集。簡言之，雅歌一般上被歸類為以下幾種文學體裁的作品。

1.3.1 愛情詩歌

雅歌是民間愛情詩歌，這是當今最廣為接受的看法。進一步而言，學者廣泛認為雅歌的寫作題材在古代文學世界普遍地出現，而更類近埃及的愛情詩歌。❾

在聖俗二分化的理解之下，「通俗」和「民間」的愛情詩歌經常被看為「世俗」，因此歌頌肉體情慾的詩歌會被人理解為「不聖潔」。為了使雅歌的內容成為聖潔，在猶太教和早期教父傳統中已經存在寓意解釋雅歌的方法，藉此嘗試「應付掉」雅歌裏面大膽且露骨的性愛隱喻。不過，今天我們大致上已經明白二元論思想的偏差，也曉得聖經從未刻意把聖俗分開。

雅歌今天既然已成為聖經正典的一部分，它的存在對聖經和神學的論述，一定有其重要性。究竟男女之間的愛情在聖經神學的論述上是否可以有其角色？上帝創世時託付男女「生養眾多」的吩咐（創一28），難道完全排除愛情的成分？雅歌恰恰地在一個與伊甸園相似的「園子」和「赤身露體」的場景，補述了創世記園子裏所沉默的愛情論述。而所謂「神學」（Theology）就是一種有關上帝的論述（*the logos* of *theos*）或有關基督教信仰的論述，「愛情神學」就是在愛情的理解上去論述上帝和傳達信仰。雅歌所傳達的就是愛情神學。

因為雅歌歌頌的是兩情相悅的愛情，顯示在古代社會民間生活裏對此議題是直率而不造作。雅歌被人普遍頌唱以致成為民謠，可能源自農耕背景，在收割慶典上被吟唱。既是民謠，就沒有殿堂式繁文縟節的表達。正是因為雅歌對愛情的歌頌深入民間，它反映出當代普羅大眾視愛情為日常生活的一部分，呈現出一般人普遍生活的寫照。

1.3.2 戲劇之說

把雅歌視為一套戲劇的說法，極有可能是希臘文化影響下的延續。戲劇說之見解對雅歌有多少位主角存在兩種立場，一是三個主角，二是兩個主角。根據三個主角說，一位君王（所羅門）介入了村女（佳偶或書拉密）和牧羊人（良人）的愛情當中；這位君王希望得到村女的青睞，不惜横刀奪愛，只不過村女深深愛著牧羊人，無視於這位君王的榮華富貴和銀彈攻勢。三個主角說的戲劇有幾個版本，只不過細節大同小異。⑩ 主張三個主角說的普羅文（Iain Provan）甚至認為，書拉密已經是所羅門後宮的妃嬪，只是心繫宮外的愛人，因而對所羅門十分冷淡。⑪

根據兩個主角說，良人和佳偶自然就是戲劇中兩位熱戀的愛人，男主角自然是所羅門，女主角則是書拉密。他們彼此戀慕，視對方為惟一的真愛，可惜礙於文化禮儀和空間距離，女方思念成病，不過最後有情人終成眷屬。德利茨（Franz Delitzsch）是兩個主角說著名的提倡者，極力反駁三個主角說的立場。後來的古爾德（M. D. Goulder）則把雅歌分成十四首歌，並認為女主角書拉密是一名阿拉伯公主，而雅歌的戲劇內容有為種族歧視辯證之嫌。⑫

1.3.3 婚禮之歌

猶太人的婚禮除了沿用敍利亞的傳統婚禮儀式，也混入鄉村婚宴中歌頌男女主角的文化。在七天的婚宴當中，新郎和新娘就如君王和王后般備受矚目，又接受賓客以歌唱的方式來祝賀他們新婚之喜。這個看法由溫兹斯坦（Johann G. Wetzstein）首先提出，附錄於德利茨的雅歌註釋書之內。⑬ 婚禮之歌的看法，借用了一個阿拉伯文的學術用語「瓦施芙」（*wasf*），就是一首用於婚禮之中，為讚賞愛人胴體所唱之歌（參專欄「瓦施芙」的討論，頁 131）。筆者認為雅歌的內容的確包含婚禮的成分，因為良人多次稱呼他的佳偶為「我妹子，我新婦」(四 9～12,五 1)。而且,雅歌出現耶路撒冷眾女子和佳偶的弟兄,襯托男女主角成為書中明顯的焦點。

雅歌成了一台戲

雅歌三個主角說之「劇情」主要情節略述如下:

序幕(一 1～二 7)顯示華麗的皇宮場景,所羅門王的後宮妃嬪恭候王臨到她們中間,她們各自心裏仰慕他,並期望得到他的寵愛以能跟他共度春宵。書拉密可能是被強行帶回宮中的一名牧羊女,她黝黑的皮膚受到其他充滿敵意的妃嬪們嘲笑,她因此為自己辯護。所羅門在眾人當中看中了書拉密,稱她為「女子中最美麗的」(五 9),只不過書拉密心裏惦記著她的心上人——一名牧羊人,並幻想她和他在林間幽會。

接下來的一幕是她因為思念他,就與他私定黃昏時刻的一場約會(二 8～17)。牧羊人沒有出現,書拉密只好出去尋找他,找到了他並把他帶回自己的家裏(三 1～4)。這時,所羅門卻大費周章地擺轎來迎接她回宮,企圖以豪華的架勢和諂媚的讚美來獲取她的芳心,好與她同寢(三 6～四 7)。牧羊人出現,懇求書拉密與他一起遠走高飛,並編織一個屬於他們的婚禮的夢想(四 8～五 1)。書拉密真的逃了出去,只不過後來又被巡邏的守衛帶回宮。書拉密把愛人來找她以及他們彼此愛慾中離別的思念,告訴了其他妃嬪,引致她們嘲笑(五 2～9),而她不甘示弱地描述她的愛人的確與眾不同(五 10～16)。她們想幫她去尋找她的愛人,只是所羅門駕到,再次想用華麗誇飾的讚美來打動書拉密,引致妃嬪們也讚賞她,要她留下(六 1～13)。

王再度稱讚她的美麗以及對她的慾望(七 1～9),書拉密卻告訴王她已經心有所屬,並期待與她的心上人共枕歡好(七 10～八 4)。所羅門惟有讓她離開,回到村莊。她見到心上人,確定他們的愛情強烈到勝過一切攔阻。她回想以前哥哥們討論過她的未來婚嫁之事,她也公開表示自己拒絕了所羅門的求婚和嫁妝,現在等著愛人一起共築愛巢。閉幕是有情人終成眷屬(八 5～14)。⓮

1.4 結構大綱

1.4.1 內容大綱

「雅歌」除了是「歌中之歌」，可能也是一部詩集。有學者提出，這部「詩集」是彙集了幾篇沒有直接關聯的情詩而成，並因其情節缺乏連續性，學者認為那是由不同作者獨立寫成，經後期編修者彙集成書。這些本來獨立的詩歌，至少有六首，多則四十多首，學者們對此的看法可說相當紛紜。不過，從最後面貌（final form）看來，雅歌整體上還算是擁有一個相映呼應的結構（當然亦不排除後來經編者整理）。筆者個人認為，雅歌是彙集了「很多首情歌」而成的「一卷愛情詩歌集」。在這個基礎上，筆者以一章 1 節為全書引言，而一章 2 節至八章 14 節形成一交叉結構；如此，全書分為九個對稱的「詩節」。本書將以此作全書的析讀框架。

引言（一 1）

A　愛慕期待（一 2～8）

　B　彼此仰慕（一 9～二 7）

　　C　求婚：「與我同去！」（二 8～17）

　　　D　婚禮之歌（婚禮前夕）（三 1～四 15）

　　　　E　共結連理：有情人終成眷屬（四 16～五 1）

　　　D’　婚禮之歌（新婚之夜）（五 2～六 10）

　　C’　思鄉：「回來！回來！」（六 11～13）

　B’　彼此戀慕（七 1～八 4）

A’　委託終身（八 5～14）

1.5 語法特徵

很多研究雅歌的學者都認為，雅歌的希伯來文語法是舊約書卷中最困難的一卷。筆者列出其中特點作討論。

第一，雅歌出現不少「一次頻詞」的詞彙

雅歌全書只有一百一十七節，約共有四百七十個詞，其中四十七個是「一次頻詞」(***hapax legomenon***)。減除了這四十七個詞，以及出現在舊約其他書卷不太頻密的字詞，雅歌全書只有三百個普通詞而已。那些「一次頻詞」在其他舊約書卷是無從參照的，因此難以確定其意義。學者們在這些字詞的解釋細節上需要與一些手抄本及古代譯本作比較，例如死海古卷和古希臘文譯本，但亦不具有足夠的說服力。

hapax legomenon 源自希臘文，意思是「提及一次」(being said once)。在聖經文學著作的領域，它是普遍用語，意指只出現過一次的原文字詞。

第二，雅歌包含不少外來語文

雅歌包含不少外語，此外也混合了早期和晚期的希伯來文語文現象。奧伯萊(William F. Albright)提出雅歌的語文現象和平行句式與公元前十四世紀或更早的烏加列文文獻相似。鮑勃(Marvin H. Pope)指出雅歌有不少的字詞與烏加列文相連，他以此陳明雅歌有早期成書的因素。不過，福克斯(Michael V. Fox)則認為雅歌亦受後期亞蘭文影響，因而力陳雅歌是晚期作品。他又指出雅歌也借用了波斯用詞，例如：「**園**」(*pardēs*，四 13)和「番紅花」(*ḵarkōm*，四 14)，甚至「華轎」(*ʾappiryôn*，三 9)。可惜對這些語文現象的看法至今並未有共識。這說明，藉著語文來斷定雅歌的成書時期，依然是主觀的推理，需要進一步審核的。我們不確定這些詞彙如何融入了希伯來的語文系統之內，不過這些語文現象或許反映了雅歌的豐富和具跨時代的應用。

四章 13 節的「園」與 12 節的「園」(gan)原文是兩個詞，後者有「封閉的空間」的意思(參下文經文析讀)。

第三，雅歌有大量雙關語

雅歌有大量含雙關語的意象(double entendre imagery)。這原本是詩歌體裁的特色，不過雅歌這些雙關語含有濃厚與性愛有關的暗示，這些意象極富神祕色彩。韋姆斯說，當雅歌的「女詩人」嘗試描述「愛情」這令人最難以捉摸的體驗，加倍地依賴意象和隱喻的文學功能，這反映愛情那種似現實卻如幻想、又含糊又明確的浪漫與迷人；其原因在於「愛情掌控著自己的修辭」(love dictates its own rhetoric)。⓯ 朗文(Tremper Longman III)也指出，雅歌所用的意象似乎用盡視覺、聽覺、味覺、嗅覺、觸覺的五種感官，而這愛情似乎使這些感官「興奮」起來。雅歌透過雙關語的意象，帶出經文後面富有情慾的意義（參二3「果子」；四12「園」；五4「門孔」。詳細討論參經文分析）。

1.6 寫作背景

雅歌反映的寫作背景可能是被擄之前。雅歌的言詞傾向大膽的縱情愛慾，反映了古代社會的情感比較原始和真摯，對真情流露比較大膽且不加修飾。於當時的人而言，這樣的做法並不算為有傷風化。但是，回歸以後的猶太人社會比較嚴肅和保守，較難寫成如此的著作。

雅歌的用詞、文法和地名，比較像早期以色列的歷史場景。例如：將「得撒」描繪成耶路撒冷的榮美（參六4）。這樣作比喻，反映出以色列早期耶路撒冷和得撒同時具有的地位。此外，雅歌提到「希實本」（七4）和「基列山」（四1，六5），這兩座山都是在以色列一些戰爭之後消失了的地方。雅歌提到這些地方，不可能是一種歷史回憶，而是當時作者和頌唱者都熟悉之地。雅歌如此直接提及這些地名，表示他們都身歷其境，這樣才使雅歌對大家產生意義。

雅歌最有可能反映以色列王國分裂之前全盛時期的盛景，而且雅歌的言詞對以色列北部（後來的北國）蘊含著濃厚的情感。這些民間愛情詩歌亦有可能在更早前已經代代傳唱，從北方開始流行，後來逐漸南移至耶路撒冷。宮廷的人把這些詩歌彙集起來獻給所羅門。所羅門因喜歡這些愛情詩歌，便命令飽學之士進行彙集、編曲、修訂。

1.7 解讀進路

隨著聖經詮釋開始注重不同釋經進路，雅歌的詮釋備受學者重視。雅歌的詮釋可以簡單地歸納為以下鮮明的進路。

1.7.1 寓意解經

寓意解經（Allegorical Interpretation）在猶太人傳統和基督教歷史當中是解釋雅歌歷史最悠久之方法。寓意解經假設了文字背後具有深一層的屬靈意義，因此學者也稱它為「靈意解經」（Spiritualized Interpretation）或「屬靈的解經」。

在這個前提之下，雅歌表面上是表達人間愛情，實際上是表達上帝與人之間神聖的愛。從這進路看，猶太教把雅歌裏的良人視為上帝、佳偶看為以色列；基督教則把良人理解為基督、佳偶理解為教會。

猶太教的寓意解經，就是要把雅歌看為上帝與以色列之間，一種救贖以色列、挽回以色列之愛的關係。而基督教的寓意解經，就是把雅歌理解為基督如何為教會捨身、教會應如何回應這份愛的關係。早期教父的解經對後來的教會所產生的影響力，可能遠遠超乎我們的想像。

寓意解經法既超越字面的意義，同一節經文在不同寓意解經者手中，其結果可以是完全南轅北轍的。寓意解經或靈意解經今天被公認是一種屬於比較鬆散的釋義方法。從釋經進路的角度去看，寓意解經雖不會著筆於解釋經文，但從基督徒靈命教導上，卻影響著不少基督徒對信仰的委身。

1.7.2 文學解經

文學解經（Literary Interpretation）首要關注的，是上帝使用作者透過文字將祂對人的信仰要求記錄下來，留給下一代的人；如此，我們也當按照文學理論研讀聖經。文學解經首先需要辨認的，是那段經文屬哪一種文學類型（genre），這樣才可以使用不同的文學詮釋方法去處理經文。雅歌呈現的是詩歌體裁，那麼，解經者須以解讀詩歌的方式，探討雅歌的結構、內含的詞、意象的應用等等。筆者將沿用文學解經進路，嘗試剖析雅歌的詩歌特色。

1.7.3 正典解經

正典解經（Canonical Interpretation）這詮釋進路，強調以正典聖經作為一個整體來理解和詮釋個別書卷。此進路主張聖經內含的意義不應僅依賴單一經文或書卷的內容，而應置放於整本正典聖經的結構與神學脈絡上去理解。謝挺採用「正典釋經法」這進路解釋雅歌，在華人研究雅歌的領域建立了先例。[16] 謝挺使用「文本互涉」（intertextuality）的角度，借用希伯來聖經其他書卷與雅歌的經文、詞彙、比喻和意境互涉。藉著這進路將雅歌與希伯來聖經對話，梳理雅歌與創世記、與先知書、與智慧書以及與彌賽亞主題的關係。從這樣的建構，她進一步揭開雅歌的四層意思——雅歌為一首伊甸之歌、婚約之歌、智慧之歌和彌賽亞之歌。

謝挺的解讀結合文學解經及神學解經的進路，特別是彌賽亞之歌的解讀。她的詮釋進路具有實意和寓意的意境；她所指的寓意，不是基督愛教會或上帝愛以色列人，而是錫安城期待彌賽亞。

1.7.4 神學解經

筆者認同雅歌在神學論述上扮演著重要角色。雅歌肯定是說及一男一女之間彼此愛慕、和諧共存的關係，其焦點應該在「人與人之間」的橫向關係（horizontal）。雅歌論述著聖經其他地方都沉默不言的愛情神學。筆者傾向崔菲莉（Phyllis Trible）所倡導的理念，把雅歌的園子連於伊甸的園子。這兩者著實有其共通點，兩者皆有一個園子、一男一女、花卉樹木、流水泉源、赤身露體、自然界與動物的相同題旨。此外，兩個園子都涉及視覺（悅人耳目、使人心動的人與物）、聽覺（聽見對方的聲音）、嗅覺（樹林花開的香氣）、味覺（品嘗果子的滋味）與觸覺（觸摸果子或對方）的感官。同時，一男一女在園子中親密相處時，上帝似乎都不在場。

崔菲莉認為，伊甸園的愛情是「消逝的愛情故事」（love story gone away），而雅歌的愛情是「救贖的愛情詩歌」（love lyrics redeemed）。上帝設立伊甸園給男與女，但他們因罪失去樂園生活及和諧關係，但雅歌逆轉了這局面，他們重尋樂園，恢復和諧。⑰ 換句話說，雅歌重新詮釋了伊甸園那原初的愛情故事。筆者把崔菲莉對兩個園子對比的概念，表列如下：

伊甸的園子	雅歌的園子
悖逆性的失樂園悲劇（tragedy）	救贖性的愛情交響曲（symphony）
她「戀慕」（*təšûqa^h*；創三 16）他	他「戀慕」（*təšûqa^h*；歌七 10）她
男子主動示愛：「我骨中的骨，肉中的肉」（創二 23）	女子主動示愛：「良人屬我，我也屬他」（歌二 16；參六 3）
關係出現張力：埋怨、管轄（創三 12、16）	關係恢復和諧：愛情堅強（八 6～7）
失去樂園的愛	恢復樂園的愛
上帝向男女說話	上帝沒有出現或說話

雅歌裏和諧的男與女關係，修復了男與女在伊甸園子裏破壞了的關係。因此，雅歌更像是描繪一男一女之間這橫向的關係，而不是上帝與人之間直向（vertical）關係。進一步而言，雅歌突破了傳統的父權限制，「恢復」了女性在希伯來聖經原本應有的聲音，因為雅歌肯定了一個熱戀中的女子對「愛情」和「親密關係」的渴想。因此，解讀雅歌，必須採用愛情神學橫向的框架作進路。所以，如果將雅歌比喻為一把失去鑰匙的鎖，那麼創世記的園子很有可能就是開啟這把鎖的鑰匙。⑱

藉著愛情神學的解讀框架，雅歌的詮釋可以有以下四個簡單的解讀立場：

- 一男一女之間的愛情，有明確的聖經基礎。
- 一男一女之間的愛情，具有重要的神學意義。
- 一男一女之間所發生的愛情，並以婚姻作為目的。
- 婚姻裏的性關係，是男女之間愛情的神聖結合，且值得慶祝。

1.7.5 女性主義解經

女性主義詮釋對雅歌的研究走向多樣化。有女性主義學者的詮釋認為，雅歌賦予女性一個「解放」的意義，恢復女性的聲音，從而提升了女性地位。然而，另有些女性主義學者的詮釋則質疑此觀點，認為雅歌反而加劇性別之間的「不平等」。持這觀點的學者認為雅歌對女性胴體的描繪與讚賞出自男性視角，滿足了男性的性別想像。⑲

近年來女性主義詮釋對雅歌的研究貢獻卓著。如前所述，崔菲莉提出了具影響力的解讀進路，將雅歌的園子與創世記的伊甸園的意象聯繫起來。她在雅歌展現了一些獨特的女性主義符號，例如：將書中提到七次的「母親」（一6，三4、11，六9，八1、2、5）與從未出現的「父親」作對比。再者，當良人提到佳偶，曾經說她「是她母親獨生的」（六9），而佳偶提到良人，也曾說「生養你的在那裏為你劬勞」（八5）。由此可見，女性聲音在雅歌佔主導地位，其焦點也顯著傾向女性。⑳

布倫納亦從女性主義的視角詮釋雅歌。她力陳雅歌鮮有父權之影響，亦指出書中的女性展現出堅強、開放、主動及富有善辯之能。布倫納亦指出雅歌不存在傳統意義上的「性別平等」(equality of the sexes),反呈現出「女性優勢」(female superiority)。此外,她透過文本互涉的方式將創世記二至三章與雅歌的意象結連,指出雅歌的園子象徵著愛情的救贖力量,使人重返心理層面的伊甸園。㉑

1.7.6 小結

目前雅歌的解經趨勢大多傾向文學鑑別進路,學者似乎亦有一個共識,就是把雅歌看為是一男一女之間的愛情詩歌集,流露著男女之間愛慾之情;另一方面,學者亦承認,僅僅按照字面解讀雅歌,恐怕不能窮盡雅歌的意義。學者因意見分歧而引發不少學術文章的發表。有學者因為考量神學因素,認為寓意和文學釋經其實也可以相輔而成,而沒必要彼此排斥。事實上,解經者若能在詮釋方法上做到互平衡互補,亦是一件好事。

1.8 參考書目

針對雅歌的研究,著實有不少具學術價值的著作,筆者無法逐一羅列,僅作篩選如下。筆者將參考書目分為兩個層次羅列。首先,筆者將列出本書撰寫過程中主要參考的核心著作清單。本書在討論學術議題及進行詮釋時,皆以這些著作為重要依據。然而,為顧及篇幅,除非涉及不同見解,否則不會在註腳逐一引述。讀者可參閱這些參考書以進一步了解相關的議題。此外,筆者亦列出進深參考書目。這些著作同樣在筆者的研究過程中發揮重要作用,筆者羅列出來,望能給有志進深探索雅歌的讀者提供指引及參考資源。

1.8.1 主要參考書目

Brenner, Athalya and Carole R. Fontaine, eds. *The Song of Songs: A Feminist Companion to the Bible*. Sheffield: Sheffield Academic Press, 2000.

Duguid, Iain M. *The Song of Songs: An Introduction and Commentary*. TOTC 19. Downers Grove, IL: InterVarsity Press, 2015.

Exum, J. Cheryl. *Song of Songs: A Commentary*. OTL 5. Louisville, KY: Westminster

John Knox Press, 2005.

Fox, Michael V. *The Song of Songs and the Ancient Egyptian Love Songs*. Madison, WI: University of Wisconsin Press, 1985.

Garrett, Duane A. and Paul R. House, *Song of Songs/Lamentations*. WBC 23B. Grand Rapids, MI: Zondervan Academic, 2016.

Gledhill, Tom. *The Message of the Song of Songs*. BST. Leicester: InterVarsity Press, 1994.

Hess, Richard S. *Song of Songs*. Baker Commentary on the Old Testament Wisdom and Psalms. Edited by Tremper Longman III. Grand Rapids, MI: Baker Academic, 2005.

Jenson, Robert W. *Song of Songs*. *Interpretation: A Bible Commentary for Teaching and Preaching*. Louisville, KY: John Knox Press, 2005.

Keel, Othmar. *The Song of Songs: A Continental Commentary*. Translated by Frederick J. Gaiser. Minneapolis, MN: Fortress, 1994.

Lichtheim, Miriam. *AEL* 3 Volumes. Berkeley, CA: University of California Press, 1973 ~ 1980.

Longman III, Tremper. *Song of Songs*. NICOT. Grand Rapids, MI: Eerdmans, 2001.

Murphy, Roland E. and S. Dean McBride, Jr. *The Song of Songs: A Commentary on the Book of Canticles or the Song of Songs*. Hermeneia. Minneapolis, MN: Augsburg Fortress Press, 1990.

Pope, Marvin H. *Song of Songs: A New Translation with Introduction and Commentary*. AB 7C. New York: Doubleday, 1977.

Pritchard, James B. ed. *Ancient Near Eastern Texts Relating to the Old Testament*. 3rd ed. Princeton: Princeton University Press, 1969.

Snaith, John G. *Song of Songs*. NCBC. Edited by Ronald E. Clements. Grand Rapids, MI: Marshall Pickering, 1993.

Walton, John, Victor H. Matthews, and Mark V. Chavalas. *The IVP Bible Background Commentary*. Downers Grove, IL: InterVarsity Press, 2000.

卡洛德。《雅歌》。潘秋松譯。丁道爾舊約聖經註釋 19。台北：校園書房，1994。

李熾昌、周聯華。《傳道書・雅歌》。中文聖經註釋 17。周聯華、邱恩處編。香港：基督教文藝，1990。

格萊德希爾。《雅歌——愛的詩篇》。秦蘊璞譯。聖經信息系列 13。台北：校園書房，2011。

謝挺。《雅歌——情牽永約》。香港：明道社，2016。

黃朱倫。《雅歌註釋》。天道聖經註釋。香港：天道，2013。

1.8.2 進深參考書目

1.8.2.1 專著

Barbiero, Gianni. *Song of Songs: A Close Reading*. VT Supplement 144. Translated by Michael Tait. Leiden: E. J. Brill, 2011.

Black, Fiona C. *The Artifice of Love: Grotesque Bodies and the Song of Songs*. Edinburg: T & T Clark, 2009.

Bloch, Ariel, and Chana Block. *The Song of Songs: A New Translation with an Introduction and Commentary*. New York: Random House, 1995.

Botterweck, G. Johannes, Helmer Ringgren and Heinz-Josef Fabry. *Theological Dictionary of the Old Testament*. Translated by Douglas W. Scott. Grand Rapids, MI: William Eerdmans, 2004.

Brenner, Athalya. *The Song of Songs*. Old Testament Guide. Edited by R. N. Whybray. Sheffield: JSOT Press, 1989.

Clairvaux, Bernard. *The Work of Bernard of Clairvaux on the Song of Songs*. Translated by Kilian Walsh and Irene M. Edmunds. Volumes 1-4. Kalamazoo: Cistercian Publications, 1970～1980.

Davis, Ellen F. *Proverbs, Ecclesiastes, and the Song of Songs*. Westminster Bible Companion. Louisville, KY: Westminster John Knox Press, 2000.

Delitzsch, Franz. *Commentary on the Song of Songs and Ecclesiastes*. Translated by M.

G. Easton. Edinburgh: T & T Clark, 1877.

Dharamraj, Havilah. *Altogether Lovely: A Thematic and Intertextual Reading of the Song of Songs*. Minneapolis, MN: Fortress Press, 2018.

Dietrich, M., O. Loretz and J. Sanmartin, eds. *The Cuneiform Alphabetic Texts from Ugarit, Ras Ibn Hani and Other Places*. Münster: Ugarit-Verlag, 1995.

Fischer, Stefan and Gavin Fernandes, eds., *The Song of Songs Afresh: Perspectives on a Biblical Love Poem*. Hebrew Bible Monographs 82. Sheffield: Sheffield Phoenix Press, 2019.

Fredericks, Daniel C. and Daniel J. Estes. *Ecclesiastes and The Song of Songs*. AOTC 16. Edited by David W. Baker and Gordon J. Wenham. Nottingham: Apollos/ Downers Grove, IL: InterVarsity Press, 2010.

Frownfelter, Andrea. *Flower Symbolism as Female Sexual Metaphor*. Senior Honors Theses and Projects 238. Senior Honors Thesis. Ypsilanti, MI: Eastern Michigan University, 2010.

Garrett, Duane A. *Proverbs, Ecclesiastes, Song of Songs: An Exegetical and Theological Exposition of Holy Scripture*. The American Commentary. Edited by E. Ray Clendenen and Kenneth A. Mathews. Nashville, TN: Broadman Press, 1993.

Gibson, J. C. L. *Canaanite Myths and Legends*. 3rd ed. Edited by G. R. Driver. New York: T & T Clark, 2004.

Goldingay, John. *Proverbs, Ecclesiastes and Song of Songs for Everyone*. Louisville, KY: Westminster John Knox Press, 2014.

Good, Edwin M. *The Song of Songs: Codes of Love*. Eugene, OR: Cascade Books, 2015.

Gordis, Robert. *The Song of Songs and Lamentations: A Study, Modern Translations, and Commentary*. New York: KTAV Publishing House, 1974.

________. *The Song of Songs: A Study, Modern Translation and Commentary*. Text and Studies of the Jewish Theological Seminary of America. NY: Jewish

Theological Seminary of America, 1954.

Harris, R. Laird, Gleason L. Archer Jr. and Waltke Bruce K., eds. *Theological Wordbook of the Old Testament*. 2 Volumes. Chicago, IL: Moody Press, 1980.

Horine, Stephen. "An Integrative Literary Approach to the Song of Songs." PhD Dissertation. Westminster Theological Seminary, 1998.

Landy, Francis. *Paradoxes and Paradise: Identity and Difference in the Song of Songs*. Sheffield: Almond Press, 1983.

Longman III, Tremper and August H. Konkel. *Job, Ecclesiastes, Song of Songs*. Cornerstone Biblical Commentary. Edited by Philip W. Comfort. Carol Stream, IL: Tyndale House Publisher, 2006.

Lyke, Larry L. *I Will Espouse You Forever: The Song of Songs and the Theology of Love in the Hebrew Bible*. Nashville, TN: Abingdon Press, 2007.

Meredith, Christopher. *Journeys in the Songscape: Space and the Song of Songs*. Sheffield: Sheffield Phoenix Press, 2013.

Munro, Jill M. *Spikenard and Saffron: A Study in the Poetic Language of the Song of Songs*. Sheffield: Sheffield Academic Press, 1995.

Norris, Richard A., Jr. *The Song of Songs: Interpreted by Early Christian and Medieval Commentators*. The Church's Bible. Edited and translated by Richard A. Norris. Jr. Edited by Robert Louis Wilken. Grand Rapids, MI: William Eerdmans, 2003.

Provan, Iain. *The NIV Application Commentary: Ecclesiastes, Song of Songs*. Grand Rapids, MI: Zondervan, 2001.

Spencer, F. Scott. *Song of Songs*. Wisdom Commentary 25. Edited by Lauress Wilkins Lawrence and Barbara E. Reid. Collegeville, PA: Liturgical Press, 2016.

Stadelmann, Luis. *Love and Politics: A New Commentary on the Song of Songs*. New York: Paulist Press, 1990.

Sun, Chloe T. *Conspicuous in His Absence*: *Studies in the Song of Songs and Esther*. Downers Grove, IL: InterVarsity Press, 2021.

Trible, Phyllis. *God and the Rhetoric of Sexuality*. Overtures to Biblical Theology. Philadelphia, PA: Fortress Press, 1978.

Woods, T. E. P. *Shulammith*. Grand Rapids, MI: Eerdmans, 1940.

Zakovitch, Yair. *The Song of Songs: Riddle of Riddles*. Library of Hebrew Bible/Old Testament Studies. Edited by Claudia V. Camp and Andrew Mein. Edited and translated by Valerie Carr Zakovitch. Edinburg: T & T Clark, 2019.

Zhang, Sarah. *I, You, and the Word "God": Finding Meaning in the Song of Songs*. University Park: Eisenbrauns, 2016.

1.8.2.2 專文

Brenner, Athalya. "The Food of Love: Gendered Food and Food Imagery in the Song of Songs." *Semeia* 86 (2001): 101～112.

________. "Song of Songs-Polyphony of Love." Pages 288～302 in *Feminist Biblical Interpretation: A Compendium of Critical Commentary on the Books of the Bible and Related Literature*. Edited by Luise Schottroff and Marie-Theres Wacker. Grand Rapids, MI: Eerdmans, 2012.

________. "'Come Back, Come Back the Shulammite' (Song of Songs 7.1-10): A Parody of the *wasf* Genre." Pages 251～275 in *On Humour and the Comic in the Hebrew Bible*. Edited by Athalya Brenner and Y. T. Radday. Sheffield: Almond Press, 1993.

Carr, David. "Gender and the Shaping of Desire in the Song of Songs and Its Interpretation." *JBL* 119 (2000): 233～248.

Dandy, Herbert. "YADAIM 3:5." Page 782 in *The Mishnah; Translated from the Hebrew with Introduction and Brief Explanatory Notes*. London: Oxford University, 1933.

Davidson, Richard M. "Theology of Sexuality in The Song of Songs: Return to Eden." *Andrews University Seminary Studies* 27 (1989): 1～19.

Exum, J. Cheryl. "Seeing Solomon's Palanquin (Song of Songs 3:6-11)." *Biblical*

Interpretation 11 (2003): 301 ~ 316.

________. "Ten Things Every Feminist Should Know about the Song of Songs." Pages 28 ~ 34 in *The Song of Songs*. A Feminist Companion to the Bible. Edited by Athalya Brenner and Carole Fontaine. Sheffield: Sheffield Academic Press, 2000).

Fischer, Stefan. "Who Are the Daughters of Jerusalem?" Pages 77 ~ 101 in *The Song of Songs Afresh: Perspectives on a Biblical Love Poem*. Hebrew Bible Monographs 82. Edited by Stefan Fischer and Gavin Fernandes. Sheffield: Sheffield Phoenix Press, 2019.

Fox, Michael V. "Scholia to Canticles (I 4b, II 4, I 4ba, IV 3, V 8, VI 12)." *VT* 33 (1983): 199 ~ 206.

Gault, Brian P. "A 'Do Not Disturb' Sign? Reexamining the Adjuration Refrain in Song of Songs." *JSOT* 36 (2011): 93 ~ 104.

Goitein, Shelomo Dov. "Women as Creators of Biblical Genres." *Prooftexts 8* (1988; first published in 1957): 1 ~ 33.

Hagedorn, Anselm C. "Place and Space in the Song of Songs." *Zeitschrift für die Alttestamentliche Wissenschaft* 127 (2015): 207 ~ 223.

Harding, Kathryn. " 'I sought him but I did not find him': The Elusive Lover in the Song of Songs." *Biblical Interpretation* 16 (2008): 43 ~ 59.

Hunter, Jannie H. "The Song of Protest: Reassessing the Song of Songs." *JSOT* 25 (2000): 109 ~ 124.

Imray, Kathryn. "Love Is (Strong as) Death: Reading the Song of Songs through Proverbs 1~9." *CBQ* 75 (2013): 649 ~ 665.

Long, Gary Alan. "A Lover, Cities, and Heavenly Bodies: Co-Text and Translation of Two Similes in Canticles (6:4c; 6:10d)." *JBL* 115 (1996): 703 ~ 709.

Meredith, Christopher. "The Lattice and the Looking Glass: Gendered Space in the Song of Songs 2:8-14." *Journal of the American Academy of Religion* 80 (2012): 365 ~ 386.

Meyers, Carol. "'To Her Mother's House': Considering a Counterpart to the Israelite *Bet 'ab*." Pages 39～51 in *The Bible and the Politics of Exegesis: Essays in Honor of Norman K. Gottwald on His Sixty-fifth Birthday*. Edited by David Jobling, Peggy L. Day and Gerald T. Sheppard. Cleveland, OH: Pilgrim Press, 1991.

Murphy, Roland. E. "Form Critical Studies in the Song of Songs." *Interpretation* 27 (1973): 413～422.

Rodríguez, Irene López. "Of Women, Bitches, Chickens and Vixens: Animal Metaphors for Women in English and Spanish." *Cultural Studies Journal of Universitat Jaume* 7 (2009): 77～100.

Schwab, George M. "WASF." Pages 835～842 in *Dictionary of the Old Testament Wisdom, Poetry and Writings*. Edited by Tremper Longman III and Peter Enns. Downers Grove, IL: IVP Academic/Nottingham: Inter Varsity Press, 2008.

Suderman, W. Derek. "Modest or Magnificent? Lotus versus Lily in Canticles." *CBQ* 67 (2005): 42～58.

Trible, Phyllis. "Depatriarchalizing in Biblical Interpretation." *JAAR* 41 (1973): 30～48.

van der Toorn, Karel. "The Significance of the Veil in the Ancient Near East." Pages 327～339 in *Pomegranates and Golden Bells: Festschrift for J. Milgrom*. Edited by D. P. Wright. Winona Lake, IN: Eisenbrauns, 1995.

Weems, Renita J. "Song of Songs." Pages 164～168 in *Women's Bible Commentary*. Expanded ed. Edited by Carol A. Newsom and Sharon H. Ringe. Louisville, KY: Westminster John Knox Press, 1998.

Wilson-Wright, Aren M. "Love Conquers All: Song of Songs 8:6b-7a as a Reflex of the Northwest Semitic Combat Myth." *JBL* 134 (2015): 333～345.

Zhang, Sarah. "Lyrical Slippage, Meaning-Making and Proximity in Song 2:10-13." *Biblical Interpretation* 27 (2019): 20～35.

短註

❶ 有關猶太拉比亞基巴對雅歌的評論，是源自「米示拿」之說法。參 Herbert Dandy, "YADAIM 3.5," in *The Mishnah; Translated from the Hebrew with Introduction and Brief Explanatory Notes* (London: Oxford University, 1933), 782。

❷ 有關猶太人拉比們對雅歌激烈的討論，參格萊德希爾：《雅歌——愛的詩篇》，秦蘊璞譯，聖經信息系列 13（台北：校園書房，2011），頁 42。

❸ 有關阿塔利亞·布倫納對雅歌女性的聲音及角色的討論，參 Athalya Brenner, "Song of Songs-Polyphony of Love," *Feminist Biblical Interpretation: A Compendium of Critical Commentary on the Books of the Bible and Related Literature*, ed. Luise Schottroff and Marie-Theres Wacker (Grand Rapids, MI: Eerdmans, 2012): 288～302。

❹ 雷妮塔·韋姆斯對於雅歌出現女性聲音的討論，參 Renita J. Weems, "Song of Songs," in *Women's Bible Commentary*, expanded ed., ed. Carol A. Newsom and Sharon H. Ringe (Louisville, KY: Westminster John Knox Press, 1998): 164～168。

❺ 對於煞買與希列之間觀點的討論，參李熾昌、周聯華：《傳道書·雅歌》，中文聖經註釋 17，周聯華、邱恩處編（香港：基督教文藝，1990），頁 176。

❻ 有關雅歌神聖地位的討論，參 Michael V. Fox, *The Song of Songs and the Ancient Egyptian Love Songs* (Madison, WI: University of Wisconsin Press, 1985), 251～252；Othmar Keel, *The Song of Songs: A Continental Commentary*, trans. Frederick J. Gaiser (Minneapolis, MN: Fortress Press, 1994), 7。

❼ 雅歌附加了一個「安全使用措施」的討論，參黃朱倫：《雅歌註釋》，天道聖經註釋（香港：天道，2013），頁 8～9；李熾昌、周聯華：《傳道書·雅歌》，頁 176～177。

❽ 記錄於 Tosephta [Sanhedrin 12:10]；參 R. K. Harrison, *Introduction to the Old Testament* (Grand Rapids: Eerdmans, 1969), 1051；Duane Garrett and Paul R. House, *Song of Songs/Lamentations*, WBC 23B (Nashville, TN: Thomas Nelson Publishers, 2004), 60；格萊德希爾：《雅歌》，頁 21；黃朱倫：《雅歌註釋》，頁 9。

❾ 有關周聯華對雅歌為詩歌集的觀點，可參李熾昌、周聯華：《傳道書·雅歌》，頁 178～184。另參 Garrett and House, *Song of Songs/Lamentations*, 13。

❿ 三個主角說的倡導者是猶太籍匈牙利學者洛維索恩（S. Löwisohn），接著有與他相同立場的，如伍茲（T. E. P. Woods），他以書拉密為愛情戲劇的題目，在所羅門與書拉密之間的互動發揮了更大的想像力。討論資料可參 Marvin H. Pope, *Song of Songs: A New Translation with Introduction and Commentary*, AB 7C (Garden City, NY: Doubleday, 1977), 104, 111～112；T. E. P. Woods, *Shulammith* (Grand Rapids, MI: Eerdmans, 1940)。另參 Garrett and House, *Song of Songs/Lamentations*, 77～78。

⓫ 普羅文（Iain Provan）將書拉密看為所羅門後宮的妃嬪。這方面的討論可參 Iain Provan, *The NIV Application Commentary: Ecclesiastes, Song of Songs* (Grand Rapids, MI: Zondervan,

2001), 246～305。

⓬ 有關學者對「兩個主角」説的討論，可參 Franz Delitzsch, *Commentary on the Song of Songs and Ecclesiastes*, trans. M. G. Easton (Edinburgh: T & T Clark, 1877), 96；Garrett and House, *Song of Songs/Lamentations*, 79～80；另參 Michael D. Goulder, *The Song of Fourteen Songs* (Sheffield: JSOT Press, 1986), 11～14, 75～78。

⓭ 有關婚禮之歌的討論，參 Delitzsch, *Commentary on the Song of Songs and Ecclesiastes*, 162～176。

⓮ 三個主角之戲劇説都有不同的「劇本」，對白是所羅門或牧羊人也意見不同。筆者的概括式描述是參自格萊德希爾：《雅歌》，頁 29；另參 Garrett and House, *Song of Songs/Lamentations*, 77。

⓯ 有關「愛情掌控著自己的修辭」的出處，參 Weems, "Song of Songs," 164～168, 166。

⓰ 參謝挺：《雅歌——情牽永約》（香港：明道社，2016），頁 3～6。

⓱ 崔菲莉把雅歌的園子關連於伊甸的園子、並建構她的神學討論，參 Phyllis Trible, *God and the Rhetoric of Sexuality*, Overtures to Biblical Theology (Philadelphia, PA: Fortress Press, 1978), 72～165, 110, 154。

⓲ 猶太學者薩阿迪亞（Saadia Gaon）曾經形容雅歌就如一把失去鑰匙的鎖（參 Pope, *Song of Songs*, 89），女權主義學者崔菲莉則指出，創世記二至三章就是開啟雅歌的鑰匙（參 Trible, *God and the Rhetoric of Sexuality*, 144）。筆者接受崔菲莉引用伊甸園子解讀雅歌園子，但不接受她認為男女的愛情（崔菲莉用的字詞是 Eros）並非以婚姻為目的，而只與男女之間的愛慾纏綿有關。參 Trible, *God and the Rhetoric of Sexuality*, 161～162。

⓳ 認為雅歌是解放女性在聖經中的角色的討論，參 Brenner, "Song of Songs, 288～302；Trible, *God and the Rhetoric of Sexuality*, 161～162。認為雅歌造成男女之間的不平等的討論，參 J. Cheryl Exum, "Ten Things Every Feminist Should Know about the Song of Songs," in *The Song of Songs*, A Feminist Companion to the Bible, ed. Athalya Brenner and Carole Fontaine (Sheffield: Sheffield Academic Press, 2000), 28～34。

⓴ 有關崔菲莉指出雅歌出現的女性聲音，參 Trible, *God and the Rhetoric of Sexuality*, 157～159。

㉑ 有關布倫納以女性主義解讀雅歌的討論，參 Brenner, "Song of Songs," 293, 297。

第一篇
雅歌的標題(一1)

第二章

引言：歌中之歌（一 1）

- 歌中之歌
- 所羅門的

一章1節的希伯來文以「歌」(*šîr*,單數名詞)開首,其重點是在「歌」。這一節經文直譯是「歌中之歌,是所羅門的」,「和修版」譯作「所羅門的雅歌」,意義上可能把主要的和次要的顛倒,因為書卷主要的引介是在「歌中之歌」。所以,雅歌一開卷要傳達的,在於這卷書乃「一首歌」。筆者會按原文次序,先分析「雅歌」(即「歌中之歌」),然後是「所羅門的」(即「是所羅門的」)。

2.1 歌中之歌(一1下)

「歌中的雅歌」(*šîr haššîrîm*)原文可直譯為「歌中之歌」,是一疊詞句,因它有兩個「歌」字(*šîr, haššîrîm*),前者(*šîr*)是單數名詞,後者是一個帶冠詞前綴的複數名詞(*haššîrîm*)。以疊詞組成的句子,有脫穎而出、至高等等這些含義,就如「萬神之神」(詩一三六2)、「萬主之主」(詩一三六3)、「諸王之王」(拉七12)、「聖中之聖」(「和合本」譯作「至聖所」;出二十六33),雅歌這裏要表達的,是這首歌是歌中之歌。

「和修版」將原文的「歌中之歌」譯為「雅歌」。其中的「雅」基本意義可解作「正確的、成為規範」的,可引申為美好或高尚,與之同義的如:雅靜、文雅、高雅等。「和合本」譯作「歌中的雅歌」顯示譯者認為此歌是眾多歌曲之中的典範,可能強調其最美、最動聽,或最具代表性的情歌地位。

「歌」(*šîr*)在希伯來聖經共出現一百六十六次,詩篇達七十次之多,為何只有雅歌稱這首「歌」為最美而且是最動聽的呢?其原因很可能是它有別於希伯來聖經其他的詩歌,因為它是一首關乎人生經驗裏其中一個最美的主題的詩——愛情。「和合本」把這首「歌中之歌」譯為「歌中的雅歌」,也實在的表達了這首歌的美、獨特,以及作為情歌的典範地位。

值得注意的是,「歌」這單數詞意味雅歌是實實在在的「一首歌」。按照筆者建議的交叉結構來看,這「一首歌」是歌頌女子從渴慕期待到委託終身,其核心焦點是在共結連理——有情人終成眷屬。這首歌的內容亦有彼此仰慕和思念的內容,全首詩傳達一貫的主題,構成一首歌。

杜古德(Iain M. Duguid)指出,既然雅歌開卷就宣認它是「一首歌」,它的內容應該是一首抒情詩歌(lyric poetry),與箴言、先知異象或歷史敘事的文學類型完全不同。❶ 詩歌的作用是讓人吟唱，也可能會配合樂器，借此抒發情感。因此，雅歌很可能可以配合樂器頌唱（按原文的韻調）。而且，舊約詩歌有**豐富的意象和隱喻**，讀者也可以賞析雅歌那激發想像力的比喻，以及澎湃起伏的愛與情感。因此讀者在閱讀賞析雅歌的時候，務必以詩歌的形式來欣賞，避免將它看為教義信條或歷史傳記。

聖經的詩歌有豐富的意象以及隱喻，讀者要加以想像去閱讀。同樣地，當我們讀雅歌的時候，也需要加上一些想像力，才能從其中的意象體會其意境，並與之產生共鳴。

2.2 所羅門的（一1上）

「歌中之歌」（一1）之後的原文是一個關係代名詞（relative pronoun）「那個」（*ʾăšer*；「和合本」沒有將它譯出來）及另一個名詞「所羅門的」（*lišlōmōʰ*）。雅歌全書出現的關係代名詞「那個」、「那」、「當」，全都是以前綴（prefix）的簡略形式（*ša*）表達（參一7，二17，三3，四6，五8等），但這裏除外。關係代名詞前綴（*ša*）的形式，是晚期希伯來文的語法，而獨立關係代名詞（*ʾăšer*）的表達卻較為古老。這兩個不同形式的關係代名詞同時出現在雅歌之內。

至於「所羅門的」（*lišlōmōʰ*）這短語，是牽涉雅歌的作者這課題（有關作者課題參1.1，頁2）。名字的出現表示雅歌是與所羅門有關。所羅門除了作箴言三千句，還寫了詩歌一千零五首（王上四32），讀者不其然聯想到所羅門所作的一千零五首詩歌之中，可能也包括雅歌。不過，要尋索雅歌與所羅門的關係，須從他的名字作研究。「所羅門」這名詞是附以一個介詞前綴（*li*；「和合本」沒有譯出來）。這介詞可翻譯為「給」（或「為」）、「⋯⋯寫的」、「⋯⋯的」，若聯繫於所羅門，它可能涵蓋三個意思：第一，寫給所羅門的；第二，是所羅門寫的；第三，屬於所羅門的。

一、寫給所羅門的

如果是寫給所羅門，所羅門便是全書的男主角。但是，雅歌女子暗示她的良人是牧羊人（一7）。所羅門的介入便形成「三角戀」的局面，他可能是棒打鴛鴦的第三者，他恃著財勢去換取書拉密的愛情（八7、11～12）。這應該會令所羅門感尷尬。因此，雅歌不可能是「寫給所羅門的」。

二、是所羅門寫的

雅歌含有晚期希伯來文文法，即使是經過後期編修，也不可能會有這麼大篇幅地修改字詞及修飾語法，以致脱離所羅門時代的文法背景。所羅門共娶了七百個公主，三百個妃嬪。如此，他的愛情觀不太可能對書拉密含有那種專一和眷戀。因此「是所羅門寫的」，都不太合場景。

三、屬於所羅門的

雅歌七次提及「所羅門」的名字（一1、5，三7、9、11，八11、12），以及「王」（一4、12；七5〔希伯來聖經〕七6），因此千年來教會認定所羅門是雅歌作者。

「傳統的原因」強調信仰權威，而「歷史寫實的原因」則重歷史事實。兩者非必然對立。在學術研究領域和保持客觀的前提下，可區分這兩種觀點並兼顧歷史根據和信仰權威的平衡。

關於作者的課題，讀者需要考慮**傳統的原因**與**歷史寫實的原因**的差異。傳統原因是指將聖經某些著作歸類於德高望重的人的思想傳統，例如摩西五經屬摩西的傳統（Mosaic tradition）；詩篇屬大衛的傳統（Davidic tradition）；智慧文學與雅歌為所羅門傳統（Solomonic tradition）。所羅門以彙集財富、珍寶、文集、智慧及妃嬪聞名，並由此形成所羅門獨特的信仰傳統（更多有關雅歌的作者的討論，可參1.1，頁2）。後人把雅歌看為是「屬於所羅門的」彙集或藏書，以推崇他的影響力。從原文看，如果「所羅門的」是指「屬於所羅門的」，那麼，整節經文便可以意譯作「獻給所羅門欣賞的歌中之歌」或「屬於所羅門彙集的歌中之歌」，而並非必然是「所羅門寫的歌中之歌」。

此外，所羅門（*šəlōmōʰ*）與書拉密（*šûlammîṯ*）的名字原文均含「平安」的意思，象徵愛情的完滿（下文將詳細析讀，頁195）。兩者的結合令人動容的是，「平安之男子」與「平安之女子」共譜愛曲，他們後此的思念得到了完滿。❷由此看來，雅歌的重點在於愛情深刻的詮釋，至於主角或作者的身分，已成次要關注。雅歌開首語「歌中之歌」已凸顯這首是最美的情歌。它展現感人內容、細膩愛情和深切思念。

溫習及思考問題

1. 從雅歌整卷書的交叉結構中顯示，雅歌的核心主題是甚麼？雅歌是屬哪一種文學類型？原文「歌中之歌」這疊詞句帶著甚麼意義？
2. 「所羅門的⋯⋯雅歌」可以理解為哪三個意義？第一及第二意義為何可取性較低？為何第三點的可接受性較高？你如何看所羅門不是作者這觀點？
3. 你過往有沒有曾經查考或研讀雅歌？試分享你個人對雅歌的體會。本書對雅歌引言的詮釋有沒有給予你對雅歌的詮釋有新的體驗？

短註

❶ 有關杜古德將雅歌看為是抒情詩歌的觀點，可參 Iain M. Duguid, *The Song of Songs: An Introduction and Commentary,* TOTC 19 (Downers Grove, IL: IVP Academic, 2015), 72。

❷ 有關愛情和思念得到了完滿的提點，可參謝挺：《雅歌》，頁 168。亦參 Tom Gledhill, *The Message of the Song of Songs,* BST (Leicester: InterVarsity Press, 1994), 92。

第二篇

雅歌的九段詩節

（一2～八14）

第三章
愛慕期待（一 2～8）

- 渴慕良人的愛情
- 超越攔阻與責任
- 渴慕良人在身旁

在全書的大綱（參 1.4，頁 8），一章 2 至 8 節這個交叉結構最周邊的 A，就是「愛慕期待」（一 2～8），它與 A' 的「委託終身」（八 5～14）形成這首情歌之首尾呼應（*inclusio*）。一章 2 節以女子渴望親吻的情感開始。開首句「願他用口與我親嘴」還是「你的愛情比酒更美」都充滿浪漫情意，並以女子的視角開啟整首情歌，令人耳目一新。在古代社會，這樣的描述尤其獨特，讀者立即被她深深吸引。

作為希伯來聖經中極具獨特性的一卷書，雅歌是以愛情為核心，描繪了男女主角從互相仰慕以至踏入婚姻彼此託付終身的過程。這種描述超越了古代婚姻的父母之命、媒妁之言，展現了愛情在婚姻中的主導地位，並體現出對傳統婚姻觀的顛覆性詮釋。

「愛慕期待」（一 2～8）主要描繪女主角內心的波動。內容上有較大的篇幅描寫女子的心聲（一 2～7），只有一節描寫男子的回應（一 8）。她和他一唱一和，為這首情歌鋪張了美麗的邂逅作為序言。

A　渴慕良人的愛情（2～4 節）

　　B　超越攔阻與責任（5～6 節）

A'　渴慕良人在身旁（7～8 節）

上表所示的結構反映這情歌的序言同樣有一個交叉思路，起始為「渴慕良人的愛情」（2～4 節），結尾為「渴慕良人在身旁」（7～8 節），核心則聚焦於女子因愛情所面對的攔阻與責任，以及「超越攔阻與責任」（5～6 節）。

這段詩節除了男女主角，也有男女羣體的出現，就是「耶路撒冷的眾女子」（「女子」原文〔*bənôṯ*〕是複數，可直譯為「女兒們」；5 節）、「同母的弟兄」（「弟兄」原文〔*bənê*〕意思是「兒子」，是複數名詞，可直譯為「兒子們」；6 節）。這些角色顯示愛情超越個體，關涉家庭與社會。女主角也因愛慕而分心，未能履行家庭責任，引發兄弟對她的不滿，體現愛情與親情之間產生的張力。

這七節經文構成三段詩節：渴慕良人的愛情（2～4 節）、超越攔阻與責任（5～6 節）、渴慕良人在身旁（7～8 節），呈現愛情中的矛盾與深情。

3.1 渴慕良人的愛情（一2～4）

雖然一章1節指明這是「所羅門……的雅歌」，但開首接著的卻是一位女子在說話，她是雅歌的女子，是她對她的愛人充滿愛慕期待的情歌（一2～4）。她以第三人稱「願他」來表達親吻的祈願，然後立刻轉為第二人稱「你的愛情」。

分段大綱（一2～4）

一、女子的渴望期待（一2）

1. 她渴望與愛人親吻（一2上）
2. 她期待與愛人有性愛（一2下）

二、姐妹們讚賞有加（一3～4）

3.1.1 女子的渴望期待（一2）

3.1.1.1 她渴望與愛人親吻（一2上）

這一首篇章由「願他用口與我親嘴」揭開序幕，暗示了二人早已建立感情基礎。女子因思念而感到被親吻，她主導了2至4節，且成為全書的情感基調。

這第一句情歌由女子發聲，表示她主動表達對愛情熱切渴慕。而整卷書也以她對愛情濃厚的渴慕為主軸。朗文表示，雅歌蘊含的濃厚愛意貫串全書始終，並沒有結束之意。❶因此，整首雅歌恍若來去無蹤，餘音繞樑，令人回味無窮。

雅歌是希伯來聖經少見以女性為主體發聲的經文瑰寶。古代近東社會中，女性通常被期許展現內斂與矜持。然而，雅歌中的女子突破了這些性別禮節的束縛，勇敢地表達愛情的渴望。儘管如此，她的勇敢並不失去矜持，因為她並未主動去吻對方，而是渴望由對方主動吻她。

「願他用口與我親嘴」這短句由三個希伯來單詞構成。第一個是「願他……與我親嘴」（*yiššāqēnî*；原文是「願他親吻我」），第二個是複數名詞「很多親吻」（*minnəšîqôṯ*；「和合本」沒有譯出來），第三個是名詞短語「用口」（*pîhû*；可直譯為「用他的口」），以表達濃烈的情感與渴望。這三個詞組合起來，可以直譯為「願他與我親吻，很多親吻，用他的口」，亦可以意譯為「願他用他口中很多的吻來與我親吻」。

「同詞根直接受格」是指一句子中的直接受格的名詞，與句子主語的動詞有同詞根。

「親吻」與「很多親吻」原文採用同一詞根（*nšq*），作者運用了希伯來語典型的**「同詞根直接受格」**（cognate accusative）句式，強調動作強烈的程度。即此，「願他用口與我親嘴」就是「以很多的吻來吻」，暗示「熱吻」的概念。依舜（J. Cheryl Exum）將句子譯作 "Let him kiss me with kisses of his mouth"，指出這表達方式屬於「過量的言語表達」（language of excess），「很多親吻」再加上「用他的口」表達了一種情感的溢出。❷ 這看似重複且誇張，但正是這種「過量」的表達，傳遞出作者對情感的極致渴望，讓情景更加鮮明和熱烈。

若進一步觀察，經文在讀音上也締造「過量」的效果。「願他與我親吻、很多親吻」原文使用了三次希伯來文字母 *š*，讀起來像延綿親吻時發出的聲音。這種修辭表達了女子的渴想，她需要的甚至是「一連串的熱吻」。這種讀音達致詩歌體的旋律（poetic rhythm）效果。「親嘴」（*nāšaq*）本來是古代以色列人表達友好的動作，或與家人親密問候的動作（參創二十九 13；得一 9）。不過，在雅歌一章 2 節的「親吻」是男女之間表達愛意的舉動。

「鼻吻」是一種親密而溫柔的身體接觸，指兩人以鼻尖互相輕觸或摩擦來傳達愛意、親暱與情感聯繫。由於不涉及咀唇接吻，這種表達方式常見於較含蓄或純粹的親密關係中，其中除了包括戀人，也可以是親子或摯友之間的關係。

福克斯對「很多的吻」有獨特的見解，認為這是古代近東普遍的「**鼻吻**」（nose kisses），因此雅歌女子特別強調「用他的口」來親吻。❸ 然而，只有少數人認同福克斯的「鼻吻」說；而且，女子心中的「親嘴」，顯然超出家屬或友情的親吻。

「願……親嘴」（*yiššāqēnî*）原文以第三人稱單數祈願式（jussive）表達，展現女主角表達對被親吻的迫切渴望。她期望男方主動親吻她，而非「我想與他親吻」。女子用第三身人稱「他」稱呼心上人（2 節上），暗示男子當時很可能並不在場；然而，下半節卻說「因你的愛情比酒更美」，她以第二身人稱

「你」來稱呼男子。這可能是女子將思念化為想像，彷彿男子已在她眼前，為他唱出心中的歌了。

2至4節其實對於男子的人稱多次轉換，如2節的「他」和4節的「王」為第三人稱，其餘則第二人稱「你」。有學者試圖將人稱統一，不惜修訂原文，甚至將「他的口」改成「你的口」。然而，鮑勃指出，修改人稱是沒有必要的。❹人稱在短短一節內從「他」變成「你」，顯示雅歌本質上是一首抒情詩，以生動的想像力取代現實描寫。這表達了女子對男子的深切期待與對愛情強烈的渴望，並將思念轉化為想像，男子彷彿就在她眼前，繼而對未來的相遇充滿期盼。

很多學者認為「你的愛情比酒更美」的「你的愛情」（*dōḏeʸḵā*）中，若「愛情」（*dôḏ*）是以單數名詞出現，是有「近親」的意思，可譯作「親屬」（利十4）、「叔叔」（斯二7），或「所親愛的」、「所愛者」（賽五1）、「良人」（在雅歌共出現四十次；參歌一13，五9等），更是「愛情」（參歌一2、4）等等。不過，雅歌這裏以複數名詞表達，這樣以複數名詞的表達在希伯來聖經的語境中，就不僅指內心愛的情感，更涉及性愛的親密行為，可能包含親吻、撫摸甚至發生性行為。有學者更直接把這複數名詞解釋為「性愛」（lovemaking），或「愛撫」（caresses），而非一般情感上的「愛情」（love）而已。❺

根據「七十士譯本」和「武加大譯本」，「你的愛情」被譯為「你的雙乳」，但此解讀未被學者廣泛接受。這兩個譯本可能把「你的愛情」（*dōḏeʸḵā*）的原文誤讀成*ḏaḏḏêḵā*（「你的乳房」對應希臘文是*mastoi sou*）。只是，女子不可能跟男子說「你的乳房」。事實上，除了雅歌，希伯來聖經其他書卷當提及「愛情」，確實與性行為有關：

- 以西結書的「渴慕愛情」（「愛情」原文是*dōḏîm*）這短句與「用衣襟搭在你身上，遮蓋你的赤體；又向你起誓，與你結盟，你就歸於我」（結十六8）並列，經文背後確有性愛的語境。
- 以西結書提到「愛情的床」（「愛情」原文是*dōḏîm*），然後「與她行淫玷污她。她被玷污，隨後心裏與他們生疏。」（結二十三17）
- 箴言描述一個女人誘惑無知的青年，慫恿他們「飽享愛情」（「愛情」原文是*dōḏîm*）直到第二天，並彼此親愛歡樂，因為她的丈夫不在家（箴七18）。

從經文可見，作者所指的愛情本質上就是「性愛」。雅歌一開首（2 節）便展現女子對與男子肉體聯合的渴望。從人性的角度看，這或許顯得急切或不合禮節；然而，如經文所示，這純粹是女子出於內心深處的渴想。

3.1.1.2 她期待與愛人有性愛（一 2 下）

雅歌出現另外一個「愛」（ʾahăḇāh）字，它亦與「酒」在同一節經文出現（另參二 4）。

「你的愛情比酒更美」這句子是將愛情與酒作比較，「愛情」（*dôḏ*）與「**酒**」（***yāyin***）**在雅歌常常並列**（參一 4，四 10，五 1，七 9～10），它們究竟有何直接關係？謝挺準確指出愛情使人陶醉，尤如酒能使人喝醉一樣。❻「美」（*ṭôḇîm*）原文意思普遍譯為「好」或者「善」，所以經文也可作「你的愛情比酒更好」。鮑勃則認為，「美」在這裏應解作「甜」，他將句子譯為「你的愛情比酒更甜」（sweeter is your love than wine）。❼ 筆者嘗過以色列盛產的葡萄酒，它的味道帶點甜。如果說愛情和酒同樣是甜的，也是可以的。綜合「美」的詞義，愛情可說是令人感覺甜蜜，就如品嘗酒的時候感覺甘甜、美好。

「美酒」在這裏與親吻有直接關聯。赫斯（Richard S. Hess）提出一個大膽的想像，將這親吻解作舌吻！其原因是 2 節的動作綜合了觸摸（愛撫）、品嘗（喝酒）和「願他與我親吻、很多親吻」重複出現的 *shin*（*š*）的讀音。❽ 這一節涉及觸覺和味覺，下一節還會涉及嗅覺（馨香的膏油）。雅歌以感官之美牽引女主角的情感，吸引讀者對她在愛情的深刻體會產生共鳴。

3.1.2 姐妹們讚賞有加（一 3～4）

一章 3 至 4 節提到「童女」（3 節）和「他們」（4 節；指「童女」），暗示有一羣女子存在。他們成為情歌裏的配角，引發讀者對其身分產生興趣。雅歌所歌頌的愛情場景多為郊外、山林、園子、牧羊等日常生活的地方。那麼，「童女」和「他們」更可能是女主角的女性好友，即「閨蜜」。她們是女子傾訴心聲和獲得支持的對象。

3 節提及「你的膏油」（*šəmāneʸḵā*）、「你的名」（*šəmeḵā*）、「香膏」（*šemen*），這三個名詞讀起來產生諧音，是有音樂上的美感。3 節第一個詞的原文是「氣味」（*lərêᵃḥ*），然後是「你的膏油」，再接著的是「好」（*ṭôḇîm*）。「和合本」將「氣味」與「好」連在一起，譯作「馨香」。繼上一節以味覺形容心上人的愛情後，女子以「馨香」這嗅覺來讚美這份愛情，展現愛情催化其全身感官的效果。

現代的男性很可能會以古龍水增添男性魅力，但近東的氣候乾燥，男女塗抹香膏或香油，不只是為散發魅力，而是一種習慣，這可解釋為何男主角散發著香氣的原因。這「馨香」的氣味喚起了女子對愛人的記憶，特別是在酒的助興下，更激發思念。儘管男主角不在場，他的香氣已足以牽動女子的情感。值得注意的是，女子以「酒」（2 節；「你的愛情比酒更美」）和「香膏」（3 節；「你的名如同倒出來的香膏」）來比喻愛情及男子的名，但談及男子的體香卻沒有用任何比喻襯托，只是直述「你的膏油馨香」，顯示男子的體香已足夠動人，毋須事物襯托了。

「你的名如同倒出的來香膏」這句子中，女子將「**香膏**」（*šemen*；原文意思只有「膏」）與「名」（*šēm*）連繫，這不僅產生諧音，也揭示美名如美膏的意涵。「名字」代表著一個人的「名聲」，有學者認為「倒出來」（*tûraq*）原文可能是指地名、名貴膏油的品牌或稀有的化妝膏油。由於經文兩次提及「膏」，筆者認為重點是「膏」而非「傾瀉而出」。當「香膏」在「倒出來」之時，香味便四溢。若以此類比男子的「名聲」，可說是「人未到，已風聞其名」。女子對愛人的愛慕，不單在於渴望親吻或與他身體接觸，也欣賞他的為人與名聲，表現出身心並重、表裏一致的愛情。

「膏」（šemen）在雅歌只出現三次，3 節出現兩次，另一次是在四章 10 節。

男子名字不只吸引女主角，也讓其他女子傾心。「童女」（*ʿălāmôṯ*）可能就是指「耶路撒冷的眾女子」（一 5）。「童女」在希伯來聖經共出現九次，「和合本」有譯作「女子」（創二十四 43）、「女」（代上十五 20；詩四十六〔標題〕；箴三十 19），以及「童女」（出二 8；詩六十八 25；歌一 3，六 8）。當譯作「童女」，意指未婚、適婚或性成熟的女子。

這些女子與女主角應該是閨蜜關係，是女子可以坦誠分享私事的女性朋友，也是支持她的一班好友。她們對男子的愛是一種友情的「愛」（*ʾāhaḇ*）而非帶性慾的「愛」(*dôḏ*)。女子並沒有惹「眾童女」妒忌她對男子的「愛慕」，反而抱著一份安全感去接受「眾童女」的參與，並在她們面前大方表達對男子的愛意，甚至讚許「他們愛你是理所當然的」(4 節)!

由於閨蜜的參與，2 至 8 節可能是一首眾女聲合唱的篇章，而非單純女聲的獨唱，這點可從一章 4 節「我們必因你歡喜快樂，我們要稱讚你的愛情」的「歡喜」(*wəniśməḥāh*)與「稱讚」(*nazkîrāh*；原文亦可以譯作「思念」，參「和修版」)這兩個附以第一人稱複數代名詞後綴的動詞可見端倪。

雅歌女子說：「願你吸引我，我們就快跑跟隨你」，其中「願你吸引……」(*moškēnî*)原文是一個命令語氣動詞。而「吸引」(*māšaḵ*)原文意思是「拉」或者「扶起」，就如米甸商人把約瑟從坑裏「拉」上來(創三十七 28)，以及有人「開」弓射箭、射中了約沙法王的動作(王上二十二 34)，都是「拉」的動作。所以在雅歌，「願你吸引」這個動作應該作「拉我」之意，而非「吸引我」。加上它是帶著命令式語氣，因此，女主角是在說：「你拉住我！」

「快跑跟隨你」(*ʾaḥăreyḵā nnārûṣāh*)原文強調的是「跟隨」，因為在原文「跟隨你」是置放在前，「快跑」則在後。「快跑」(*nnārûṣāh*)為祈願語氣第一人稱複數動詞，「快」與「跑」原文是由一個動詞(詞根：*rûṣ*)組成，它不單是「跑」，也有「快速去跑」的意思，「呂振中譯本」譯作「哦！我們快跑吧」、「和修本」把「快」和「跑」的意思都翻譯了出來：「讓我們快跑吧！」(或可譯作「讓我們快吧！」)。依舜把「快跑」(*nnārûṣāh*)理解為祈願語氣式動詞「我們一起跑！」(Let us run!)。❾ 這種「一起跑去某處」的情節多次出現在雅歌中(參二 10、13，七 11)，象徵戀人渴望掙脱束縛，自由追求愛情。「讓我們快跑吧！」出自女子的口，反映她渴望掙脱枷鎖，特別是她哥哥們的管束(一 6，八 8～9；參 11.2 有關八章 8 至 9 節的解釋，頁 233～236)。

「內室」(*ḥeḏer*)在雅歌共出現兩次(一 4，三 4)，指私人空間。女子希望與愛人獨處，這與她在其他場景，如「筵宴所」(二 4)及「母家」(三 4；參八 2)的追求相呼應，表明她想避開人羣，免受干擾。「內室」在希伯來聖經曾多次出現。士師記多次提到參孫和大利拉的「內室」(士十五 1，十六 9、12)，亦指暗嫩強暴她瑪的「臥房」(撒下十三 10)，以及聖殿結構裏的「內殿」(代上二十八11)。若在人體結構裏，是解作「心腹」(箴十八8，二十27)。不過，雅歌這裏的「內室」，一般是指有親密、可發生性關係的地方，而希伯來聖經其他地方也曾如此使用這詞，如士師記亞比煞伺候年老的大衛之內室(王上一15)。

朗文指出，「內室」也有婚姻的含義，描述「洞房」(參珥二16)。筆者亦認為雅歌的中心點是一場婚禮，其核心在於男女主角共結連理(四16～五1)，並涵蓋婚禮前夕(三1～四15)和新婚之夜(五2～六10)。⑩ 所以，雅歌這裏的「內室」隱含婚姻閨房的親密意象。女主角渴望親近心上人，甚至幻想肌膚之親，但這一章更多反映她在思念中的奔放想象，她透過幻想進入二人獨處的親密空間，好讓她和愛人一起享受婚姻裏面的肌膚之親。

「王」(*melek*)的出現則可能是一種修辭或比喻。猶太解經者將「王」指向上帝，而基督徒則聯想到耶穌基督。希伯來聖經提過「耶和華作王」(詩九十七1，一四六10)。十九世紀學者認為雅歌與敍利亞婚禮儀式類似，「王」或指新郎。⑪ 現代中文的「白馬王子」常用來比喻理想伴侶，雅歌的「王」可能是女主角對心儀之人的愛意表達，而非一個真正的王，他只是女主角心目中的「白馬王子」。

在馬來西亞的婚禮裏，新郎經常被形容為“***Raja Sehari***”，意為新郎「當了一天國王」，這是馬來文化中對新郎的比喻。婚禮當日，新郎與新娘穿上配搭的民族服裝，新娘佩戴皇冠與頭紗，妝容精緻。他們一同坐在婚禮主位，面向親友，宛如國王與王后呢！

馬來文 Raja Sehari：Raja 是「國王」，Sehari 是「一天」。

「我們……歡喜快樂」中的「我們」很快轉換成「他們」(「他們愛你是理所當然的」)。這突如其來的人稱轉換使焦點顯得模糊，學者對此意見紛紜。福克斯指出，類似的人稱替換在古埃及情詩也常出現，雖不完全符合邏輯，但卻展現了詩歌的獨特表達方式。⑫「我們就快跑跟隨你」的「我們」，是指女主角與她的愛人，而「我們必因你歡喜快樂，我們要稱讚你的愛情」的「我們」，是出自女主角的姐妹們的口，她們是因新郎而感到喜悅。這種人稱交替反映了詩歌中多重角色視角的互動與情感的層次感。

「我們必因你歡喜快樂」表達了一種積極的參與，女主角的閨蜜們似乎融入了她的愛情之中！福克斯認為，這句話中的「我們」是閨蜜直接對男子說話（「你」是陽性單數），表示因他而感到由衷的喜悅。「歡喜」（*gîl*）與「快樂」（*śāmaḥ*）原文是兩個不同的動詞，分別代表內在的欣喜狀態（「歡喜」）與外在的歡慶行為（「快樂」），「快樂」如同慶典集體的歡呼（參番三 14、17）。這組合僅在雅歌出現，表明閨蜜們正為女主角的愛情而慶祝與歡呼。

此外，閨蜜們以女主角的口吻提到「思念」他的愛情，甚至比作「勝似美酒」，是呼應「你的愛情比酒更美」（一 2）。杜古德認為，這種歡欣鼓舞（exult and rejoice）並非表示她們也愛上男子，而是為姐妹的愛人作羣體式宣告，支持並慶祝他們的性愛（原文是 *dôḏ*）關係。⓭「歡喜快樂」的語境經常與豐收或打勝仗後的歡慶（參賽九 3）連用，如此，「歡喜」（*śāmaḥ*）和「酒」（*yayin*）的搭配，營造出慶典般的氛圍。

4 節最後一句「他們愛你是理所當然的」中的「理所當然」（*mêšārîm*；詞根是 *yšr*），詞根意指「正直」、「公正」或「正確」。閨蜜們認為女子的愛情選擇是正確的，並表達了肯定和支持，彷彿為這段愛情加上了一個肯定的「阿們」（Amen）。這表明愛情並非僅屬於兩個人，也牽涉到羣體的支持與接納。健康的愛情應得到羣體的祝福與歡慶，而不正當的關係則需要警惕與糾正（參箴七 8）。

在此階段，女子尚未與良人真正對話。她對良人的渴慕與性愛表達完全出於幻想，因為心上人並未出現在這段落的情境中。他既未親吻她，也未與她發生任何親密關係。良人的首度回應時稱她為「極美麗的」（一 8）。雅歌呈現出一種濃烈的戀慕與幻想，從女子的視角展現愛情對她的深刻影響。愛情讓她將自己全然委身於愛人，也激發了她對親密關係的渴望，並熱切期待新婚之夜的到來。

3.2 勝過攔阻與責任（一 5～6）

這段經文描述女子對自己外貌的看法和所面對現實的挑戰。她因皮膚黝黑而引起旁人注目甚至瞪視（5 節）。另外，女子又提到她受到家人欺負（6 節）。

她兄弟要求她看守家族的葡萄園，使她無法照料自己的葡萄園。

雅歌的愛情故事不僅展現浪漫，也融入現實壓力的描寫。女子對愛人表達渴慕的同時，也面臨外貌上的自我懷疑與家庭責任的重擔。筆者將這兩節經文分別以兩大段落作討論：女子面對自己外形的心理阻攔（5節），同時亦看見女子在家中面對的家庭責任（6節）。

分段大綱（一5～6）

一、女子要超越外形上的挑戰（一5～6上）

二、女子要面對家庭的責任（一6下）

3.2.1 女子要超越外形上的挑戰（一5～6上）

這裏的「耶路撒冷的眾女子」（*bənôṯ yərûšālāim*；「女子」是複數）在雅歌出現七次（一5，二7，三5、10，五8、16，八4），她們曾與女子對話（五9，六1）。學者對其身分尚無定論，但是，若從詩歌體裁的角度看，她們可能是一個文學角色，作為女主角的對話夥伴，提供她有抒發情感的空間。同時，她們也與女主角形成對比，如「黝黑與白皙」、「鄉村與城市」、「基層與上流」。

「耶路撒冷的眾女子啊，我雖然黑，卻是秀美」這句在很多譯本都會加上「啊！」這助語詞，目的是喚起她們的注意力，強調女子對自身外貌的辯護。謝挺指出，首次在雅歌出現的「我」（*ʾănî*；5節）反映書中只有女子這個主角一直在說話（一5、6，二1、5、16，五2、5、6、8，六3，七11，八10），而良人從沒用「我」來表達自己，凸顯女子是詩歌的主要敘述者。⓮

「黑」（*šəḥôrā*[h]）與「秀美」（*nāʾwē*[h]）在雅歌是由連接詞「和/而且」（*wə*）聯繫，該詞也可解作「但是/卻」。因此，女子描述自己「黑」與「秀美」，可能是自誇或自辯（apologetic）。「黑」與「秀美」應當如何聯繫，解經者有不同的見解。

「黑」（*šəḥôrā*[h]）在希伯來聖經可以指頭髮的顏色（參利十三31），又或指黎明時分破曉之黑暗（參伯三9；詩一三九11）。「黑」在雅歌亦用來形容良人的頭髮，如：「黑如烏鴉」（五 11）；描述女子如「晨光」（六 10；*šāḥar*）。約伯記形容約伯的皮膚：「我的皮膚黑而脫落，我的骨頭因熱燒焦。」（伯三十 30）皮膚曬黑，似乎與熱以及燒焦有牽連；約伯亦將自己皮膚的「黑」來襯托自己不好的光景（伯三十 27）。雅歌中的女子形容自己的皮膚黑，解釋這是與太陽的暴曬有關。耶利米哀歌亦有類似的對比（哀四 7～8）。若參照耶利米哀歌，雅歌女子的「黑」帶有負面意義。因此，「黑，卻是秀美」的理解是比較正確。另外，有解經者支持「黑而且秀美」，認為這是挑戰「皮膚黝黑就是不美」的偏見。於是，有些解經者認為雅歌的女子是在自誇皮膚黝黑而且美麗。不過，這樣解讀與上下文的脈絡難以接駁，這一點將在後續經文中進一步討論。

「秀美」（*nāʾwēh*）在雅歌多用來形容身體部分的美麗，如容貌（二 14）和「嘴」（四 3），也有耶路撒冷城的秀美（六 4）。若指人的外形，則用「俊美」（*yph*）這形容詞，男性為「英俊」（陽性形容詞 *yāpēh*；一 16），女性為「美麗」（陰性形容詞 *yāpāh*；一 8、15，四 1、7 等等）。雅歌以詩意觸及多種感官：親嘴、嗅覺（馨香）、味覺（酒），以及這裏的視覺（黑、秀美）。

「不要因日頭把我曬黑了就輕看我」（一 6）中的「輕看」（*tirʾûnî*；動詞詞根是 *rʾh*）原文有「看」的意思，「呂振中譯本」譯作「盯著我」，「思高譯本」譯作「怪我」（另參 ESV, NIV），都含負面意思，反映「曬黑」結果就是被「輕看」。這再次肯定了「黑卻是秀美」的解釋。女子強調自己是秀美的，只因為要看守葡萄園，才令她「曬黑」。在農耕社會，一個人皮膚黝黑反映其農民背景，而富貴家庭的人則皮膚比較白皙，即使在工業社會蓬勃時期，黝黑皮膚的人通常是勞工羣族。雅歌女子看來不是千金小姐或溫室裏的小花。

女子宣告「我雖然黑，卻是秀美」時，她的話是針對「耶路撒冷的眾女子」的。這些女子是她的閨蜜（參一章 3 節「閨蜜」的解釋，頁 40），來自耶路撒冷城，她們欣賞女子的心上人，只是她們與女子的背景不同，審美觀也不同，引致雅歌女子要自我維護。

女子用了「如同」和「好像」來描述自己的黝黑之美，她將自己比作「基達的帳棚」和「所羅門的幔子」。「基達」（*qēḏār*）是敍利亞和阿拉伯沙漠地帶的其中一個遊牧民族，「基達」是北阿拉伯地區的遊牧民族，也是以實馬利的後裔（創二十五 13）。他們多次出現於先知書（賽二十一 16，四十二 11；耶二 10，四十九 28）。在公元前八世紀至四世紀之間，基達是北阿拉伯強盛的貝都因族人。⑮ 所說的「帳棚」（*ʾohel*），無論是私人住的（參創四 20）還是耶和華的（參王上二 28），在舊約時代相當普遍。帳棚是遮蔭之所，擋住外面的酷熱與曝曬，裏面陰涼也陰暗，所以與上文的「黑」在思路上有關連。「基達的帳棚」亦出現在詩篇一百二十篇 5 節，隱喻著一個令人感到舒適的遮蔭處。此外，亦有另外的看法，認為「基達」的地理位置處於城市邊陲，是遠離文明的邊境之地。這可比喻雅歌女子在城市邊陲看守葡萄園和牧放羊羣。

「所羅門的幔子」可指所羅門王的華麗帳棚。「幔子」（*yərîʿah*）是由羊毛織成作帳幕的布料，可作會幕的敬拜用途（出二十六 1、7；撒下七 2）。在耶利米書中，「帳棚」和「幔子」象徵帳篷的內部遮蔽和保護(耶四 20)。雅歌的「帳棚」和「幔子」是詩歌體裁的同義平行體，既指陰暗又隱含舒適之意，正如「黑卻是秀美」的對照之美。因此，「基達的帳棚」與「所羅門的幔子」及「黑，卻是秀美」是異曲同工的。如此，「基達的帳棚」和「所羅門的幔子」皆用來比喻女子的「黑」和「秀美」。

「曬黑」的「曬」（*šāzap̄*）原文是動詞「看」。太陽被擬人化，像是他「看」著她，並將她曬黑，這與「輕看」（*rāʾā^h*）相映成趣。⑯「太陽看著她，把她曬黑」是一種詩意表達，而姐妹們「盯著她」是對她被曬黑的反應。此外，「曬」和「發怒」（*ḥārā^h*）兩者原文都含有「火燒」或「燃燒」的意味，進一步凸顯炙熱的陽光對女子的影響。「曬黑」的「黑」（*šəḥôrā^h*）原文與上一節的「黑」（*šəḥarḥōreṯ*）為不同的詞，前者強調女子黝黑的外貌，後者則解釋其成因。她的確是「黑」了，以致她很在意耶路撒冷眾女子盯著她。

3.2.2 女子要面對家庭的責任（一 6 下）

這兩節經文裏，女子提到「耶路撒冷的眾女子」和「同母的弟兄」（「弟兄」原文是「兒子」，參頁 36）。她說「我同母的弟兄〔即兒子〕向我發怒」，特意使用關係代名詞「同母的……」而非直說「我的兄弟們」，似乎意在指出兄弟們只是她母親的兒子，而不是她的弟兄，她目的是要淡化親情，因為他們對她充滿怒氣。這暗示了她與兄弟之間的關係因某些衝突而緊張。在父權社會裏，女子必須聽從家中男性的指示。雅歌未提及「父親」，而只有「母親」（三4、11，六9，八1、2、5），再次凸顯女性在雅歌的地位。女子尚未出嫁，仍受兄弟管轄，很可能反映她仍未到**適婚年齡**，所以兄弟們要負責看守她，並保護她的清白（參八章8至9節的分析，頁233～234），不過兄弟們似乎也向她施壓，要求她看守葡萄園。這種逼壓令女子渴望逃離，去追求一個屬於她的愛情世界。

在猶太社會裏，女性宗教成年年齡是十二歲，到此年齡便要行成人禮（Bat Mitzvah）。這禮儀後，不一定意味著她們要立即結婚；不過，普遍而言，她們都傾向較年輕結婚，可能是十六至十八歲，特別是在社會和經濟條件允許的情況下。

女子提及「看守葡萄園」（*kərāmîm*），這「葡萄園」原文是一個複數名詞，至於「自己的葡萄園」（*kerem*）則以單數名詞表達。這暗示她因為看守多個園子，而不能照顧自己的葡萄園。福克斯認為這「自己的葡萄園」應該作隱喻解釋（figurative meaning）而非根據表面字義（literal meaning）。如果「葡萄園」是單數，指的是女性的整個人，所以，她未能「看守自己的葡萄園」就是指她作為一個女性，不能照顧到自己的需要。除了福克斯，不少學者也有相同觀點。⓱ 鮑勃則提出另一觀點，認為「葡萄園」是指女子的私處，未看守「自己葡萄園」是暗示指她失去貞操，兄弟們的怒氣仍源於此。⓲ 不過，筆者認為這種解釋與脈絡不符。「葡萄園」更可能用來隱喻女子的身體及容貌，表達因家庭責任影響而忽視自我照顧的無奈。雅歌的隱喻無疑豐富多層，結合古代近東的花園意象和愛情詩歌的文本互涉特性，但在此情境下，「葡萄園」更應理解為身體的象徵，而非失去貞潔的暗示。這樣看來，6節可以出現一個扇形結構的思維如下：

A　女子曬黑

　　B　兄弟們向她發怒

　　B'　兄弟們使她看守葡萄園

A'　女子沒有照顧自己的外貌（沒有「看守葡萄園」）

一章6節整體呈現女子在愛情中的艱難處境，描寫帶有負面色彩。她渴想為心上人作些打扮，但因勞動而曬黑了皮膚（A和A'）。兄弟們可能因她追求愛情而向她發怒，迫使她看守眾多的葡萄園，讓她無暇談情說愛（B 和 B'）。他們怒氣可能源自於她專注尋找心上人而忽略家族責任，甚至跑去牧放羊羣（參一 7～8）。有趣的是，有解經家將雅歌女子比作灰姑娘，受兄弟們的管束和欺負，不能如願與她的「白馬王子」會面。⑲「看守葡萄園」的題旨在雅歌八章 11 至 12 節再次出現，亦再次涉及她的兄弟，強調她在愛情與家庭責任間的掙扎。

3.3 渴慕良人在身旁（一 7～8）

這兩節經文可以分為兩部分，第一是女子向良人說話（7 節），第二是良人向女子說話（8 節）。2 至 8 節這整段詩節述說的，是女子對愛情的渴望及愛慕（一 2～4）和良人伴隨在她身旁（一 7～8）。這兩部分內容前後呼應，中間穿插著女子因外貌與家庭責任而感到的困難與阻礙（一 5～6）。

分段大綱（一 7～8）

一、女子的渴慕（一 7）

二、男子的回應（一 8）

3.3.1 女子的渴慕（一 7）

雅歌的女子超越了因皮膚黝黑引起的自我嫌棄，也擺脫了對外貌的自我埋怨，將情感寄託於與心上人相見的渴望，她主動尋找良人。

這段敘事發生在牧羊的場景，這類背景在古代近東的愛情詩歌中十分常見。「我心所愛的」（*šeʾāhăḇāʰ napšî*；7 節）直譯是「我的靈魂之所愛」或「我的生命之所愛」，是雅歌核心表達之一，這片語共出現五次，第一次出現於一章 7 節，另四次集中於三章（三 1、2、3、4）。「愛」在雅歌亦有七次（一 3、4、7，三 1、2、3、4），集中於一、三章。女子用「生命」（*nep̄eš*）來表達她對良人的深切愛意，這個詞亦可以解作「喉嚨」，象徵渴慕與慾望的根源。綜合辭典的理解，這裏的「心」不僅指情感，也牽連至女子的靈魂、全人及整個存在（being），表達她對愛人的完全委身與深情投入。

女子在4節稱心上人為「王」，在7節，她則稱他為「牧羊人」。這種轉換在古代近東文化中有根據，古代近東的王，有時亦被稱作牧人，如「吉加默什史詩」(*Epic of Gilgamesh*)、「**漢穆拉比法典**」(*Code of Hammurabi*)，以及希伯來聖經(參結三十四23～24)都有類似的表達。⓴然而，女子的心上人真的是牧羊人，因她問及他牧羊的地方，她渴望找到他。女子在鄉村場景中感到安全，牧羊和看守葡萄園是她熟悉的生活環境。尋找心上人成為女子的心靈寄託，讓她暫時擺脫家庭責任和他人的目光，專注於與良人見面。

在「漢穆拉比法典」的序言中，漢穆拉比描述自己是一名「使正義高舉在全地上，消滅惡人和邪惡」的王。在結語，他也說自己有來自馬杜克（Marduk）神明的牧羊人角色。

7節的「求你告訴我」表達了一種強烈的逼切感。「我心所愛的啊，求你告訴我，你在何處牧羊？」整節經文可直譯為「請告訴我！我心所愛的啊！你在何處牧羊？」而「請告訴我！」(*haggîḏāʰ*)原文是一個祈願語氣的動詞，再加上兩次緊湊的「何處」(*ʾêḵāʰ*)這帶問句的虛詞，句子便形成「求你告訴我！……何處……何處……」，凸顯女子急於知道良人下落，即使是在正午酷熱時分。正午通常是牧羊人與羊羣歇息的時分，女子不顧及皮膚更加黝黑，仍選擇這個時間與良人相見，表明她對愛的熱切與執著。「牧羊」(*ṯirʿeʰ*)原文既可以指實際的牧羊、保護羊羣，在喻意上也可以指帶領、保護、連繫(參撒下五2；結三十四13～16)。因此，從字面看，女子既要問良人牧羊的地方，也是尋求與她連繫的象徵。

「晌午在何處使羊歇臥？」原文缺少了明確的賓語。「你在何處牧羊？晌午在何處使羊歇臥？」按原文直譯是「你在何處牧羊？正午在何處歇臥？」(參「和修版」)依舜指出，這句話具有**雙關語**(double entendre)，隱藏了的賓語可以是「使羊躺臥」(what)，也可以是「使人躺臥」(whom)。㉑若是如此，女子渴望的是與良人有一次「肌膚之親的幽會」。「晌午」(*baṣṣohŏrāyim*)一般是午餐時間，可能還包括小憩，所以出現「歇臥」(*tarbîṣ*)。因時間比較長，可以為二人提供了一個共聚的時間。當女子問：「晌午在何處使羊歇臥？」暗示她期盼的不是短暫的見面，而是與心上人享受一段

「雙關語」是指一種言詞表達方式，讓人有兩種方式去解讀，其中一種含義往往帶有暗示的成分。

二人獨處的親密時刻。

在7節下「好像蒙著臉的人」（「和修版」譯作「我何必像蒙著臉的女子」）。女子不願意如此，一方面表示她不願遮遮掩掩的私會，另方面也希望避免被誤解為行為不檢點的女子，而希望單獨與良人相處。這表明她對愛情的坦率追求，以及希望獨享愛人陪伴的渴望。

「蒙著臉的人」（*kəʿōṭyāh*；原文是一個陰性分詞作名詞用）原文是「蒙著臉的」女子（參「和修版」）。在希伯來聖經當提到女子蒙臉，有時會意指妓女，如她瑪用面紗蒙臉，猶大因此就看她是妓女（創三十八14～15）。然而，「蒙著臉」不總是帶負面意涵，如良人讚賞他的佳偶「你的眼在帕子內好像鴿子眼。」（四1）這裏的「帕子」就是指新娘披戴著的面紗。當利百加看見以撒，也以面紗蓋著自己（創二十四64～65），表示男女初次見面時的靦腆。不過，雅歌的女子在這裏問「我何必像蒙著臉的女子？」不是指靦腆，而是因為女子一直很坦率流露對心上人的渴慕，亦不願意被其他人誤以為自己行為不檢點。女子與心上人見面就是當時一種社會倫理的冒險（social risk），而經文亦暗示女子是想與男子一同躺臥在一起。雅歌的確是充滿豐富的意象和隱喻，把這裏的歇臥直接關聯性愛的躺臥，挑戰了愛情詩歌的想像力。儘管經文是暗示性愛，筆者認為這更可能是女子的幻想，就如一章4節她幻想良人拉住她進入內室一樣。

3.3.2 男子的回應（一8）

8節充滿轉折與驚喜，因為雅歌女子不再說話，而是被描述為「這女子中極美麗的」。一些學者對發言者是誰，意見上產生分歧，認為可能是耶路撒冷的眾女子，因為「這女子中極美麗的」在雅歌通常出自她們（參五9，六1）的口。須留意的是7節與8節是有關聯的，原因在於：

- 這兩節經文同時出現「牧羊」的題旨。
- 這兩節經文是在「我」和「你」一問一答的互動中。
- 女子說「我心所愛的」是呼應男子說「你這女子中極美麗的」。
- 8節的「在牧人帳棚的旁邊」是回答7節的「在何處牧羊？」

一章 7 至 8 節是男女之間首次問答互動，它是始於女子對男子的渴慕。雖然男子的回應看似含糊，沒有明確指引女子可以找到他的地方，但 8 節的發言顯然不是耶路撒冷眾女子，而是女子「心所愛的」那位男子。8 節是男子第一次在雅歌說話，回應女子的愛意，並為接下來「彼此仰慕」的詩歌（一 9～二 7）鋪陳。

男子稱女子為「女子中極美麗的」（一 8），表達了兩情相悅的深情，肯定女子的美麗與魅力。他的說話回應了女子對自己黝黑外貌的自我評價，肯定她是極美麗的。男子提議女子可以「跟隨羊羣的腳蹤去，把你〔即女子〕的山羊羔牧放在牧人帳棚的旁邊」，這含蓄的回答隱含一種邀約。凱爾（Othmar Keel）認為男子可能是要求女子喬裝成女牧羊人，以此製造見面的機會。黃朱倫進一步解釋，當女主角提問「正午在何處歇臥？」的意思是：「在你休閒的時間，我們在何處可以相會？」男子則回答：「當你找到我時，就在牧人的帳棚邊。牧放你的山羊羔，在適當的時候，我會來與你相會。」㉒ 這一問一答展示了男女間的深情互動及對彼此愛情的渴望與期待。

男子回答了女子兩次的「何處？」而且也暗示女子可以以女牧羊人的姿態，而且在其他牧羊人（7 節提到「你同伴」）的見證下光明正大的約會。這樣，她就不必偷偷摸摸的「蒙著臉」，也不必冒犯社會倫理的風險。男子回應同時也解答了女子「何必」之問。

雅歌一章 2 至 8 節的詩節「愛慕期待」，在此告一段落。整體上，作為雅歌的開首（一 2～8），在語文的表達、愛慾的投入、隱喻的運用上都十分豐富，引人入勝，帶給讀者一場「難以駕馭的愛情探險」。格勒特（Duane A. Garrette）將之稱為「愛情禮讚」（the celebration of love）。㉓ 這開首句沒有提及男女的姓名，使讀者都能輕易代入其中。我們惟有在雅歌六章 13 節（希伯來文聖經是七章 1 節）才知道，雅歌的女子可能名叫書拉密（假設書拉密是人名而非地名）。作為全書的女主角，象徵著普遍女子對愛情的渴想及對愛人的思念。她與心上人共譜一首美麗的戀曲。我們讀詩篇的時候總把自己代入詩人的場景，那麼，我們讀雅歌之時，我們也可以想像自己是其中的男女主角，尤其是熱戀當中的男女，更能感同身受，體會雅歌對愛情的深刻描寫與禮讚。

信仰反省

早期教父或教會傳統把雅歌解讀成教會或以色列(女子)與上帝(良人)之間的愛。彥森(Robert W. Jenson)為雅歌提出幾項指引，幫助那些採取基督教傳統進路去詮釋雅歌的讀者：

其一，須以人為出發點。雅歌是從人的，以女子的聲音作主導。當解讀為以色列與上帝之間的關係，就要強調基督徒主動渴慕上帝。基督徒可以藉著詩歌來表達他們對上帝的崇敬、期待、熱愛和盼望。這種崇敬的情懷，是不會受外在惡劣環境所影響。

其二，單純渴慕上帝本身。雅歌表現出上帝子民對上帝的渴慕，而非只是期待上帝的赦罪。這種崇敬的情操，超越了人交換式的愛，也強調「觸摸」(touch)到上帝，經歷及體驗上帝。㉔ 我們需要被愛所牽引，以愛為動機，使愛成為動力，去相信上帝、跟隨基督。

其三，以抒情方式賞析雅歌。雅歌是抒情詩，其重點在於情感和旋律，而非理性分析。過於注重神學故事或教義，可能削弱詩歌的本質。在賞析雅歌的時候，一方面除了有神學基礎，另方面也要有心靈和感知去欣賞詩歌所描繪的感情維度，以及認真看待心靈深處的純真。

溫習及思考問題

1. 雅歌女子開首就說「願他用口與我親嘴」、「你的愛情比酒更美」，這給你有甚麼想法？如果你處在古代的社會，你對雅歌女子的印象會如何？你如何看她對愛情渴慕的行為？
2. 在希伯來聖經裏，「愛情」(單數名詞：*dôḏ*；複數名詞：*dōḏîm*)的含義，除了男女之間的愛，還具有甚麼意思？
3. 雅歌的愛情裏，為何還包含了「性愛」含義以及「內室」的場景？這樣是否對純真的愛情作了妥協？
4. 雅歌用了甚麼修辭法來形容女子和男子？愛情是否只有真誠便足夠？是否需要有更多讚賞的說話來表示對愛侶的欣賞？
5. 雅歌的生活場景如何與婚禮儀式產生關聯？這個關聯使你對解讀雅歌有甚麼幫助？

6. 請你就著對雅歌女子對男子流露的思念與憧憬，提供客觀的分析與主觀的分享體驗。你是否能夠體會雅歌女子的心情？

短註

❶ 朗文對整卷書蘊含濃厚的愛意的想法，參 Tremper Longman III, *Song of Songs*, NICOT (Grand Rapids, MI: Eerdmans, 2001), 89。

❷ 依舜「願他……與我親吻」英文譯句，以及對「願他……與我親嘴」為一個溢出來的情感這觀點，可參 J. Cheryl Exum, *Song of Songs: A Commentary*, OTL 5 (Louisville, KY: Westministerr John Knox Press, 2005), 93。另參 Longman III, *Song of Songs*, 89。

❸ 對於「鼻吻」的討論，可參 Fox, *The Song of Songs*, 97。

❹ 有關鮑勃認為學者修訂一章 2 至 4 節那男子的人稱的觀點，參 Pope, *Song of Songs*, 297。

❺ 將複數「愛情」理解為「性愛」的，參 Richard S. Hess, *Song of Songs*, Baker Commentary on the Old Testament Wisdom and Psalms, ed. Tremper Longman III (Grand Rapids, MI: Baker Academic, 2017), 40；Ellen F. Davis, *Proverbs, Ecclesiastes, and the Song of Songs*, Westminster Bible Companion (Louisville, KY: Westminster John Knox Press, 2000), 242。將複數「愛情」理解為「愛撫」，參 Exum, *The Song of Song*, 91；Garrett and House, *Song of Songs/Lamentations*, 125。格勒特雖然把「愛情」複數詞譯成「愛撫」，不過也解釋此乃「性愛」。參 Garrett and House, *Song of Songs/Lamentations*, 128。

❻ 謝挺對愛情與酒的關係的解釋，可參謝挺：《雅歌》，頁 174。

❼ 鮑勃根據烏加列文 *yn ṭb*（「好酒」；good wine）和 *yn lṭb*（「不好/甜的酒」；wine not good/sweet）的理解，將雅歌這裏的「美」解作「甜」。參 Pope, *Song of Songs*, 291, 298。

❽ 赫斯將 2 節上的「親嘴」想像為「舌吻」的討論，可參 Hess, *Song of Songs*, 50。

❾ Exum, *Song of Song* , 91, 95。

❿ 賀林（Stephen Horine）的博士研究，力陳雅歌的場景是一段婚姻關係。他的論點可參 Stephen Horine, "An Integrative Literary Approach to the Song of Songs," PhD. dissertation (Westminster Theological Seminary, 1998)；另參 Longman III, *Song of Songs*, 93。

⓫ 雅歌與婚禮場景的關聯和溫茲斯坦有關。溫茲斯坦是十九世紀駐敍利亞的德國領事，他寫了一篇他曾見證過的許多敍利亞婚禮慶典的文章，並認為這些婚禮的場景與雅歌的相似。他的文章被舊約聖經學者弗朗茨・德利茨採納並附錄在他的解經書裏，詳情可參 Franz Delitzsch, *Proverbs, Ecclesiastes, Song of Solomon,* trans. M. G. Easton (Grand Rapids, MI: Eerdmans, 1975 [1885]), 162～176。溫茲斯坦的觀點對雅歌的學術研究頗有影響。故此，有學者認為雅歌這裏的「王」的稱呼就是指新郎，甚至與敍利亞的婚禮一樣，新郎和新娘有為彼此佩戴皇冠的儀式，並彼此稱呼對方為「王」和「王后」。不過，朗文並不認為這個解釋是必要的，參 Longman III, *Song of Songs,* 92。

⓬ 有關福克斯對代名詞人稱轉換的看法，參 Michael V. Fox, "Scholia to Canticles (I 4b, II 4, I 4ba, IV 3, V 8, VI 12)," *VT* 33 (1983): 200。

⓭ 杜古德對「歡喜快樂」的解釋，可參 Duguid, *The Song of Songs*, 81。

⓮ 有關謝挺對整卷書出現「我」的解釋，可參謝挺：《雅歌》，頁 178～179。

⓯ 基達與貝都因族人的關係這方面的討論，參 John Walton, Victor H. Matthews and Mark V. Chavalas, *The IVP Bible Background Commentary* (Downers Grove, IL: IVP, 2000), 57。

⓰ 杜古德將 5 節出現的兩個「看」作對比，參 Duguid, *The Song of Songs*, 84。

⓱ 福克斯對 6 節出現兩次的「葡萄園」的解讀，參 Fox, *The Song of Songs*, 102。另參 Duguid, *The Song of Songs*, 85；Roland E. Murphy and S. Dean McBride Jr., *The Song of Songs: A Commentary on the Book of Canticles or the Song of Songs*, Hermeneia (Minneapolis, MN: Augsburg Fortress Press, 1990), 128；Gledhill, *The Message of the Song of Songs*, 105；謝挺：《雅歌》，頁 182。

⓲ 將「自己的葡萄園卻沒有看守」解作女子失去了貞操這方面的討論，參 Pope, *Song of Songs*, 326。

⓳ 對於沒有好好看守園子的討論，參 Gillis Gerleman, *Ruth, Das Hohelied,* BKAT 18 (Neukirchen-Vluyn: Neukirchener Verlagsgesellschaft, 1965), 99～101；謝挺指出除了雅歌女子，「灰姑娘」的關聯也和以斯帖的出身相似，而雅歌和以斯帖記都沒有提到上帝的名字或與祂有關的稱號，參謝挺：《雅歌》，頁 182。

⓴ 有關經外文獻提及王也被稱為牧羊人的描述，參 James B. Pritchard ed., *Ancient Near Eastern Texts Relating to the Old Testament*, 3rd ed. (Princeton: Princeton University Press, 1969), 164～166, 177～178。

㉑ 對於依舜解釋「晌午在何處使羊歇臥？」這短語在原文隱藏了賓語的意思，可參 Exum, *Song of Songs*, 107。

㉒ 有關凱爾指出男子要她跟隨羊羣的腳蹤的說法，可參 Keel, *The Song of Songs*, 53。有關黃朱倫對 8 節的解釋，可參黃朱倫：《雅歌註釋》，頁 97。

㉓ 有關格勒特稱這開首句為「愛情禮讚」的，可參 Garrett and House, *Song of Songs/Lamentations*, 126。

㉔ 根據早期教父克萊爾沃的伯納德（Bernard of Clairvaux）的講道，「觸摸」包括了這一章說到具體的親吻。女子是教會也是個人信徒，而良人是基督：「我不能安心，除非他（基督）用他的口很多的吻來與我親吻。我為了能夠親吻他的腳和他的手而感恩。如果他真的關心我，就讓他願他用他的口很多的吻來親吻我。……愛征服一切。」參 Bernard of Clairvaux, *On the Song of Songs*, trans. Kilian Walsh and Irene M. Edmunds, *The Work of Bernard of Clairvaux*, vols. 1~4 (Kalamazoo: Cistercian Publications, 1970～1980), 2, 9；另參 Robert W. Jenson, *Song of Songs*, Interpretation: A Bible Commentary for Teaching and Preaching (Louisville, KY: John Knox Press, 2005), 18。

第四章

彼此仰慕（一9～二7）

- 他們彼此讚賞
- 他們彼此驚歎
- 他們以花作比喻
- 女子愛情的獨白

這一章，我們將從男子對女子湧溢的讚賞，飛躍到他們彼此深深仰慕的二人世界裏面（一9～二7）。這段經文盡是「我的佳偶」（9節；原文是 *raʿyāṯî*；英文譯作 "my love"，參 ESV）對唱「我的良人」（13節；原文是 *dôḏî*，英文譯作 "my beloved"，參 ESV）的濃情蜜意。兩人仰慕的焦點在「佳偶」和「良人」的親密稱呼，更在「我的」這個關係代名詞上。

這段經文中一唱一和的情歌，是由男子的聲音開始（一9），以女子的聲音結束（二7）。他們彼此仰慕，愛意綿綿。一章9節至二章2節可以包含三個平行結構：

第一個平行結構：他們彼此讚賞（一9～14）：

男子讚賞佳偶（一9～11）

女子讚賞良人（一12～14）

第二個平行結構：他們彼此驚歎（一15～17）：

男子驚歎佳偶美麗（一15）

女子驚歎良人英俊（一16～17）

第三個平行結構：他們以花作比喻（二1～2）：

女子自喻為花（二1）

男子比喻女子像花（二2）

而二章3至7節是一獨立的段落，全是女子的獨白，她進一步將良人喻作一棵樹，述說自己因愛成病，並向耶路撒冷的眾女子誓言，她會等時機成熟，讓愛情發揮最美的果效。這一章是按照上文的結構作這段經文的析讀。

4.1 他們彼此讚賞（一9～14）

這段落中，男子先讚賞女子，他稱女子為「佳偶」（一9～11），然後由女子稱讚男子，她稱男子為「良人」（一12～14）。

分段大綱（一 9～14）

一、良人讚賞佳偶（一 9～11）
二、佳偶讚賞良人（一 12～14）

4.1.1 良人讚賞佳偶（一 9～11）

「我的佳偶」(*raʿyāṯî*) 中的「佳偶」(*raʿyāʰ*)，本有「同伴」、「朋友」或「愛人」之意，希伯來聖經這詞卻只出現在雅歌，且有九次之多（一 9、15，二 2、10、13，四 1、7，五 2，六 4），全是男子稱呼女子的親密用詞。女子也用 *rēʿāʰ*（一 7、8[x2]，二 16，四 5，六 2、3）來稱呼她的心上人，也是「同伴」或「朋友」之意。男子口中「我的佳偶」亦可作「我的伴侶」，一般英譯為 "my darling"（參 NASV）或 "my love"（參 KJV, NRSV），顯示「我的愛人」或「我親愛的」親暱稱號，意思是她是他惟一的愛人、伴侶或親愛的。

男子將她比擬為「法老車上套的駿馬」（一 9）！這「車」很可能是「戰車」，參「和修版」。「馬」通常是一個指涉奢侈、權柄和驕傲的符號（賽三十 16，三十一 1、3；亞九 10）。❶「駿馬」(*sūsâ*) 在此是一個陰性單數名詞，字義上是指一匹「雌馬」，它只在雅歌出現（陽性單數名詞則在希伯來聖經一共出現一百四十次）。意思是說，「雌馬」在希伯來聖經實屬少見，出現在雅歌一章 9 節這裏也顯得獨特。到底「法老車」和「駿馬」具備甚麼特質，才能夠用來比喻佳偶？

對此，鮑勃提出另外一個富有想像力的解說。在圖特摩斯三世（Thutmose III）進襲加低斯（Qadesh）的戰鬥當中，加低斯人放出一匹雌馬，讓雌馬在埃及軍隊的雄馬當中引起性興奮，藉此擾亂戰馬的注意力。敵軍使用這個方法想乘機擊敗埃及，只是計劃未能得逞，因為埃及將領阿蒙涅姆赫特（Amenemhed）迅速地把這匹雌馬殺死。❷ 那麼看來，「法老車上套的駿馬」是比喻這裏有一名女子，她令男士們神魂顛倒、意亂情迷。

若參考上下經文，它有提到高貴華麗的裝飾，這一點也是值得我們考量的。須留意的是，「駿馬」(*sūsâ*) 的詞尾有「我的」這第一人稱關係代名詞後綴，翻譯出來應該是「我的駿馬」。如此，「我的佳偶」(*raʿyāṯî*) 與「我的駿馬」

（*sūsāṯî*）是互相呼應的。筆者認為男子讚賞自己心愛的女子，不是想強調她能驅使其他男人都對她意亂情迷。男子的焦點，看來比較像是形容佳偶所佩戴的裝飾，就像法老戰車的駿馬所佩戴的裝飾，使她顯得高貴和特別。這樣，女子的出現不禁引起在場的人對她的注意，也令人禁不住欣賞她。

男子對女子的讚賞是「美麗」（一8）、「秀美」和「華麗」（一10），尤其是10至11節，女子的髮辮、珠串、金鏈和銀飾的裝飾，被男子形容為「秀美」和「華麗」。經文的脈絡顯示，一章9節形容佳偶好比「法老車上套的駿馬」。尤其是法老所駕乘的戰車和馬匹，理所當然的，是極其講究；馬匹除了安裝堅固且舒適的馬鞍之外，應該還有華麗的裝飾，才承托出高超的地位。考古出土文物顯示，法老的駿馬身上披戴著極美的衣飾，頭上也有華麗的飾物，看起來既威武又優雅。如果男子這樣去比喻女子，就是稱讚她極度美麗。

另外，「戰車」（*reḵeḇ*）出現在舊約書卷不下二百一十四次，當中好些是與陣容和排場來展示個人身分有關的（參王上一5；王下五9；賽六十六20；耶二十二4）。「戰車」亦顯示戰車主人的尊貴地位（參創五十9；「和合本」譯為「車輛」）。列王紀上九章19節曾描繪所羅門的戰車城，而22節更凸顯以色列人作所羅門的戰車長（而不是奴僕），並與官長、軍官、騎兵長同列。「法老車」（複數；*bərikḇê pārʿōh*）就只出現在雅歌這裏，以及在出埃及記十四章9節（單數「車輛」；*reḵeḇ parʿōh*）。就如列王記上十章26節描述，所羅門有一千四百輛戰車的威望，如此，「法老車」亦顯示一代君王有的威榮和超越性。以上種種對「戰車」的描述，雅歌的「法老戰車」更加襯托出女子的高貴地位。

接著，男子讚賞的焦點落在女子頭部的飾物，特別是兩頰和頸項的飾物。「你的兩腮」（「和修版」譯作「兩頰」）與「你的頸項」呼應，「因髮辮」和「因珠串」也呼應，只是原文只有一個形容詞，就是「秀美」（*nāʾwû*）。所以，一章10節是不完整的同義平行句，直譯可作「秀美！妳兩頰的髮辮、妳頸項的珠串」。

「兩腮」與「頸項」成為字對（word pair），其焦點是「兩腮」與「頸項」上的飾物——它們襯托女子的美麗，顯得更加可人。雅歌四章4節亦有描述頸項的珠串，這為我們提供更多線索和想像的空間。女子的「兩腮」和「頸項」穿戴的，是精緻繁多、閃閃發亮的飾物。

用動物比喻女性：社會身分的建構

曾幾何時，人類語言學把男人和女人概念化為某種動物，例如：中文成語中有臥虎藏龍、龍飛鳳舞、呆若木雞、狼吞虎嚥、烏飛兔走、驚弓之鳥、喪家之犬、和狐羣狗黨等等。這些都在形容人類在某種狀況之下所產生的表現。有時，中文成語用動物隱喻來區分男女或剛或柔的不同特質。例如：以狐假虎威、氣壯如牛、雛鷹展翅、老牛舐犢、鶴髮童顏、龍騰虎躍和狼狽為奸等等來形容男人；以小鳥依人、沉魚落雁、河東獅子、花面狐狸、守如處女、出如脱兔等等來形容女人。

有一項研究分析，動物的隱喻是為了建構男性與女性在社會上的身分。❸ 提出這項分析的是一名女性，她檢視白人所主導的父權社會，認為動物的隱喻提供的是一個性別論述（gendered discourse）的視窗，她又提出男女的身分認知（sense of identity）是在人與人的互動中形成的。在這種動物隱喻的對話中，一個人獲得他的社會類別（social categories），從中塑造一種身分感。❹ 這個研究也提到，語言能夠延續特定的人在社區中所擁有的特權地位和權力。因此，透過動物隱喻，人們在語言上被社會化，也潛移默化地接受父權觀點之下的女性角色，包括鞏固用於女性身上與動物有關的偏見和貶義。

分析動物作為隱喻，用在檢視性別關係頗有益處。我們可以謹慎，不讓自己被灌輸一種富有貶義的性別身分意識。不過筆者認為，動物隱喻本身也具有文學價值。聖經文學經常使用動物作隱喻來傳達重點，例如：強壯如同獅子、敏捷如同山上的鹿（代上十二8）；敵人好像咆哮的獅子抓取獵物（賽五29）。在歌頌愛情的雅歌，動物隱喻更是發揮美學功效。雅歌的女子被良人譽為「我的鴿子」（二14，五2）和「獨一的鴿子」（六9），經文處境訴盡男子的憐惜和愛護。雅歌女子的雙乳，被比喻為一對小鹿（四5，七3），不單具有豐富想像力，也免去色情之關聯。在一章9節，良人把她比喻為法老戰車上的母馬，也實在賦予了她高貴的地位，以及華麗的妝扮。

「髮辮」（*tôrîm*；詞根是 *tôr*）是複數名詞，「七十士譯本」和「武加大譯本」曾譯作「鴿子」，現代的譯本已將這譯法糾正過來，解作「髮辮」或「首飾」；「髮辮」的原文在此比較可能的是指耳飾而不是髮飾，很可能是指「耳環」。❺ 就如古代的御座馬匹，有華麗的轡或羈一樣，女子的兩頰也有吊錘式、一排排珠子的耳環。此外，她的頸項有「珠串」（*ḥārûzîm*）項鍊，「珠串」是複數名詞。

猶如考古文物的圖案和浮雕所示，埃及尊貴婦女頸項上穿戴的珍貴寶玉，像一個領子扣在頸項四周。❻ 文中所描述的飾物看起來精心巧造，反映古代近東尊貴的婦女之裝飾，像極了古代埃及與馬的頭飾。❼「髮辮」和「珠串」並非一般女子日常生活穿戴的飾物及妝扮，而是新娘的裝飾，所以經文反映了一個婚禮的場景。❽

在希伯來聖經，「頸項」經常被用來喻指驕傲(參賽三 16；伯十五 26；詩七十五 5)。但是在雅歌，「頸項」是受稱讚的。進一步地說，女子頸項的飾物的價值猶如金器和銀器，那是極其昂貴的物質。一章 11 節同樣出現充滿詩意的平行句，就是「編上金辮」和「鑲上銀釘」。只是，「我們要為你編上金辮，鑲上銀釘」的代名詞「我們」指的是誰？

「我們」在這裏可能是指耶路撒冷的眾女子，因為她們曾經在經文出現(一4、5)。不過，「我們」也可能代表一個涵蓋性的「我」，意思是「我們」指的就是「我」。當這裏出現複數第一人稱代名詞「我們」，反映這是一個羣體性的邀請。意思是說，男子邀請在場的所有人與他一起讚賞她的佳偶。經文的詩意再次反映這詩的背景是一個婚禮場景，佳偶佩戴華麗高貴的頭飾，全場散發著女主角的特質。筆者認為，「我們」這複數代名詞的意義，是反映當男子對女子的愛和讚賞之時，背後是有一個羣體支持。

赫斯進一步將男子和女子作比較，認為兩者各自用不同的方式來表達他們的愛意，其大意可陳列如下：

佳偶表達愛意的方式	良人表達愛意的方式
描述五官的感覺	沒有描述五官的感覺
對自己的外表有保留	強調她外表的美麗
聚焦於親吻和肢體的接觸	聚焦於視覺上的美感
渴望與良人擁有親密關係	論述自己可為佳偶做的事
傾向相互性(reciprocity)	傾向客觀式(objectivity)
焦點：兩人彼此的關係	焦點：佳偶外在的美麗

女子和男子對愛情的詮釋，兩方面加起來就顯得周全。女子的描述觸及感覺和關係的層面，而男子的描述涉及肯定和接納的層面。女子在愛意之內缺乏

安全感，因為她對自己皮膚黝黑有所保留。男子對她的讚賞，似乎回應了她的不安，一再地強調她的美麗和吸引力。因此，男子在女子缺乏安全感之處，提出了接納與愛，良人藉此挽回了佳偶的自信。

男子對女子的讚賞藉著華美的飾物，把焦點放在女子的臉上、頭上，以及頸項的飾物上。

4.1.2 佳偶讚賞良人(一12～14)

佳偶回應良人對她的讚賞，跟著就讚賞良人。一章12至14節的共同點是香味，這香氣與含有香味的植物有關。不過更具體一點的說，女子似乎特別在意體香。

女子稱良人為「王」。「王」的稱號在一章4節已經出現過(參3.1.2的討論，頁43)，12節亦是出自女子的口，其意思與之前說的相同——良人是女子的白馬王子。

女子先說自己散發香氣，因為她身上抹上了哪噠香膏。「哪噠」(*nērd*)在希伯來聖經，只在雅歌出現，共有三次之多(另兩次：四13、14)。「哪噠」是一種有香味的植物，提煉成油後可作膏抹之用。哪噠源自喜馬拉雅山區，因為哪噠幫助提升調情，在印度也被視為一種春藥。❾

福克斯指出，「王正坐席」的「席」(*mesab*)是出自「米示拿」式希伯來文，意思是圓形之座位，可作酒宴之席，甚至可能反映洞房歡好之圓形床榻。❿「我的哪噠」與13節「我的良人為一袋沒藥」意義一樣，是說身上有香氣。「我的哪噠」很可能是形容女子的體香。因此，女子在12節形容自己的體香來自「哪噠」，而形容良人的體香則如同「一袋沒藥」(13節)和「一束鳳仙花」(14節)。也由此可見，男女兩人可能靠得很近。

「我的良人」(13節；*dôḏî*)在雅歌共出現**十九次**，是雅歌女子用來稱呼她的愛人之專用名詞。其詞根(*dôḏ*)已經在一章2、4節出現過，作「愛情」之解。而在13節，「我的良人」(*dôḏî*)是第一次出現，作為女子的愛人之意思。

出現的十九次：一13、14、16，二3、8、9、10、16、17，四16，五2、4、8、10、16，六2，七12、14，八14。

「沒藥」是一種樹枝裂縫流出來的樹脂，產於阿拉伯和印度，帶有香味。「沒藥」是雅歌經常出現的香味體（一13，三6，四6、14，五1、5、13）。沒藥能夠融化在水中和油之中，用來薰衣物（參詩四十五8〔希伯來聖經〕四十五9）或床榻（參箴七17），使之散發香氣。另外，後宮女子當預備第一次覲見君王（參斯二12），也會以沒藥塗抹身體。沒藥的香味令人鍾愛，而其懸掛的位置，顯示兩人有親密的接觸。

「常在我懷中」（*bên šāḏay*）原文是「停留在兩乳之間」或「在兩乳之間留宿」。⓫ 13節的原文最後一個字是一個單數陽性動詞「留宿」（*yālîn*）。「和合本」及不少譯本都沒有將它翻譯出來，「呂振中譯本」將「常在我懷中」譯作「晝夜不離地在我胸懷間」。「留宿」的原文有「過夜」之意（參創十九20），也有「居住」的意義（參賽一21）。所以，「我的良人為一袋沒藥，常在我懷中」亦可以被詮釋為是一種語帶雙關的修辭表達，女子可能是期待著良人可以留宿在她身旁。她多麼渴望她的良人就好像留宿在她胸懷的沒藥香囊，陪她到天亮。

此外，住在中東的女子會把一小枝有香味的花朵（例如鳳仙花）穿戴在頭髮上或胸懷之間。⓬ 這為下一節的「一棵鳳仙花」提供了背景資料。

「鳳仙花」（*kōp̄er*）亦見於四章13節（英文統稱henna），盛產於以色列和埃及，植物可長至十英尺或三米高，散發出類似玫瑰的花香味。「鳳仙花」中文亦作「指甲花」或「散沫花」。這種「鳳仙花」在以色列是土生土長的植物，所以容易採摘作香料用途。散沫花有玫瑰花的味道，其葉子磨成粉末，可製成化妝品、薰香物料和染色物，至今依然在阿拉伯世界用作橘紅色染料。⓭ 亞洲很多回教徒和印度教徒（Hindu）的女子，尤其是即將待嫁的女子，也會用指甲花作的顏色，在手掌、手背或手臂上畫上美麗的圖案。

「隱・基底」（En-gedi）是一個綠洲，位於死海西邊附近。雖然死海一帶都是不毛之地，隱・基底卻是肥沃之地，而且泉水豐沛，也盛產多種植物，至今還有很多山羊經常出沒。隱・基底有茂盛的花園和樹林，以及令人心曠神怡的瀑布及溪水。由於隱・基底是處在曠野氣候之中的一個綠洲，因此具備了熱帶植物生長的條件，勝過以色列其他地方。有學者指出，公元前七世紀末葉之後，隱・基底是一座經過人手精心打理的御園叢林，特別栽植了芳香的花卉，以及盛產高品質的水果，例如葡萄和棗。此外，在隱・基底的高蘭古城丘（Tel Goren）考古挖掘顯示，隱・基底可能是古時製造御用香水之處，同時也是進行香水貿易之地。⑭ 總而言之，隱・基底本身就是一處十分特別且珍貴的土地。它用作比喻良人是一束在「隱・基底葡萄園中」的鳳仙花，其重點是指有香味的同時也很珍貴，令人喜愛。

「葡萄園」是有語帶相關的意思，它在此亦可以指女子的身體（參一6），所以良人事實上並非躺臥在一個葡萄園，而是躺臥在女子身上。

經文內容的氛圍描述得生動且具體，詩歌式文學作品有高度描繪的手法，常常會令人感覺身歷其境，這也說明愛情和思念的力量。讀者有必要讓詩歌的意象和隱喻發揮其獨特的力量。女子的想像空間可以從良人的席位去到隱・基底的叢林，而香膏和沒藥的馨香味道，亦能夠讓她想起愛人。

對雅歌的女子而言，她找到了她的王子！她找到一位能夠與她分享一生愛情的人。而這對愛情而言，已經足矣。因為不是所有婚姻關係中，都有這種男女互動的讚賞和親密的告白，有某些婚姻關係甚至是「貧瘠缺水的曠野」而非「泉源充沛的隱・基底」。⑮ 愛情不是幻影或假象，盛產花卉的隱・基底既能夠出現在貧瘠的死海附近，因此，真誠的愛情亦能夠在已偏歪的愛慾氾濫裏找得到。

4.2 他們彼此驚歎（一15～17）

這段經文三次出現「看哪」（*hinnāḵ*；15節[x2]、16節；「和合本」沒有譯出來），可見這一段落牽涉視覺上的快感。就著這三個「看哪」引入了男子與女子的兩段說話（一15，一16～17）。在15節，雅歌中的男子說了兩次「看哪」，讓讀者兩次的視線都落在女子的美麗上。他也讚賞女子的眼睛是會令人產生視覺的美感。另一方面，雅歌女子也說「看哪」（16節），並牽引讀者去欣賞她愛人的英俊可愛。他們彼此一看一望，情投意合。愛意濃濃之下，女子眼見的鬱鬱蔥蔥自然成為她留戀不捨的措辭——她希望青草和樹木成為他們的家。

分段大綱（一 15～17）

一、良人驚歎佳偶美麗（一 15）

二、佳偶驚歎良人英俊（一 16～17）

4.2.1 良人驚歎佳偶美麗（一 15）

在自己眼裏，愛人總是特別和不凡的。良人在這裏亦然，他說「看啊！」，然後驚歎女子的美麗，還特別提到她的眼睛，並把她的眼睛與鴿子相提並論。

這節的第一句「我的佳偶，你甚美麗」（*hinnāḵ yāpāh raʿyāṯî*）是由三個詞組成的詞組：感歎句「看妳！」（*hinnāḵ*）、形容詞「真美麗」（*yāpāh*），以及「我的良人」（*raʿyāṯî*）。另外，這節經文原文有兩次「看妳！真美麗！」（*hinnāḵ yāpāh*）的驚歎。15 節直譯是「看妳！真美麗！我的佳偶。看妳！真美麗！妳的雙眼，是鴿子！」。

希伯來聖經裏被形容作「美麗」或「美貌」（*yāpāh*）的女性，包括：撒萊（創十二 11、14）、拉結（創二十九 17）、她瑪（撒下十三 1）、亞比煞（王上一 3～4）、以斯帖（帖二 7），而雅歌是用上最多次「美麗」這個形容詞來形容同一個女子（一 8、15[x2]，二 10、13，四 1[x2]、7、10，五 9，六 1、4、10，七 2、7）。換句話說，良人曾多次且不住地讚賞他的佳偶美麗動人。雅歌這裏的「美麗」（*yāpāh*）是一個獨立形（absolute）的形容詞，它沒有指涉任何一個名詞或加上任何後綴。「看妳，真美麗！我的佳偶！看妳，真美麗！妳的雙眼，是鴿子！」這句子有兩個特色，首先，它有使用重複字眼，其次是整個句子是沒有動詞，暗示了它不是一完整句子。它使用重複字眼，表示它帶個有強調意義；它不是完整句子，表示男子驚歎到難以以一完整句子來盡說。這不完整句子同時帶有一種濃烈情感的意味，表示一種濃烈的驚歎，表露出他的情不自禁，因而不住地讚賞，也顯示他對女子按捺不住，從心而發的那種驚訝。

「你的眼好像鴿子眼」（*ʿênayiḵ yônîm*）原文直譯是「妳的雙眼，是鴿子！」

其中的「**眼**」是雙數名詞（dual noun），而「**鴿子**」是複數名詞。這兩個名詞是同位，沒有主語賓語之分，是平排的。因此，男子並非說：「妳的雙眼像鴿子」或「妳的雙眼像鴿子的眼睛」，卻是「妳的雙眼，是鴿子！」（「和修版」譯作「妳的眼睛是鴿子」）。這高度的詩意表達，引起學者討論究竟眼睛和鴿子會有甚麼關聯。有學者認為，它是指那女人眼睛的形狀，好像鴿子的眼睛。⑯ 朗文則認為，它的本意一定是讚揚，也就是讚揚女子外表美麗（physical beauty）；且排除它是指鴿子眼睛的顏色，也並非眼睛散發像鴿子般的溫柔之意。⑰ 既然「妳的眼睛是鴿子」是一句讚賞句，其本意就是令男子喜愛，所以格勒特認為，它純粹表達在感受上，女子對男子具有吸引力。⑱ 另外，凱爾解釋「你的眼睛是鴿子」是指「凝視」，也就是男女四目交投的深情對望。在這種凝視之下，眼睛在「說話」，表示一種「此刻無聲勝有聲」的情意。⑲ 福克斯甚至認為，它是指一種誘惑的眼神，當兩個充滿慾望的人對望，心裏就泛起那種愛情起來。⑳

筆者認為「鴿子」以複數名詞表達，是一種詩歌式的修辭表達。它一方面是對應「眼」的雙數名詞，另方面亦表示男子並非指某一隻鴿子。這名詞很可能是一個複數集體名詞，籠統用以指「鴿子」。

眼神的確能夠透視人心。看得懂別人眼神的人，會分辨那眼神是傳達著愛、欣賞、接納，還是恨、厭惡或排斥。「鴿子」（*yônāh*）在希伯來聖經一共出現三十三次，其中作「約拿」這名字的有十九次，而只有在雅歌語境中的「鴿子」都屬於一種表達愛情的言詞（一15，二14，四1，五2、12，六9）。所以，「鴿子」在這裏的含義應該與愛情有關，是正面的愛意傳遞而非負面的誘惑或煽情。如果按照希伯來語境經常強調功能和動態的解法，「妳的眼睛是鴿子」中的「眼睛」（*ʿayin*）亦可以解作「發光」或「閃爍」（參箴二十三31「酒發紅，在杯中閃爍」；結一4「隨著有一朵包括閃爍火的大雲」）。「閃爍」（*ʿayin*）這名詞的詞根其實與「眼睛」相同。在中文語法，其實也有類似將「眼」與「閃亮」平行出現，例如：「眼前一亮」。雅歌的男子很有可能是欣賞女子的眼睛明亮可人、充滿生氣。女子的一舉一動和神態都吸引著他，而兩人四目交投的時候，他們彼此被打動！我們可以想像他們倆帶著期待而彼此對望，四目炯炯有神。

至於「我的佳偶」(15節)，在前文詮釋一章9節的時候提起過(參4.1.1對「我的佳偶」的解釋，頁59)，「我的佳偶」(*raʿyāṯî*)的「佳偶」(*raʿyāʰ*)在希伯來聖經只出現在雅歌，共九次之多(一9、15，二2、10、13，四1、7，五2，六4)，全是男子稱呼女子的專用名詞。杜古德指出，女子也曾經有一次用**同樣的字詞**稱呼她的良人，被譯作「我的朋友」(*rēʿî*；五16)。㉑有趣的是，佳偶和良人的眼睛同樣亦被形容為如同「鴿子」：佳偶的眼睛是「鴿子」，而良人的眼睛如溪水旁的「鴿子」(五12)；更進一步，他們兩人也被形容為「樹」：男子如同蘋果樹(二3)，而女子的身材好像棕樹(七7)。㉒

無可否認，兩者所用的詞根都相同，只是詞性不同。男子指涉的「佳偶」是一陰性名詞，女子指涉的是陽性名詞。

4.2.2 佳偶驚歎良人英俊(一16～17)

在16節的第一句「我的良人哪，你甚美麗可愛！」(*hinnəḵā yāp̄eʰ ḏôḏî*)，女子所用的詞組與15節男子所使用的相同，都是一句由三個詞組成的詞組：感歎句「看你！」(*hinnəḵā*)、形容詞「真美麗」(*yāp̄āʰ*；可譯作「真英俊」〔參「和修版」〕)，以及「我的良人」(*ḏôḏî*)。

「你甚美麗」(*hinnəḵā yāp̄eʰ*)可直譯為「看你！英俊！」(原文「甚」是置放於「可愛」之前，不像「和合本」般的翻譯)，雖然文法結構上未必顯出其意思，但意義上都帶著「甚」的意思(參下一段落)，這與男子在15節給女子兩次的讚歎「看妳！真美麗！」(*hinnāḵ yāp̄āʰ*)的句式相同，句子互相呼應。「看你！」(*hinnəḵā*)也是希伯來聖經普遍出現的驚歎語，這裏的「看啊！」(*hinnēʰ*)附以第二人稱單數陽性代名詞後，而「英俊」(*yāp̄eʰ*)的原文也是一個獨立形的形容詞，表示它不從屬任何一個名詞，與之前女子的「美麗」(*yāp̄āʰ*)呼應。希伯來聖經裏被形容作「英俊」(*yāp̄eʰ*)的男性，包括約瑟(創三十九6)、大衛(撒上十六12，十七42)，以及押沙龍(撒下十四25)。「英俊」(*yāp̄eʰ*)用在希伯來聖經的男性是相對的少，不過這個陽性的形容詞亦用在描述佳美之物，例如：榮美的枝條(結三十一3、9)、優美的歌聲(結三十三32)、居高華美的錫安城(詩四十八2)，以及美好的時機(傳三11)。「英俊」和「美麗」這形容詞同樣具備吸引力，對雅歌女子而言，良人更是如此。

接著，女子繼續形容男子為「可愛」(*nā‘îm*)。「甚」(*’ap̄*)這助語詞是在「可愛」之前，有「真的」或「也是」的意思。它除了強化「可愛」這形容詞，也有連接詞的功用，與上一句的「美麗」連繫。「可愛」出現在希伯來聖經，皆作「美好」之意(參詩一三三1，一三五3；箴二十二18，二十四4)，所以女子稱男子「可愛」，意思也有「美好」之意，且有進一步肯定男子的「英俊」。這裏是女子第一次提到心上人的外表，在之前的段落，她的焦點都是在心上人的體香，以及她對心上人陪伴身邊的渴慕。所以，她肯定良人英俊之後，似乎急不及待地把未來共居一室的婚姻憧憬，帶入正題了。

「我們以青草為床榻」與17節的「以香柏樹為房屋的棟樑，以松樹為椽子」是三行同義平行句。女子雖取景於大自然(「青草」、「香柏樹」、「松樹」)，內心其實憧憬與男子親近於內室(「床榻」、「房子的棟樑」、「椽木」)。

「我們」(「和修版」譯作「讓我們」)的原文不是一個代名詞，反而是一個再次出現的助語詞「甚」(*’ap̄*)。黃朱倫譯為「嗯！」㉓而「和修版」雖然沒有將這助語詞譯出來，但將句子譯作祈願句，傳達了女子的心願「讓我們」。「新譯本」和「呂振中譯本」則沒有翻譯出來。筆者認為這助語詞應譯作「是啊！」。所以，之後的三句平行體可有以下的翻譯：

我們的床榻，青綠；
我們房子的棟樑，香柏樹；
我們的椽木，松樹。(16下～17節)

在16節，我們很容易看出女子的焦點很快的轉向與心上人親密相處的時刻。她把話題轉移至他們親暱的地方——「床榻」。「青綠」(*ra‘ănānāh*)與「床榻」(*‘arśēnû*)是同位，同是陰性單數名詞，故此，「青綠」在此可以是形容詞作名詞用，意思是指青綠的草或青翠的樹，這情形的翻譯也出現於希伯來聖經其他地方(參申十二2「青翠樹下」；何十四8〔希伯來聖經〕十四9「青翠的松樹」)。「和合本」將雅歌一章16節的「青綠」譯作「青草」也是合理的。

值得一提的是，「青翠的樹」當與「性愛」的題旨(motif)平行出現，雅歌與先知文學的涵義不但大相徑庭，還可能是正負對立。在先知文學裏在青翠樹下發生的性愛是可恥的（參耶三 13，十七 2；結六 13）。不過在雅歌，青翠樹下反而是男女慶祝愛情的場所，被賦予正面的意義。

黎巴嫩盛產香柏樹，以色列也進口香柏木，所以當希伯來聖經提到香柏樹，很自然也提到黎巴嫩（參王上五 8～9；賽十四 8；亞十一 1）。雅歌這裏「以香柏樹為房屋的棟樑」，而香柏木價值不菲（王上十 27）。

「和修版」將「以松樹為椽子」譯作「以松樹作屋頂的椽木」，原文事實上並沒有「屋頂」一詞，因此 17 節是一不完整的平行句。為了加強同義平行，「和修版」加上「屋頂」（另參「新譯本」:「房屋的椽子」）。「呂振中譯本」按照原文，沒有加上「屋子」的概念，譯作：「我們房屋的棟樑是香柏木的；我們的椽子是扁柏木。」

「香柏樹」與「松樹」經常一起出現（賽十四 8，三十七 24；亞十一 1～2）。17 節的「房屋」、「棟樑」、「椽木」、「香柏樹」、「松樹」都是複數名詞，讓人一種被一片稠密森林包圍之感。這種包圍看來也是一種保護，使被圍著的人不受外界干擾，而且「香柏樹」和「松樹」會發出幽香之氣，濃化兩人親密相處的氣氛。這片叢林對彼此愛慕的佳偶和良人來說，就是他們二人世界的天地。其實，無論是青草和樹木抑或房屋和屋頂，其重點在於他們倆可以忘我的相處，不受任何人干擾。床榻、房子和屋頂的題旨，也可能包含了女子想藉著婚姻，與良人建立一個穩固家庭的盼望。

4.3 他們以花作比喻（二 1～2）

筆者將 1 至 2 節以兩個主題作討論：男子驚歎女子自喻為花（二 1）；男子比喻女子像花（二 2）。然後在二章 3 至 7 節，我們聽女子娓娓道來她因愛成病的心聲。

分段大綱（二 1～2）

一、女子自喻為花（二 1）

二、男子比喻女子像花（二 2）

4.3.1 女子自喻為花（二1）

「花」象徵美麗和生命。把女子喻為花，就代表這女子不但美麗，也有生命力。「沙崙的玫瑰花」和「谷中的百合花」是平行句子。究竟女子以「玫瑰花」和「百合花」來形容自己，是表示她自認平凡還是褒揚自己與眾不同？解經家各持己見。福克斯認為女子並非讚賞自己，而是自謙，因為沙崙有很多玫瑰，谷中也有很多百合，而她自認生長在谷中的一朵小花，表示她都是不容易被察覺的。㉔ 有學者甚至認為，女子再次表達了她缺乏安全感（參一章5節女子提到她說過自己皮膚黝黑；另參3.2，頁45～47），在這裏自貶「只不過是沙崙的一朵玫瑰花，是谷中的一朵百合花」，為要強調自己的平凡。㉕ 再者，這裏提到的「玫瑰花」（*ḥăḇaṣṣeleṯ*）並非今日我們所熟悉那玫瑰的品種，因為在舊約聖經時代，以色列並沒有出產玫瑰。㉖ 因此，所謂的「玫瑰花」其實是一種像番紅花（saffron）類的花卉，「呂振中譯本」直接譯為「番紅花」，「新譯本聖經」則譯為「水仙花」，有英文譯本將它譯作「野花」（“wild flower”；參GNT）。一般也認為，「百合花」（*šôšannah*）也是遍滿以色列山谷的一種花朵。根據這個看法，女子可能自認平凡，自覺沒有甚麼與人不同。㉗

舊約聖經所指的沙崙玫瑰

我們亦可以考量另外一個解讀，將「沙崙的玫瑰花」和「谷中的百合花」理解為脫穎和超凡。「沙崙」本來就是一片肥沃的平原，盛產花卉、不同植物和果樹。在希伯來聖經裏，一般都將生長在沙崙平原的植物，描繪為帶著華美和茂盛之意（賽三十五 2，六十五 10）。凱爾認為「沙崙的玫瑰花」應該是指非凡的美譽；另外僅出現一次的「玫瑰花」是記述在以賽亞書三十五章 1 節，含有末世性輝煌的意義。㉘ 所以，這兩種花皆表示女子處在特別受注目的中心地位；不僅代表繁榮的祝福（blessings of prosperity），更是象徵碩果纍纍（fruitfulness）。

須留意的是，「我是沙崙的玫瑰花，是谷中的百合花」的上下文都在男女彼此讚賞的氛圍當中。在一章 14 節，女子還比喻她的良人好像一束鳳仙花；所以在二章 1 節，女子較為可能是順著互相讚賞的詩意中自喻是花。㉙ 再者，男子在接著的一節也說：「我的佳偶在女子中，好像百合花在荊棘內。」男子的比喻，應該是指女子的不凡和脫俗，而非視她為平凡之輩。

另外，不少學者們認為「百合花」（*šôšannah*）的原文源自埃及外語，它其實是指「蓮花」（lotus）。蓮花在古代近東（例如埃及和腓尼基）是象徵生命。因其意義非凡，也可以用作比喻神明。㉚ 從古至今，埃及的尼羅河一帶盛產不同顏色的蓮花。今天在以色列的特拉維夫也種植蓮花，特別是藍色和紫色的蓮花。學者從發掘出來的廊柱、聖杯和手鐲的文物中，發現其中的花紋比較像是蓮花的條紋。這些條紋也反映在所羅門聖殿廊柱和銅海的手藝之中（王上七 19、22、26），而希伯來文稱這種花為 *šôšannah*，而譯者普遍將它譯為「百合花」。

基於無法確定「玫瑰花」和「百合花」的原文到底是指甚麼樣的花，因而眾說紛紜。我們現今所熟悉的「玫瑰花」和「百合花」，極有可能是與雅歌二章 1 節所言的「玫瑰花」和「百合花」並不相同。不過更為重要的，也是詩人所看重的，是這些花的象徵意義是美麗、清香和有生命力。依舜聚焦於花朵的特質，認為花朵有甜美、色彩、美態、美味、柔軟之特色，反映女子持有一種青春意識的自豪，花朵傳達一種正值綻放的青春與美麗。㉛

值得一提的是，被視為一首皇家婚禮詩歌的詩篇四十五篇，是有一個題注，說明曲調採自「百合花」（*ʿal-šōšannîm*），它也是一首「情歌」（*šîr yəḏîḏōṯ*；「和合本」譯作「愛慕歌」）。由此可見，無論是譯為「百合花」還是「蓮花」，*šôšannah* 這花的本意可能與愛情詩歌有關，故被用作一種吟唱的曲調。如此，女子自喻為「百合花」（或蓮花）的動機一樣，是對歌頌愛情的一種表達。故此，把女子喻為花，象徵著的就是愛情、美麗和生命力。

4.3.2 男子比喻女子像花（二2）

男子更進一步說，他的佳偶在女子中好像「百合花在荊棘內」。「女子」（*bên habbānôṯ*）與「荊棘」（*haḥôḥîm*）在原文都是複數名詞，而「百合花」（*šôšannā^h*）則是單數名詞。那男子將他心中的那個女子與眾「女子」作對比，又將一朵「百合花」與眾「荊棘」作對比，為要顯出他心中的那女子是特別的、超凡的。「荊棘」是平凡的、醜陋的、粗糙的；而「百合花」是獨特、美麗、可愛的。「荊棘」的隱喻是指荒涼（參賽五6），「百合花」的隱喻是指繁榮（參何十四5；希伯來聖經〔何十四6〕）。作者在這裏，是將荊棘直接與百合花作對比。

她就像處在荊棘叢裏的一朵花。可見佳偶在男子的心目中就是他的惟一。他看不上其他所有女子，而只愛她一個。這說明他的佳偶在眾女子中是一枝獨秀！即便福克斯認為「我是沙崙的玫瑰花，是谷中的百合花」（二1）是指女子自認平凡無奇，他在這裏也指出，男子把她的謙遜轉化為最高的讚賞——她比其他女子們更超越，就如百合花遠遠超越了荊棘。[32]

4.4 女子愛情的獨白（二3～7）

這段經文可以分為三個段落作討論：第一，就是女子對男子的欣賞作出即時的回應（二3），然後，女子描述她的心上人將她帶入宴會廳（二4～6），最後一段女子再次向耶路撒冷的女子說話（二7）。

分段大綱（二3～7）

一、女子對男子即時的回應（二3）

二、男子將女子帶入筵宴所（二4～6）

三、女子再次對耶路撒冷的眾女子說話（二7）

4.4.1 女子對男子即時的回應(二3)

在2節，男子把女子比喻成荊棘中的百合花；女子在這裏把男子比喻成樹林裏的蘋果樹。「蘋果樹」(*tappûaḥ*)在希伯來聖經共出現十二次，有五次是指地名「他普亞」(書十二17，十五34，十六8，十七8，代上二43)，六次是指「蘋果」或「蘋果樹」，而其中四次是出現在雅歌(二3、5，七9，八5)，另外亦有兩次在箴言二十五章11節和約珥書一章12節。當「蘋果樹」與「蘋果」交替使用，可以指樹，也可以指其果子。蘋果樹在古時亦反映了愛情和婚禮的場景。

女子說：「我歡歡喜喜坐在他的蔭下」。「歡歡喜喜」(*ḥāmaḏ*)的意思是「喜愛」或「渴望」，它原文是一個*piel*形詞幹動詞，表示一個「歡歡喜喜」的動作，也就是非常喜愛的意思。「歡歡喜喜」這動詞，與伊甸園的女人見那棵樹好作食物，又悅人的眼目，那樹令人「喜愛」(*ḥāmaḏ*)的動詞相同(創三6)。伊甸園的女人和雅歌的女子，都因為一棵樹而感到歡喜，而且兩處經文接下去也提到果子。兩者不同的是，伊甸園的愛情故事導致男女關係產生隔閡和彼此埋怨，而雅歌的愛情故事使到男女關係昇華、彼此愛慕。

按照聖經的隱喻，一棵樹的樹蔭代表保護。雅歌這裏「蔭下」的隱喻，很可能是指受到保護或令女子感覺安全之意。男子很可能擁抱著女子，使她受到保護和安全。所以女子歡歡喜喜的坐在男子的「蔭下」，她分外安全地享受良人擁抱與保護。這令人想起，女子似乎也擁抱過男子在她的胸懷中(一13)。

「果子」(*pərî*)本意上是一般果子，不過在這裏應有隱喻的意思，喻指男子的親吻。果子的「甘甜」是指親吻帶來的快感。男子和女子的情意，不只是有花的視覺美感，也有果子的味覺之感。這裏提到「蘋果樹」，「蘋果」的意象不只是狹義地反映性愛，它亦可形容親密接觸的美好感覺。[33]親吻給予女子這種美好的感覺，所以女子說「嘗他果子的滋味，覺得甘甜」。

4.4.2 男子將女子帶入筵宴所(二4～6)

接著，女子又說「他帶我……」(*hĕḇîʾanî*；4節)。這種用詞在一章4節「王帶我進了內室」曾出現過，不過，這裏是「他帶我入筵宴所」。女子的渴想現在成真了，他們終於能夠有一刻兩人獨處的時光。不過，這個獨處的場所不是內室，而是「筵宴所」。

「筵宴所」（*bêṯ hayyāyin*）是由「屋」（*bayiṯ*）及「酒」（*hayyāyin*）這兩個名詞組成，直譯是「酒屋」或「飲酒之家」，希伯來聖經只有雅歌這裏將「房屋」（*bayiṯ*）與「酒」（*yāyin*）連在一起，指的是有酒可喝之處，例如：王宮之酒席廳（斯七8）或宴會廳（但五10），也可能是供人喝酒的花園涼亭。「以……為旗」（4節）是有特別意思。古代以色列人在收割穀物之後，會在家裏擺設酒宴，並放一個牌子公開告示其他人，此家歡迎任何人進來參與慶賀。所以可能這就是「以……為旗」的由來。「酒屋」或「飲酒之家」應該不是我們現代熟悉有客人進座付錢的酒吧，而是宴會喝酒的地方。這裏重點不是喝酒，而是進來慶祝愛情，所以，「以愛為旗」。因此，公告的是慶祝愛情已開花結果。

雅歌在此用的是「旗」（*ḏeḡel*）。旗幟一般上是識別不同軍營的標誌（參民一52，二2），雅歌女子在宴會廳插上的旗幟卻是愛的標誌。除了這裏，雅歌還有兩處引用軍事的意象，如：「旌旗的軍隊」（六4）；「牆」與「塔」（八9）。在軍事意象的理解之下，「以愛為旗在我以上」可被理解為，男子是那位帶著愛的旗幟進入女子城牆裏面的「王」，他的動機不是帶著暴力來侵略，而是以和平與友善親近女子。這位「王」打著愛情的旗幟，公開展示他對他佳偶的愛，所以「以愛為旗」傳達著的是歸屬和擁有，以及委身於他之意。有解經家認為，根據古阿卡德文（Akkadian），「旗幟」的詞根是有「動機」（intention）的意思，因此「以愛為旗在我以上」可譯作「他的動機是愛」。㉞ 如果從「旗幟」原本的意思看，女子確實是被良人的愛情「征服」了，她也情願委身於他，這樣，良人才能「以愛為旗在我以上」，以顯示他「打勝了仗」，贏得美人心。

5節再次出現「你們」，這理當是指二章7節的「耶路撒冷的眾女子」。女子不時與這羣女子說話（一5，二7，三5，五8、16，八4），女子在這裏請她們給她葡萄乾，好讓她增加心力。有學者認為「葡萄乾」（*ʾăšîšôṯ*）是祭拜迦南女神儀式上採用的其中一種物品（參何三1）。迦南宗教有豐饒和淫亂的含義，當「葡萄乾」和「蘋果」同時出現，是有催情作用，而二章7節亦出現「羚羊」和「母鹿」（古代近東愛神的代表；參下文分析），加上一些文獻插圖顯示，酒宴往往與床榻有關聯，學者們因此認為，男女處身的場景牽連性愛的行為，女子因為性愛活動感到疲累，想吃葡萄乾和蘋果增添力氣。㉟

筆者不贊同這種看法。原因在於，如果經文是在描述一個性愛行為的場景，女子為何要公開向耶路撒冷的眾女子要葡萄乾和蘋果來為她補力呢？

女子請她的好友給她「葡萄乾」，好讓她增加心力，可能是朋友們都明白愛情使她魂不守舍。女子「思愛成病」了，「病」（*ḥālah*）原文可以指軟弱（參士十六7），或病倒（參創四十八1），又或心痛（撒上二十二8）。埃及的愛情詩歌集也譜下不少因相思而成病（lovesickness）的主題，因為主角期盼見到愛人，只是心想事不成，結果思思念念，事事提不起勁。福克斯提出的其中一首埃及情詩，陳述一名女子因愛人不在身邊，她顯得煩惱和沮喪，連打扮自己都沒有力氣：㊱

當我想到你的愛情，我的心匆匆離開；
我不再像正常的人，它使我不能自已。
我不能束腰外衣，我不能披上披風；
我不能美顏雙眼，我不能膏抹自己！

這麼看來，雅歌的女子因愛成病，極有可能是因為愛情癱瘓了她行動的能力。因為她對心上人朝思暮想，望君歸來。所謂相思病或單思病其實也不是病，而是為了期盼與心上人見面，女子把重要的事情擱下一邊了，所以說軟弱了。女子一心一意想與心上人相處，結果魂不守舍，常常若有所思，給人一種生病的感覺。

「增補」（*sāmak̲*）原文的意思是支持、倚靠或歇息，而「暢快」（*rāpad̲*）原文的意思是支持或更新，就是為了給女子加油或打氣，女子的療愈食物（Comfort food）是「葡萄乾」和「蘋果」。女子的閨蜜們經常給女子精神上的支援，這裏提供實際的支援就是食物。

思念愛情使人生病，真實地沐浴在愛情中卻能使人得痊愈。女子繼續用第三人稱「他」形容男子擁抱她的姿態（參二3～4），接著也繼續用第二人稱「你們」與耶路撒冷女子們說話（二7）。從古代巴比倫出土的泥雕所見，凱爾認為二章 6 節所形容的，是男女交歡的姿態。不過，也有學者認為，這裏左手和右手的對偶，不一定有交歡意圖，也可以是相依與支援的意思。[37] 既然女子是為了男子而因愛成病，男子在這裏擁抱她、呵護她。他用左手抱起女子，用右手愛撫她，藉此表達愛意，為她增添安慰和療愈。

4.4.3 女子再次對耶路撒冷的眾女子説話（二 7）

女子再次對著耶路撒冷的眾女子説話。「我指著⋯⋯囑咐你們」中的「囑咐」（*šāba*^{c}）原文的意思是「發誓」。女子又説「不要驚動、不要叫醒我所親愛的，等他自己情願」，這表達在雅歌共出現三次（二 7，三 5，八 4），前兩次同樣有「指著羚羊或田野的母鹿」發誓的語氣。一些解經家們認為，附以介詞前綴（*bə*）的複數名詞「羚羊」（*biṣḇāʾôṯ*），發音像極萬軍之耶和華的「萬軍」（*ṣəḇāʾôṯ*），而同樣附以介詞前綴（*bə*）的複數名詞「母鹿」再加上「田野」組成的名詞短語（*bəʾaylôṯ haśśāḏe*^{h}）發音像極「全能者上帝」（*ʾĕlōhîm šadday*），兼且這句子有發誓的語氣，反映了女子似乎在指著萬軍之耶和華和全能者上帝發誓。

在愛情詩歌集裏，「羚羊」和「母鹿」本來就有各自的存在意義，作者將這兩個詞放在一起，是因為它們有相近的發音，這可能是一種文字遊戲（word play）。「羚羊」在雅歌有以雄性及雌性的詞表達，雌性的出現四次（*ṣəḇiyyā*^{h}；二 7，三 5，四 5，七 3〔「馬所拉本」是七章 4 節〕），而雄性的則出現三次（*ṣəḇî*；二 9、17，八 14）。「母鹿」在雅歌只出現兩次（*ʾaylôṯ*；另一次是在三章 5），「和合本」四章 5 節以及七章 3 節將原文「羚羊」譯成「母鹿」。箴言提及智慧人囑咐年輕人要忠貞於所娶的妻子，形容他們的妻子「如可愛的麀鹿，可喜的母鹿；願她的胸懷使你時時知足，她的愛情使你常常戀慕」（五 19）。箴言與雅歌形容「母鹿」時，都帶有愛情和性愛的含義。「羚羊」和「母鹿」代表著愛情的歡愉（the joys of love），當雅歌重複這兩個角色，是反映古代近東歌頌愛情常用的意象。「羚羊或田野的母鹿」還附帶「我指著」發誓的成分，女子有可能是借題發揮，指著「愛情」來發誓，她只表示她對愛情的堅貞，她發誓的層次並不指向上帝發誓。她在發誓甚麼呢？

「不要驚動、不要叫醒我所親愛的，等他自己情願」中的「不要驚動」（*ʾim-*

təʿôrərû）與「不要叫醒」（*ʾim-tāʿîrû*）這兩段短句是由一個帶有「不」（*ʾim*）的意義的連接詞繫著同一個動詞「提起」或「攪動」（*ʿāwar*）而成，只因它們是兩個不同詞幹的詞，其意思就不一樣了。福克斯認為「不要驚動、不要叫醒」愛情，是女子在告訴耶路撒冷女子們不要干擾她和男子之間的歡好，這樣的理解是假設了男女此時已經在發生性愛行為。不過，格勒特認為「叫醒」和「干擾」的意思不同。男子和女子此刻還沒發生性行為，他們只是近乎乾柴烈火的階段。接著「不要驚動、不要叫醒」之後是有一個帶定冠詞的名詞「愛情」（*hāʾahăḇāʰ*）作為賓語，「和合本」譯作「所親愛的」，「和修版」則修訂為「愛情」。「愛情」在此被擬人化，似乎可以被喚醒的一樣。當愛情被喚醒的時候會發生甚麼事？自然是進一步發生性行為了。特別是女子第一次的性活躍，可以說是她那份單純的愛「被喚醒」、「被挑動」，接下去會成長為性愛。㊳ 就在這裏，女子以發誓的語氣說「不要驚動、不要叫醒」性愛。

女子接著說，要「等他自己情願」（*ʿaḏ šetteḥpāṣ*）。「他自己情願」這動詞附以一個第三身單數陰性代名詞作主語，直譯是「一直到她情願」。這個「她」不是指女子自己，而是指已擬人化的陰性名詞「愛情」。女子堅持要等，所以說「一直到」（*ʿaḏ*），一直到愛情願意或樂意（參賽四十二21）。換句話說，到目前為止，她（愛情）還不十分「情願」和「樂意」（*ḥāpēṣ*）全部豁出去，這亦反映女子對男子那份愛情仍有不安。但是，這並不表示對愛情的不信任。相反的是，基於她要堅貞於這份愛情，對於將來所付託的，她的認真使她仍有一些忐忑。

對於這一節的解釋，筆者認為，女子向耶路撒冷女子們說，此刻不要喚醒性愛或發動性行為，要等時機成熟，也就是結婚之時。根據格勒特，古代以色列的道德意識保守；女子已經有意與愛人結婚，婚前為愛人付上貞操的代價絕非必要，也不是女子草率行動的一件事。所以，女子說「一直到」她的愛情情願。她目前不情願也不樂意以愛情為理由，讓貞操淪陷。性試探會不斷出現，所以女子在愛慾當前和意亂情迷之間，曉得設下界線。如此，筆者認為：

淪陷為性慾牽引的愛情，哪裏算得堅強？

沒有等候和界線的愛情，如何可歌可泣？

男子和女子彼此欣賞的互動，在這段經文裏顯得至善至美。良人對佳偶的讚賞，比較多是視覺上的、可觀賞的，他也讚賞佳偶美麗如花，而且是荊棘中的一朵花那麼美麗。佳偶對良人的讚賞，除了視覺上的傾慕，還有良人的品格美名、親密陪伴，以及提供她保護和安全感的能力。滋生愛情的營養品，就是發自內心真誠的讚賞。他們彼此被深深吸引，不吝嗇的向對方的付出，表達感激和心動。在愛得至深之際，也保持清醒，曉得節制和設限。

信仰反省

雅歌女子的獨白「不要喚醒、不要挑動愛情，等它自發」（參「和修版」），反映真實男女愛情的交戰——有性關係還是沒有性關係？婚前性關係在當今社會已被看為落伍的課題，即使在基督教圈子裏面，因為很多人默認了婚前性關係的存在，也不覺得有甚麼問題。在持守聖經價值觀的基督徒當中，婚前性關係當然是問題，因為它在上帝所看重的聖潔與忠貞上作出妥協。

今日無論西方或華人的電影、電視劇和廣告所見，整個社會早已把婚前性愛看為理所當然。東方社會看似比較保守，事實卻不然，一夜情、婚外性行為、同時與多於一位的伴侶有性關係，已普遍反映男女對婚外性愛已不再立界線。敬虔的基督徒持守婚禮、婚約的聖潔，對世人能夠帶出有力的見證。即便在目染耳濡之下，已婚者同樣持守婚姻的神聖，就是榮耀上帝的行為。愛情裏必須有真摯和美善，而不應只有性愛和肉慾，也不應把雅歌讀成鼓吹性氾濫的文學作品！

溫習及思考問題

1. 戀愛中的男女彼此仰慕，也會傾心吐意。雅歌女子用「一袋沒藥」、「一棵鳳仙花」（一13～14）以及「蘋果樹」（二3）比喻她的愛人。你認為這些比喻有何「美」之處？應用至今日的處境，你會以甚麼物品作比喻來讚賞你的愛人？
2. 雅歌女子被比喻作「駿馬」（一9）有何意思？雅歌女子的眼睛又被比喻作

「鴿子」(一 15)，這是甚麼意思？若今天用動物來比喻女性，你認為哪一種適合且含有褒義的？

3. 在一章 12 至 14 節，雅歌女子說她的良人好像「沒藥」和「鳳仙花」般飄逸香氣。談談今天我們如何形容男性具有男人味之魅力。
4. 雅歌男女都描述對方「美麗」或「英俊」(一 15～16)。對你而言，女性的「美麗」是指甚麼方面？男性的「英俊」代表甚麼？
5. 根據赫斯的分析與解說，男女各自用不同的方式表達愛意。你認同他的觀點嗎？你有沒有其他不同的理解？
6. 雅歌對青蔥樹林有正面的體驗，但先知書卻對青蔥樹林有負面的意思，原因在哪裏？昔日情侶約會的地方與今日有何不同之處？如果你約伴侶會面，你期望在哪些地方？試分享之。
7. 你認為雅歌女子說「我是沙崙的玫瑰花，是谷中的百合花」(二 1)是反映女子的自卑還是她的自信？試分享你的看法。按你的經驗，在拍拖階段的情侶，其中一方或多或少會產生一些自卑感嗎？
8. 雅歌女子囑咐耶路撒冷女子們說：「不要驚動、不要叫醒我所親愛的，等他自己情願」(二 7)，是甚麼意思？應用於今日，這種情況是否一種暗戀的關係？若不然，分別在哪裏？

短註

❶ 「馬」在舊約先知當中被賦予負面評價的討論，可參 Keel, *The Song of Songs*, 59。

❷ 鮑勃提出「駿馬」與埃及有一次抵擋敵軍的經歷有關的討論，可參 Pope, *Song of Songs*, 336～341。不少學者如朗文和依舜支持鮑勃的看法，參 Longman III, *Song of Songs*, 103；Exum, *Song of Songs: A Commentary*, 108～109。只是，反對者亦大有人在，例如福克斯、格勒特，以及黃朱倫，參 Fox, *The Song of Songs*, 105；Garrett and House, *Song of Songs/Lamentations*, 144～145；黃朱倫：《雅歌註釋》，頁 103～104。

❸ 以動物的隱喻來建構男女性的社會身分這方面的討論，可參 Irene López Rodríguez, "Of Women, Bitches, Chickens and Vixens: Animal Metaphors for Women in English and Spanish," in *Cultural Studies Journal of Universitat Jaume 7* (2009): 77～100。

❹ 從動物隱喻的對話中獲得他的社會類別，從中塑造一種身分感的討論，參 Rodríguez, "Of Women, Bitches, Chickens and Vixens," 96。

⑤ 至於「髮辮」指作「耳環」，參 John G. Snaith, *Song of Songs*, NCBC, ed. Ronald E. Clements (Grand Rapids, MI: Marshall Pickering, 1993), 23。

⑥ 關於女子的頸項戴的「珠串」的描述，可參 Duguid, *The Song of Songs,* 86；Keel, *The Song of Songs*, 58～59。展示圖可參 Keel, *The Song of Songs*, 59。

⑦ 關於女子的飾物是反映古代近東尊貴婦女之裝飾與古代埃及禦馬的頭飾相似的討論，參 Garrett and House, *Song of Songs/Lamentations*, 145。

⑧ 關於「髮辮」和「珠串」的妝扮反映新娘的裝飾的，可參 Garrett and House, *Song of Songs/Lamentations*, 145。

⑨ 有關「哪噠」也被視為一種春藥的討論，可參 Keel, *The Song of Songs*, 62；Duguid, *The Song of Songs*, 88。

⑩ 對於「席」更多的解釋，參 Fox, *The Song of Songs*, 105。

⑪ 朗文提及初期教父區利羅（Cyril of Alexandria），認為原文中的「兩乳」分別指舊約聖經和新約聖經，而耶穌則是兩乳之間的沒藥。「一袋沒藥，常在我懷中」寓意著耶穌把舊約和新約連繫起來。參 Longman III, *Song of Songs*, 106。

⑫ 中東女子把一小枝花朵穿戴在頭髮上或胸懷之間的討論，可參 Duguid, *The Song of Songs*, 88。另參 Jill M. Munro, *Spikenard and Saffron: A Study in the Poetic Language of the Song of Songs* (Sheffield: Sheffield Academic Press, 1995), 50。

⑬ 「鳳仙花」品種的資料，參 Exum, *Song of Songs*, 112；Keel, *The Song of Songs*, 66；「指甲花」名稱來源的討論，參 Garrett and House, *Song of Songs/Lamentations,* 147；散沫花的一些資料，可參 Keel, *The Song of Songs*, 66～67。

⑭ 公元前七世紀末葉之後隱・基底的資料，可參 Keel, *The Song of Songs*, 67。有關隱・基底是製造御用香水的地方的討論，參 Hess, *Song of Songs*, 71。

⑮ 婚姻關係可以似水泉，亦可以似曠野，這方面的討論，可參 Duguid, *The Song of Songs*, 89。

⑯ 有學者認為以鴿子形容那女人的眼睛，很可能是她眼睛的形狀像鴿子。參 Pope, *Song of Songs*, 357；Keel, *The Song of Songs*, 69。這種想法源自德國的兩位學者哈勒（M. Haller）和格爾曼（G. Ruth Gerleman）的見解，後者有埃及藝術品為佐證。參 M. Haller, *Die fünf Megillot*, HAT 1/18 (Tübingen: Mohr, 1940)；G. Ruth Gerleman, *Das Hohelied,* BKAT 18 (Neukirchen-Vluyn: Neukirchener, 1965)。

⑰ 朗文對「雙眼」與「鴿子」的關連意思，可參 Longman III, *Song of Songs*, 107～108。

⑱ 格勒特對「雙眼」與「鴿子」的關連意思，可參 Garrett and House, *Song of Songs/Lamentations,* 148。

⑲ 凱爾對「你的眼好像鴿子眼」的解釋，參 Keel, *The Song of Songs*, 71。

⑳ 福克斯對「雙眼」與「鴿子」的意思，參 Fox, *The Song of Songs*, 106。

㉑ 杜古德指出，女子曾經也用這詞來稱呼她的良人。這方面的討論，可參 Duguid, *The Song of Songs*, 89。

㉒ 杜古德亦列出雅歌對男子與女子有相同的形容詞來描述對方，參 Duguid, *The Song of Songs*, 89。

㉓ 黃朱倫將第二個助語詞譯為「嗯！」。參黃朱倫：《雅歌註釋》，頁 115。

㉔ 福克斯認為女子以花來描述自己，是一種自謙的表達，參 Fox, *The Song of Songs*, 107。

㉕ 關於女子以平行句描述自己只不過是花，是為強調自己的平凡這方面的討論，參 Duguid, *The Song of Songs*, 91；另參謝挺：《雅歌》，頁 191。

㉖ 有學者提出古代近東的玫瑰與今日玫瑰的品種是有所不同的，參 Exum, *Song of Songs*, 113；Longman III, *Song of Songs*, 111。

㉗ 根據「玫瑰」和「百合」長滿山谷這特徵，而將這描述解讀為女子自認平凡的意思的學者，包括：Fox, *The Song of Songs*, 107；Duguid, *The Song of Songs*, 91；黃朱倫：《雅歌註釋》，頁 119；謝挺：《雅歌》，頁 191；戴衛遜：《傳道書、雅歌註釋》，每日研經叢書，古樂人譯（香港：基督教文藝，1994），頁 140。

㉘ 有關凱爾對「沙崙的玫瑰花」的解讀，參 Keel, *The Song of Songs*, 78。

㉙ 關於「我是沙崙的玫瑰花，是谷中的百合花」有更多的解讀，可參 Exum, *Song of Songs*, 113。

㉚ 將百合花喻作神明的討論，參 Pope, *Song of* Songs, 368；Keel, *The Song of Songs*, 78～80；Hess, *Song of* Songs, 75。亦參 Garrett and House, *Song of Songs/Lamentations*, 148。

㉛ 有關依舜聚焦於花朵特質的討論，可參 Exum, *Song of Songs*, 113。

㉜ 福克斯提出男子把他心中女子的謙遜轉化為最高的讚賞，參 Fox, *The Song of Songs*, 107。

㉝ 果子的味道是喻指親吻帶來的快感的討論，參 Snaith, *Song of Songs*, 29。男子和女子的情意除了視覺，也有味覺及味覺之感這方面的討論，參 Hess, *Song of Songs*, 77。對於蘋果樹的意象，可參 Pope, *Song of Songs,* 381；Keel, *The Song of Songs*, 82, 88；Longman III, *Song of Songs*, 113～114；Duguid, *The Song of Songs*, 92。

㉞ 學者對於「以愛為旗在我以上」的翻譯，參 Pope, *Song of* Songs, 375～377；Hess, *Song of Songs*, 79。NRSV亦譯作“intention”。

㉟ 對於「葡萄乾」是帶著性愛意味的解釋，參 Pope, *Song of Songs*, 374～375；Keel, *The Song of Songs*, 87～88；Longman III, *Song of Songs*, 113～114；Exum, *Song of* Songs,116～118；Duguid, *The Song of Songs*, 95～96。此外，格勒特亦根據希臘神話，指出蘋果是關連於希臘女神，是反映性愛的行為。參 Garrett and House, *Song of Songs/Lamentations*, 149～150。

㊱ 筆者中譯 Papyrus Chester Beatty I group 34, in Fox, *The Song of Songs*, 53。

㊲ 凱爾將二章 6 節解釋為男女交歡的姿態，參 Keel, *The Song of Songs*, 88～90。將二章 6 節解釋為相依與支援的意思的，參 Garrett and House, *Song of Songs/Lamentations*, 152。

㊳ 福克斯及格勒特分別對「不要驚動、不要叫醒」愛情的解釋，參 Fox, *The Song of Songs*, 110；Garrett and House, *Song of Songs/Lamentations*, 152。

第五章

求婚：「與我同去！」（二 8～17）

- 良人向佳偶求婚
- 佳偶對求婚的回應

雅歌男女彼此戀慕，開始進入談婚論嫁的階段。二章8至17節這段落中，男子有兩次向女子說：「我的佳偶，我的美人，起來，與我同去！」(二10、13)重複的又帶迫切的語氣，充滿著熱情。筆者認為，男子的心聲就是要求婚，他邀請女子與他同去共結愛巢，而這其實也是女子心中所要的(參一16～17)。

這首求婚愛情詩，先描述男子來到佳偶的家，並邀請佳偶與他出去戶外。女子形容良人「躥山越嶺」來尋覓她(8～10節)，然後男子向女子表白。藉著春季的鳥語花香，他表示他們在一起的時機已成熟(11～15節)。女子積極地委身回應，表示良人屬於她、她也屬於良人。私定終身之後，女子毅然地催促他回去(16～17節)。我們看到全文的內容有交叉結構，女子話語形成前後的呼應。而良人求婚的聲音，則是這段詩歌的核心。一切都在天時和地利中，欠的只有人和共結連理的意願。換句話說，時機已經成熟了！

求婚：「與我同去！」(二8～17)

- 良人向佳偶求婚(二8～15)
  - 良人熱切的尋覓(二8～10上)
  - 良人正式求婚(二10下～15)
    - 良人第一次呼喚(二10下～13)
    - 良人第二次呼喚(二14～15)
- 佳偶對求婚的回應(二16～17)

5.1 良人向佳偶求婚(二8～15)

這一大段落可以分兩部分作討論。作者先描述良人如何尋覓佳偶的細節，然後他正式向佳偶求婚。

分段大綱（二 8～15）

一、良人熱切的尋覓（二 8～10 上）

二、良人正式求婚（二 10 下～15）

1. 良人第一次呼喚（二 10 下～13）

2. 良人第二次呼喚（二 14～15）

5.1.1 良人熱切的尋覓（二 8～10 上）

8 節「聽啊！是我良人的聲音」（*qôl dôḏî hinnē^h-ze^h*）這短句的原文是以「聲音」（*qôl*）作開始。「和合本」這裏的「聽啊！」反映原文的感歎詞 *hinnē^h-ze^h*（原文直譯是「看哪！這……」）。除了「和合本」，很多聖經譯本在此亦額外加了這感歎句「聽啊！」（**參「和修版」、「新譯本」**）。額外加上感歎句「聽啊！」能在其中增添不少感情的色彩。其中值得一提的是「呂振中譯本」的翻譯則帶著豐富的情感，它譯作：「啊，我愛人的聲音哪！」亦有一些學者及譯者將「聲音」這名詞索性譯作感歎句或命令式語氣「聽！」（參 NASV, NIV）❶

「和修版」與「和合本」譯法相同。「新譯本」譯法：聽啊！這是我良人的聲音；NASV、NIV 譯法：“Listen! My beloved!”

女子先聽見他良人的「聲音」，可能是他的腳步聲，也可能是他呼喚她的聲音。有學者進一步認為，這聲音是指良人在穿越山間時發出的聲音，他很可能是蹦跳著，因而發出了雜聲。❷ 不過，依舜則質疑山嶺那麼遠的距離，女子那能聽到良人蹦跳發出的聲音？❸ 因此，筆者認為，所謂聽到良人的聲音，只是女子一種感覺，感應著良人由遠處一步一步靠近她所發出的動靜。由此，「我良人的聲音」可以演繹為一句感歎句也無可厚非。總之，她難以掩飾她的興奮，「看！他來了！」她相信良人是為尋覓她而來的。

仍須留意的是，女子以「他」這第三人稱單數代名詞來稱呼良人。按照詩歌體裁的一般表達方式，「我」、「你」、「他」是可以因文體需要而瞬間轉換，這裏的女子以第三人稱單數代名詞「他」來指良人，是詩歌體裁中的一種人稱轉換的修辭法。她極可能是在跟自己說話，而聽者是她的心。她在對心說話：

「他來了！」

女子形容良人「躥山越嶺」而來。「躥山越嶺」的原文是由兩個分詞組成，分別解作「跳躍」（*dālag̱*）和「翻越」（*qāp̄aṣ*）。良人是跳躍著翻越大小山嶺。這兩個動詞十分有動感，皆顯示活力十足的姿態。至於「山」（*hārîm*；可直譯為「眾大山」）和「嶺」（*gəḇāʿôṯ*；可直譯為「眾小山」）都是複數名詞，讓人一種穿越千山萬水之感覺。男子為了與心愛的佳偶見面，不惜穿越眾多大大小小的山、長途跋涉去見她一面。這就是愛情的力量，能夠促使人發出超強的動力。

從中文譯本看，8 至 10 節看似有許多動作，似是由許多的動詞組成，但從原文看，它的主要動詞是 10 節的「回答」（*ʿānā*^{h}）和「說」（*ʾāmar*），因此這三節是一完整句子。至於 8 至 9 節出現的另些動詞，是以分詞的詞形表達，共有七個。按原文次序，8 節「來」置於「躥」及「越」之前，表示他是以「躥」及「越」這形態走來。筆者會將這七個分詞按原文次序列出：

- 「來」（8 節；*bāʾ*；可直譯為「是這樣來的」）；
- 「躥」（8 節；*məḏallēḡ*；可直譯為「就是躥著」）；
- 「越」（8 節；*məqappēṣ*；可直譯為「就是越過」）；
- 「像」（9 節；*dôme*^{h}；可直譯為「就是像」）；
- 「站」（9 節；*ʿômēḏ*；可直譯為「就是站」）；
- 「觀看」（9 節；*mašgî*^{a}*ḥ*；可直譯為「觀看著的」）；
- 「窺探」（9 節；*mēṣîṣ*；可直譯為「窺探著的」）。

這七個分詞的功能是描述男子說話的內容。這段說話所描述的行動——跳躍眾山、翻越眾嶺，甚至「來」到她面前——都是表示他向女子求婚的迫切感。

9 節的「羚羊」與 8 節的「躥……越」都是用來喻指良人行為，他就是「像」（*dôme*^{h}）動物般跳躍，跨山過嶺而來。「羚羊」（*ṣəḇî*）在此是一個陽性名詞（更多有關「羚羊」的討論，可參 4.4.3，頁 77）。「羚羊」（*ṣəḇî*）的原文也有另外一個意思，就是「優雅和美麗」，故此墨菲（Roland E. Murphy）指出「羚羊」（*ṣĕḇî*）是一種文字遊戲的表達，女子用此來比喻良人長得英俊。❹「小鹿」（*ʿōp̄er*）只在雅歌出現，而且每次都與「羚羊」一起（二9、17，八14；另參4.4.3「羚羊」的討論，頁77）。在上一首女子愛情的獨白裏（二3～7），女子也指著「羚羊」和「母鹿」，向耶路撒冷的眾女子宣稱她力守貞潔（二7）；在這裏她形容良人像「羚羊」和「小鹿」。「像羚羊」和「像小鹿」的腳步，在希伯來聖經通常是指行動的敏捷，例如在掃羅和大衛的戰事中，大衛的手下亞撒黑追趕押尼珥，他的腳「快如野鹿一般」（「和修版」譯作「快如野地裏的羚羊」；原文 *haṣṣəḇāyīm* 是陽性複數名詞「羚羊」），一直追趕，不偏左右（撒下二18～19；另外亦參代上十二8；哈三19）。可見女子說良人的腳步敏捷，彷彿她知道良人希望快點見到她。

當腳步敏捷、動作輕盈的良人接近女子的時候，他卻在一道「牆壁」後邊站住！男子站在這道牆壁的後邊，與他之前「跳躍」和「翻越」的動作形成很大的差距。正因這道牆，女子形容良人「從窗户往裏觀看，從窗櫺往裏窺探」。格勒特認為，「牆壁」其實是喻指女子的家長和哥哥，他們形成了一道牆，阻隔著她和良人。❺ 而「我們」是指女子和良人，就如雅歌一章4節「讓我們快跑吧！」的「我們」。他們之間的無形「牆壁」，就如女子家有形的牆壁隔開了他們。

「從窗户往裏觀看，從窗櫺往裏窺探」也是一種比喻，男子像一隻窺探人類居所的小動物。「羚羊」和「小鹿」是溫馴動物，經常包含「和平」之意。「羚羊」和「小鹿」從屋外觀看屋內的人類，動作輕盈溫馴、討人喜愛。男子像「羚羊」和「小鹿」，既有強壯和敏捷，也有優雅和討喜的特質。此刻，良人從窗外窺探女子，女子從屋裏凝視良人。相信這樣遠距離的四目交投可能維持有一段時間，因為「窗户」（*haḥăllōnôṯ*）和「**窗櫺**」（*haḥărakkîm*）都是複數名詞，其文意是指男子從這個窗行到另一個窗，望著屋內的佳偶。此時固然是無聲勝有聲，讓濃濃的愛意瀰漫著整個空間。在接著的經文，良人就開口向佳偶說話。

名詞「窗櫺」在希伯來聖經只出現在雅歌二章9節這一次。

5.1.2 良人正式求婚（二 10 下～15）

在此，良人開始說話。女子亦終於聽到良人說話的聲音！在這之前她只聽到良人的腳步聲和他的動靜。期期盼盼，他的良人終於說話。在這段說話中，良人說了兩次「我的佳偶，我的美人，起來，與我同去！」（10 節下、13 節下）因此這段落可分為兩小段落作討論：良人第一次呼喚佳偶（二 10 下～13 上）；良人第二次呼喚我的佳偶（二 13 下～15），而二章 10 節上則是良人開口說話。

8 至 9 節描述女子一直在凝視著、聽著男子來尋覓著她的形態，直至男子到了她的門口。男子在門外開始說話，從希伯來文的語法結構看，這節出現了兩個主要動詞：「回答」（*ʿānāʰ*）和「說」（*ʾāmar*）。接著，作者便記述男子說話的內容。

5.1.2.1 良人第一次呼喚（二 10 下～13）

5.1.2.1.1 良人的邀請（二 10 下）

二章 10 節下與 13 節下是一句前後呼應的邀請，「我的佳偶，起來！我的美人，與我同去！」（「和修版」）就似一個框架，框著 11 至 13 節上，成為一獨立的段落，這段落是一段描述春天的優美詩句。「起來！」（*qûmî lāḵ*）和「與我同去！」（*ləḵî-lāḵ*）這兩個動詞之後都有一個附加第二人稱陰性代名詞後綴的介詞（*lāḵ*），都是以命令式語氣表達，意思有「妳要起來！」、「妳要與我同去！」。佳偶當時很可能是坐著，原本就已經在等著他。男子作了「起來！」、「與我同去！」兩次的邀請（10 節下、13 節下）。基於春天已踏進來、自然界煥然一新、動物出來覓食，而人人也走出戶外。良人希望佳偶跟他離開家門，奔向外面的世界。「呂振中譯本」把這一句翻得生動：「我的愛侶阿，起來吧！我的愛侶阿，我的美人哪，走吧！」

在 10 節下男子呼喚女子：「我的佳偶」（*raʿyāṯî*）、「我的美人」（*yāp̄āṯî*）。「七十士譯本」在「我的美人」之後還加上一句「我的鴿子」，在 13 節亦有同樣句子。這顯示另一些希伯來文古抄本可能有「我的鴿子」這句子。男子在此十分特別的使用「我的美人」（*yāp̄āṯî*）來稱呼女子，這種稱呼也只在雅歌出現。這應該是延續上文男子讚歎女子的美麗猶如花一般之故（一 15，二 2）。

良人親暱地呼喚佳偶為「我的」伴侶、「我的」美人，說明那女子是屬於他的，而他也特別地重視他的佳偶。

5.1.2.1.2 雨過天晴、百花齊放（二 11～13）

這一段詩是描述春天的景象，共有八個情景，就是冬天過去的景象、雨水停止的景象、地上開花的景象、鳥兒鳴叫的聲音、斑鳩的聲音、樹上結果子的景象、葡萄樹開花的景象，以及花開了所散發的香味。所描繪之春天腳步已近的情景，豐富而且牽涉多元感官（multisensory）。人的視覺看見的是開花的景象，人的嗅覺聞到花的香味，人的聽覺聽到的是鳥兒的歌唱，而人味覺可以嘗到的無花果的味道。若加上 17 節說的「天起涼風」，那就有人體的觸覺，令人感受到涼風的吹拂。所有感官似乎都在陳明談情說愛的季節已到，牛郎織女應該相會了。

男子在這裏所繪畫春天的景色，多姿多彩。良人想借著春季的良辰美景向佳偶示愛，希望她願意委託終身給自己。就如當今所流行，年輕男士向愛人求婚時，會刻意營造特別的場景，製造充滿溫馨和浪漫的氣氛。

「冬天」（*sət̲āw*；11 節）的原文在希伯來聖經只出現一次。在古希臘文法看，這種詞彙稱為「一次頻詞」，這詞很可能演化自一個亞蘭文的名詞，意思可能指「雨季」或「冬天的雨水」。以色列一帶的冬天本來就是雨季，所以冬天一過，雨水自然也停止了。很多中英譯本皆理解為「冬天已過」的情景，因此無論是聖經譯本抑或聖經學者，都將「冬雨」理解為「冬天」。這節另外再提到「雨水」（*gešem*），這是一個普遍指下雨的場景。總而言之，「冬天已往，雨水止住」是一對平行句，是要說明並強調雨水的季節已經過去。「冬天」和「雨水」都是陽性名詞，而「已過」（*ʿāḇār*）、「止住」（*ḥālap̄*）、「過去」（*hālak̲*）這三個動詞都是 *qal* 形詞幹第三人稱陽性單數完成式動詞，這是一種帶著詩歌形式的表達，意境很美。作者將冬天和雨水擬人化，冬天和雨水就在人眼前「走過去」了。

12 節「地上百花開放」中的「百花開放」（*hanniṣṣānîm*）原文是一個陽性複數名詞，在希伯來聖經僅在雅歌這裏出現，其詞根（*nṣ*）是一個陰性單數名詞，用以描述凋謝的花蕾（賽十八5）、橄欖樹的開花（伯十五33），以及葡萄樹發芽開花（創四十10）。「地上百花開放」這個句子可直譯為「花開展現在地上」。

「鳴叫的時候已經來到」也是一種擬人化表達。擬人化的冬天和雨水在人的眼前已經「走過去」，在這裏，歌唱的時候已經「抵達」了。「鳴叫」（*zāmîr*；「和修版」譯作「歌唱」）原文有兩個意思，一是歌（song）或者歌唱（singing）；二是修剪（pruning）。在雅歌這裏，這兩個意思都有可能，前者是指鳥兒鳴叫，所以接下來說聽見斑鳩的聲音；後者是指花兒開了，很快就需要修剪，好讓樹枝長出更多花朵。這是百花齊放、百鳥爭鳴的春色。格勒特則指出，作者使用這詞，無論是解作歌唱抑或修剪都有其可能性，而他這樣用詞，很可能是刻意令其意義含糊，可能是一種語帶雙關的修辭方式。❻ 春天，就是修剪枝子和唱歌的季節，良人選擇了這季節來向佳偶表達情意，為要讓他的佳偶在如此美好的場景與他同去。

「地上」（*ʾāreṣ*）在12節被提及兩次，第二句可以譯作「斑鳩的聲音在我們全地也聽見了。」如此，「看見地上百花開放」為始，「聽見全地斑鳩聲音」為終，而「地」則為文中的春色營造了一個寬廣的空間感。作者將讀者們的視覺從之前提及的「窗櫺」內室牽引至大地，而讀者的心靈也隨之開闊起來。

接著提及的是「無花果樹」和「葡萄樹」，這兩種果樹的共同點是「繁多」，無花果內有很多種子，葡萄樹則結果纍纍。「果子」（*pāg*）在希伯來聖經只出現在這裏，它的詞根在敍利亞語和阿拉伯語是指「未熟的果實」。「開花」（*səmāḏar*）在希伯來聖經也只出現在雅歌這裏，另外一次出現於七章12節（「馬所拉本」是七章13節），可能是一個外語借用詞（loanword）。葡萄樹開了花就「散發香氣」，「花」和「香氣」在雅歌很受重視。蘊含在雅歌裏的氣氛不只是視角上的美麗，還有嗅覺上的芬芳。

良人再次說：「我的佳偶，我的美人，起來，與我同去！」（13節）春天的明媚大好時機已經來臨，這也是他們一起走出戶外的機會，好讓他們一齊去享受春季的美景，並投入在大自然的懷抱裏。更重要的，他們要好好享受一起的時光，而不應老是困在屋裏。所提及「葡萄樹開花」，很可能暗示了良人期望佳偶與他一同去的地方就是葡萄園。

猶太人的「米示拿」(Mishnah)記載，耶路撒冷的眾女子會在亞筆月初十五日及贖罪日(*Yom Kippur*)當天，穿起白裙，一起去葡萄園跳舞，在那日，那些未婚的男生會尋覓他們期待的對象，若能尋獲，他們會因而興奮起來。❼這古代近東的習俗儀式中，包含了唱歌和跳舞這節日慶典的環節，與12至13節所描述「鳴叫的時候已經來到」、「葡萄樹開花」、「與我同去」十分吻合。所以，二章10至13節可以理解為良人正在力邀他的佳偶出外參與春天來臨的慶典。這是一個合適的時間讓他們去看看戶外明媚的春景，聽聽鳥鳴和歌唱的聲音。當然，我們也不該排除經文所述的很可能只是一個隱喻，就是：花朵比喻女子的嬌美、羚羊和小鹿比喻男子敏捷的腳步、狐狸比喻愛情的攔阻等等。

這一段詩節開啟了春天的意象，亦喚起新鮮、活力、喜悅和期待之情(二11～13)，也巧妙的以「我的佳偶，我的美人，起來，與我同去！」作為開始和結束，前後呼應。

5.1.2.1 良人第二次呼喚(二14～15)

男子把女子比喻為「我的鴿子」(*yônāṯî*)。在雅歌，男子曾將女子比喻為「鴿子」(二14，五2、12，六9)，亦稱她的眼睛像「鴿子」(一15，四1)。在古典希臘文和拉丁文文學，「我的鴿子」是表達愛慕的術語。根據鮑勃，鴿子是「溫柔」和「多情」的通用符號。❽良人把女子比喻為象徵著溫柔與愛慕的鴿子，我們想起女子也曾把良人形容為溫馴的羚羊和小鹿(9、17節)；兩個動物的比喻都令人感到和平及溫柔。女子被喻為鴿子，這鴿子是處於「陡巖的隱密處」，似乎男子看不到女子，他懇求女子不要隱藏自己，走出來好讓他見上一面。一方面，這反映了女子含羞的表現，另一方面亦反映佳偶難以求見，是不易得到的寶貝。

俄巴底亞書說到以東「住在山穴中、居所在高處」的場景時，有說到這國「如大鷹高飛」(俄一3～4)。當耶利米書論及以東之地，說以東「住在山穴中據守山頂⋯⋯如大鷹高高搭窩」(耶四十九16)，這些描述有一種高不可及的意味。所以，當雅歌以「在磐石穴中，在陡巖的隱密處」形容女子，表示她遙遠不可及。深山峻嶺的地方，石頭的縫隙會有鳥兒築巢，而女子被形容為在這些山嶺陡巖的鴿子，表示她不單美麗，也難以接近。

「面貌」(*mar*ʾ*e*^{h}) 原文的意思不只是面龐，而是含有整個外形、儀容的意思。因此，「你的面貌」(***mar*ʾ*ayik̲***) 應該不只表示良人想看到佳偶的臉龐，而是要看到佳偶整個人，所以有學者認為「你的面貌」若譯作「妳的形象」或「妳的出現」會更理想。良人希望看見的是佳偶整個人。

良人是在求佳偶「容我得見你的面貌」、「得聽你的聲音」。他先是要看見，然後是聽見。誠然，「看」和「聽」是雅歌很受重視的感官，尤其視覺的描述更甚於聽覺(四 1～5，五 10～16，六 4～7，七 1～6〔「馬所拉本」七 2～7〕)。

在 3 至 7 節，女子一直思念良人，而這裏，良人出現時女子卻離他很遠，使他難以與她接近。男子不單只能站在牆壁邊、從窗欞往裏窺探（二 9），他還要懇求女子讓他見到她。男子以她是「鴿子」、她有「悅耳的聲音」、她的「容貌秀美」這甜言蜜語來哄她。他與她之間，似乎存在一種勢力攔阻他們。下文立刻說到「狐狸」，就是破壞他們兩人的一個隱喻。

學者對「擒拿……葡萄園的小狐狸」這句子提出了不少看法。經文中的「要給我們」(*ʾeḥězû-lānû*) 這動詞是帶命令式語氣，但沒有主語，因此難以確定說話的人是男子或女子，還是耶路撒冷的眾女子。筆者認為是男子在說話，因為他曾經用「我們」的口吻向女子說話（一 11），所以「我們」是指良人和佳偶。文中意味著男子覺得他和她的佳偶能夠一起努力去跨越愛情的攔阻，也就是去「擒拿狐狸」。狐狸肆意偷吃果子，因此會破壞他們的葡萄園（他們的愛情園子），而他們的葡萄園正在開花（二 13）。

希伯來聖經其他書卷有提到狐狸和葡萄園的，只有士師記（士十五 5）。舊約書卷其他經文提到狐狸時，都跟破壞扯上關聯，例如：尼希米記說以色列人所修造的石牆，「就是狐狸上去也必跐倒」（尼四 3）；以西結書提到以色列的先知好像「荒場中的狐狸」（結十三 4）。總意就是，聖經凡有狐狸出現之處，多帶有負面的含義。有鑑於此，雅歌的「**狐狸**」能夠毀壞的「葡萄園」，也就是男子和女子所栽植的「愛情園子」。「狐狸」(***šûʿālîm***；

「和合本」在 15 節提及的兩次「狐狸」，其中一次譯作「小狐狸」。在原文，這兩個都是同一詞。

複數）是良人和佳偶之間關係之威脅。他們的愛情可能遭受一些人的攔阻，暫時未能開花結果。至於攔阻勢力來自哪裏，很大可能是女子的家人，特別是她的哥哥們（參一6，八1、8～9）。所以，「要給我們擒拿狐狸」為的是要「保護我們的愛情」。良人對佳偶這麼說，他希望女子和他一樣努力，不讓任何人（尤其是她的家人）破壞他們的愛情園子。

另外，若把「葡萄園」比喻為女人的身體，這裏的「狐狸」就是破壞女性貞潔之隱喻。在這個理解之下，「毀壞葡萄園的小狐狸」就是誘惑女生的色慾男孩。既然女生是花，男生就可能辣手摧花，故「擒拿狐狸」是呼籲人要保護女生們。為此說法，格勒特提出質疑，因為狐狸的目標是葡萄而不是花。格勒特提出的解讀有點意思，他認為「擒拿狐狸」是古代男兒們一種遊戲，為了確保葡萄得以豐收，男兒們比賽抓狐狸，目的只是擒拿而非殺害牠們。所以，有關狐狸與葡萄園的題旨不一定看為是威脅（threat），亦有可能是一種遊戲（game）。前文有提到猶太人的「米示拿」記載在節慶的時候，女生去葡萄園跳舞，未婚的男生也參與觀賞。簡言之，整段經文的氛圍不外是熱情奔放的，反映了年青男女在春天的日子裏嬉耍，充滿的是青春與活力。

5.2 佳偶對求婚的回應（二16～17）

女子這一句「良人屬我，我也屬他」（另參六3）令雅歌讀者最印象深刻，令人想起亞當在伊甸園子對夏娃說的一句：「這是我骨中的骨，肉中的肉。」（創二23）雅歌園子和伊甸園子之間就有這一唱一和的場面。在這裏，女子說的「良人屬我，我也屬他」是一種「擁有的言語」（language of ownership）的表達。女子確定她與良人之間是彼此吸引的。她也回應了良人對她親暱的呼喚：「我的伴侶」、「我的美人」（10下、13節下）。

下一句「他在百合花中牧放」的「牧放」（*hārōʿeʰ*）是一個單數陽性分詞，「呂振中譯本」亦作「放羊」，不過，一般翻譯為「牧放」。它的詞根（*rʿh*）也有動物「吃草」之意思。創世記四十一章2節提到七頭長相俊美的母牛從尼羅河裏上來，它們肌肉肥壯，並在蘆葦中「吃草」（*rāʿāʰ*），用的是同一個動詞。這裏動詞的主語是母牛，賓語就是草，那麼，*rāʿāʰ* 就可以譯作「吃草」；如果主語是人，賓語是動物，那麼，*rāʿāh* 就譯作「牧放」。而且，雅歌下一節重提良人像「羚羊」、像「小鹿」(二 17)，文意思路與動物「吃草」是協調的。在這基礎上，「新譯本」譯作「細賞」，指羚羊和小鹿在百合花叢當中品嘗可吃的鮮草。因為花朵用來比喻女子有活力與魅力，對男子具有無比的吸引力，故亦有學者堅持這裏是「品嘗花兒」，而非「放牧羊羣」的立場。

凱爾認為是「品嘗」花朵，理由是埃及古代的牆壁雕刻，有描繪法老王圖坦卡蒙的妻子獻花給圖坦卡蒙——她手上拿著蓮花和蘋果，下身的長裙打開、以半裸的姿態來示愛，預備獻上自己的身體。❾ 他的解經書有陳示好些畫頁，可幫助讀者去想像和理解。而且，二章 1 節曾提及「百合花」其實是「蓮花」，於埃及和以色列(4.3.1 對百合花的詮釋，頁 71～72)是常見的花卉。所以，凱爾所作出的對照有些道理。「他在百合花中牧放」因此可能不是牧羊，而是「品嘗」、「細賞」蓮花，更何況佳偶和良人都曾經比喻女子是谷中百合花(參 4.3 的解說，頁 71～73)。另外，一章 7 至 8 節亦有提到「牧放」(*ṯirʿeh*；譯作「牧羊」)這動詞，在那裏是指女子與男子連繫的地方(參 3.3 提及 7、8 節「牧羊」的意思，頁 50～51)。我們因此可以理解，「他在百合花中牧放」是表達他們親暱的接觸，他們正在享受親密的時光。

所以 16 節是女子的聲音唱出「良人屬我，我也屬他」的心聲，表示她自己也相信非他莫屬。她同時亦說出「他在百合花中牧放」，表示良人可以近距離的細賞，甚至擁抱她。對男子而言，這不也正中下懷嗎？之前他希望近距離地看見她的面、聽見她的聲音。只是，女子也很快的提醒他，是時候預備回去了。

17 節「等到天起涼風」(*ʿaḏ šeyyāpûᵃḥ hayyôm*)原文的「天」(*yôm*)有擬人化的動作，就是呼吸或吹氣，整句直譯可作「直到這天呼吸」，意即等到過了一天。「日影飛去」的「日影」(*haṣṣəlālîm*)是複數名詞，與「天」(*hayyôm*)這單數名詞不同。「日影」其實是指「很多影兒」，「日影飛去」也是擬人化的描繪，指很多影兒「逃走」(*nûs*)，意思是籠罩大地的黑暗消失之意。所以，「等到天起涼風、日影飛去的時候」整句片語很生動的描述白天開始露出來，黑暗逐漸逃走的破曉時分。不過，「日影飛去」也可能理解為「天黑到了」之意。

如果「日影飛去」是指「天黑到了」，那麼，女子是否拒絕他進去屋內，反而催他回去？在這個理解之下，女子拒絕見面，她沒有起來與良人出去看春景，更打發他離開。不過筆者認為，「天黑逃走了」的解讀比較理想——女子讓良人留多一會兒，一直到黑暗過去、白天來臨的時候，她才說「你回家吧！」（即「你要轉回」）。在這個理解之下，女子邀請良人陪伴她一直到第二天的早上。這你儂我儂的情景，是「良人屬我，我也屬他」的夜晚，良人可「在百合花中細賞」（16 節），享受他們濃濃的愛意。

無論是入夜之前還是天亮之前，女子是在提醒良人，是時候他要回去了。「轉回」（*sōḇ*）有祈願語氣，女子難得有心上人陪伴，彌補了她日久的思念，如今卻對良人說：「轉去吧！」她沒有留住良人，一來是因為她要守身如玉，二來是因為女子的家人是他們愛情的阻力來源。女子以祈願式語氣說：「你要像」（*dəmēʰ-ləḵā*）羚羊或小鹿回轉。她朝思暮想的召喚良人過來，見過面之後卻召喚他回去。

女子在愛情的獨白裏，曾經決志力守貞潔（二 3～7），並且說不要挑動情慾，要等時機成熟才可。在 16 至 17 節出現之前，良人已向他求婚，可是她並沒有把兩人浪漫相處的夜晚看為時機已到，以致妥協。就如赫斯說：「儘管性愛充滿激情與力量，然而這並不意味著它毫無約束。」⑩

「比特山」（*ʿal-hārê ḇāṯer*；「和修版」譯作「在崎嶇的山上」）是一句隱喻，還是指一座特定的山？「和修版」在「崎嶇的山」有注明它亦可譯作「比特山」，所以它也可以指一座特定的山。由於 *ḇāṯer* 只出現在雅歌，沒有其他經文處境可供參考以提供一個比較滿意的解釋。有學者按照希臘文手抄本「亞歷山大抄本」（Codex Alexandrinus），指出「**比特**」（Battir；希臘文是 *Baithēr*/*Baiththēr*）曾經出現於希伯來聖經（書十五 59；代上六 44），不過「馬所拉本」並沒有記載相關的字詞。⑪ 學者有嘗試推論這「比特山」的位置，例如福克斯認為是靠近耶路撒冷西邊的一座山區。⑫ 有些英譯本把它譯為“Bether”，似乎暗示譯者也贊成這是一個地名（參 KJV, NASV）。有學者認為

比特屬約旦河西岸一個巴勒斯坦村莊，它靠近伯利恆城，以其古老的農業梯田和水利系統聞名。比特的歷史與文化可追溯至羅馬和拜占庭時期。這地方象徵著猶太人於公元 135 年散居的日子。

「比特山」的原文只是一個形容詞，用以描述「裂開的山脈」（the cleft mountains；參 NRSV 和 ESV）。「呂振中譯本」也形容為「有裂罅的山嶺」，但也注明其意難以確定，或可音譯「比特」。按照希伯來文的動詞詞根（*b̠t̠r*），其意思是「分開」或「切半」，曾出現在舊約書卷，它們皆有此意（參創十五 10；耶三十四 18）；所以，「比特山」很有可能是指「分開一半」，即兩山中間有一個山谷。

信仰反省

初期教父的寓意解經，注重經文的屬靈意義勝過經文的字面意義。正面來看，寓意解經方法有助於揭示聖經文本的多層次意義，特別是在基督教神學的論述，以及上帝救贖歷史的意義上。在雅歌二章 8 至 17 節的基礎上，雅歌女子的愛和渴慕，被比喻成教會對基督的愛和委身；如此，男子對女子的呼喚和求婚，也被喻為基督對教會的呼喚和邀請。透過這樣的關聯，教父們引導教會信徒深刻地理解自己與上帝的關係。教父們在解讀雅歌時，常常將雅歌的愛情視為基督與教會之間的愛情故事。他們鼓勵信徒藉著持有「良人屬我，我也屬他」的心態，與基督保持密切的關係。可見他們強調個人靈命的培育和與上帝的契合，並重視基督徒的靈性生活。這個理解的角度引導了教會超過一千五百年，一直到今天。

筆者認為，初期教父的寓意解經方法對基督徒靈命的成長相當具有影響力。他們通過對雅歌的詮釋，將基督教救贖歷史與基督徒生命緊密聯繫起來，使信徒容易理解基督的愛，也容易實踐他們對基督的委身。然而，現代聖經評鑑學也提醒我們，寓意解經偏離了字面的分析，忽略了經文的準確性和應用的一致性。以客觀角度分析經文並嚴謹讀聖經的人，需要在應用經文方面另闢新路，把雅歌有效地關聯基督徒的信仰生活。筆者認為，在婚禮上歌頌雅歌男女的愛情，並在愛情講座和查經課程，按著正意詮釋雅歌男女的愛和慾是合理的。基督徒的愛情觀，也應該被概括在基督教信仰的論述之內。

有學者認為在雅歌的語境之下，「比特山」若解作「分開一半的兩座山」，也可能喻意為女子身上的雙乳。因此「比特山」可能不是指一個地方或指「在崎嶇的山上」，它很可能是一句隱喻。二章 8 至 17 節全文的確有不少隱喻，例如：「羚羊」、「小鹿」、「鴿子」、「狐狸」、「葡萄樹」、「百合花」等，所以「比特山」(即「崎嶇的山」)若意指女子的雙乳，這解釋合乎文中意境，也不一定意含色情。雅歌女子在這裏以自己的身體作為一項邀請，她預備好在她與良人共結連理的時候，會將自己的身體獻上給良人(四16～五1)。那時，就是有情人終成眷屬，可享有閨房之樂了。即使有些學者認為，雅歌二章8至17節並非真實的場景，而只是女子的一種「幻想」，或純屬「獨白」(soliloquy)，[13] 讀者不能否認這首詩經常一語雙關，富於描繪感情色彩。男女的愛意被刻畫得細膩生動，情趣盎然。

溫習及思考問題

1. 你是否贊成雅歌二章8至17節屬於「求婚」的主題？如果不是，你認為這段經文的主題是甚麼？
2. 在二章8至9節，為何雅歌女子以第三人稱「他」來形容那個男子？如果不是自言自語，她是在跟誰說話？
3. 小孩子開心的時候會手舞足蹈，戀人在興奮時會情不自禁。雅歌男子被喻為像羚羊和小鹿有「躥山越嶺」的能力，表示他向女子求婚的迫切。按你的經驗或觀察，你如何形容求婚當時的心情和對方的反應？
4. 雅歌描繪春天的情景以襯托愛情的意境。春天令你有甚麼愜意的體驗？請具體地描繪一次特別的春景，或你在一次春天所體驗過的歡愉事件。
5. 你如何理解雅歌中「毀壞葡萄園的小狐狸」？按照格勒特的觀點，「擒拿狐狸」是甚麼意思？
6. 雅歌女子說：「良人屬我，我也屬他」是在表達一種甚麼的關係？這一句如何與創世記的園子產生關聯？
7. 二章17節所論述的時間究竟是夜晚還是早上？試解釋男子那歸回/轉過來的動作究竟是指甚麼？「在崎嶇的山上」按字面解讀還是一種隱喻？請分享你的理解和立場。
8. 你認為初期教父對雅歌的寓意解經對你有甚麼幫助？你是否會考慮繼續以寓意解經來解讀雅歌？

短註

❶ 將「聲音」這名詞譯作感歎句或命令式語氣「聽！」的有：Fox, *The Song of Songs*, 111～112；Murphy and McBride Jr., *The Song of Songs*, 138；Snaith, *Song of Songs*, 35。

❷ 有學者進一步認為，這「聲音」是指良人在穿越山間時發出的雜聲。參 Pope, *Song of Songs*, 119。

❸ 依舜質疑「聲音」是指良人在穿越山間時發出的雜聲。參 Exum, *The Song of Song*, 125。

❹ 「羚羊」與「英俊」一詞的關連，參 Murphy and McBride Jr., *The Song of Songs*, 139。

❺ 格勒特認為「牆壁」是喻指女子的家長和哥哥，參 Garrett and House, *Song of Songs/*Lamentations, 159。

❻ 格勒特對「鳴叫」的評論，參 Garrett and House, *Song of Songs/Lamentations*, 159；另參 Fox, *The Song of Songs*, 113。

❼ 有關「米示拿」記載那些未婚的男生在贖罪日的儀式聚集中尋覓他們期待的對象的敍述，可參 Jacob Neusner trans., "Mishnah, *Ta'an* 4:8," in *The Mishnah: A Translation* (New Haven, CT and London: Yale University Press, 1988), 315；J. Rabbinowitz trans., "Tractate Ta'anit 31a," in *The Babylonian Talmud* (London: Soncino Press, 1938), 164。另參 Keel, *The Song of Songs*, 101。

❽ 鮑勃以鴿子喻指「溫柔」和「多情」的通用符號，參 Pope, *Song of Songs*, 399。

❾ 凱爾認為「品嘗」花朵是一種示愛的姿態。參 Keel, *The Song of Songs*, 113。

❿ 赫斯對性愛的說法："... there is an order to this wonderful gift of sex. Its potency and wildness does not mean that there is no restraint." 參 Hess, *Song of Songs*, 101。

⓫ 有關「馬所拉本」沒有記載與「比特山」相關的字詞這方面的看法，是亞基拉（Aquila）和斯馬克（Symmachus）的觀點，他們是公元二世紀把希伯來文舊約書卷翻譯成當時希臘文的著名聖經學者。參 Garrett and House, *Song of Songs/Lamentations*, 162；Exum, *Song of Songs*, 122。

⓬ 福克斯推論「比特山」的位置，可參 Fox, *The Song of Songs*, 116。有關比特（Battir）這地方的資料，可參："Battir: A Palestinian Village with a Rich, Dramatic Jewish History," in Jerusalem Post, Archaeology: https://www.jpost.com/archaeology/article-746382。

⓭ 雅歌二章 8 至 17 節只是女子的一種「幻想」的討論，參黃朱倫：《雅歌註釋》，頁 133、150。將雅歌二章 8 至 17 節看為女子的「獨白」這方面的討論，參 Jenson, *Song of Songs*, 34。

第六章

婚禮前夕的婚禮之歌（三 1～四 15）

- 佳偶焦慮的尋覓
- 新婚花轎迎著來
- 良人湧溢的讚賞

求婚之後，從詩節D婚禮前夕之「婚禮之歌」(三1～四15)開始鋪張下去。這段詩節比較冗長，是為良人與佳偶結婚大日子而預設的情節，可以分成三個部分。首先，在新婚前夕，女子心有焦慮，不但對良人百般思念，她還想像著出門尋找他(三1～5)。隔天，佳偶看見迎親的花轎和隊伍浩浩蕩蕩地出現在她面前(三6～11)，良人預備迎娶佳偶。最後，良人看到眼前的新娘，情不自禁地、湧溢地對她大大稱讚起來(四1～15)。

這「婚禮之歌」(三1～四15)與新婚之夜的「婚禮之歌」(五2～六10)彼此呼應，因此是詩節D和D'的對應。這兩段詩節同樣有三處相似之處：

- 它們都有「尋找」的題旨。佳偶尋找她的心上人，也顯得魂不守舍和忐忑不安(三1～5，五3～8)；女子這兩次似夢似真的情景，是明顯有關聯的經文。
- 這兩段經文都描述女子在街上尋找良人的情景，而且都遇見在城中巡邏看守的人(三3，五7)。
- 這兩節詩節都包含了「瓦施芙」或身體的頌歌(四1～15，六4～10)。「瓦施芙」是獨特詩歌，源自古老阿拉伯的詩歌風格，聚焦於描述男女身體的部分，並流露高度詩意的讚賞和愛意(參專欄「瓦施芙」的討論，頁131)。❶

這段「婚禮之歌」詩節D(三1～四15)分成三個部分，陳示如以下。第一部分(三1～5)和第三部分(四1～15)有呼應之處，也就是佳偶說話的角度(她焦慮的尋覓良人)呼應良人說話的角度(良人讚賞她美麗動人)。這段「婚禮之歌」的核心，聚焦於出現在佳偶眼前、專來迎娶她的花轎(三6～11)。另外，本章是引用幾本註釋書作為析讀的主要參考，這些參考都在之前經常被提及。為方便讀者閱讀以及本書篇幅所限，這裏開始不冗於每個參考都列出處。必要的會列下，特別是須加強調或解釋之處。

A　佳偶焦慮的尋覓(三1～5)

　　B　新婚花轎迎著來(三6～11)

A'　良人湧溢的讚賞(四1～15)

6.1 佳偶焦慮的尋覓（三 1～5）

這一整段落是圍繞著女子去尋找良人的旅程。在這旅程的結尾，女子又向耶路撒冷的眾女子說話，來總結她那尋找的旅程。這段落分為兩段作討論：女子的尋找旅程（1～4 節）；女子向耶路撒冷的眾女子說話（5 節）。

分段大綱（三 1～5）

一、女子的尋找旅程（三 1～4）

二、女子對耶路撒冷的眾女子說話（三 5）

6.1.1 女子的尋找旅程（三 1～4）

三章 1 至 5 節由五個鑰字連結：「尋找」（*bāqaš*；出現四次：三 1[x2]、2[x2]）、「尋著」（*māṣāʾ*；出現四次：三 1、2、3、4）、「愛」（*ʾāhăḇ*；出現四次：三 1、2、3、4），以及「遊行」（「和修版」譯作「繞行」）或「巡邏」（*sāḇaḇ*；出現兩次：三 2、3）。「尋找」、「尋著」和「愛」這三個動詞均出現了四次，點出了這個詩節鮮明的主題，就是女子尋找心所愛的人，一直到她尋見為止。這段詩節由私人和安全的空間開始（家裏的床上），也以私人和安全的空間結束（母親家的內室）。詩節中間部分卻是公共和不安全的街道與廣場。這「尋找—愛—尋著」的主題，使三章 1 至 5 節全文緊扣連結，直到 4 節女子找到她的愛人為止。

女子用第三人稱的代名詞來描述她的良人：「我尋找他」（1～2 節）、「我拉住他」（4 節），是有別於之前緊接的第二人稱代名詞「你要轉回」（二 17）。全文盡是佳偶流露愛意的心聲，要表達的總意是女子單方面的尋覓、渴想和戀慕。

1 節的「夜間」（*ballêlôṯ*）是一個複數名詞（單數名詞是「夜晚」：*laylāʰ*），加上介詞「在」（*bĕ*），整個詞的意思是「在很多個晚上」。經文並非說佳偶思念愛人有「一整夜之久」或「漫漫長夜」，而是說佳偶經常在晚上的時候，躺在床上想念著她的愛人。依舜認為她「每夜」（nightly）都是如此，格勒特也認為「夜間」這複數名詞是有「一夜復一夜」(night after night)渴想愛人的意思。❷ 在很多個晚上，佳偶躺在床上的時候，她期待良人在她身邊。雅歌女子在很多個晚上思念良人，甚至想像他就睡在她的身旁。

雅歌三章1至5節引發起學者們有許多的討論，他們嘗試解釋究竟這段經文是屬於一場夢境抑或真實的意識，又還是純粹一種奢想(五章2至8節亦然)。支持這是場夢境的看法的學者提出的其中一個理由，是古時社會的道德準則不容女人在夜間走出家門，更不用說帶一個男人回家並進入內室。根據一些典外文獻的資料，未婚女子不只嚴禁在街上走動，也不能靠近窗(「傳道經」42.11；「馬加比二書」3.19)。❸

另外，支持三章1至5節(及五章2至8節)是屬於真實場景的學者，認為以上的禁令只發生在第二聖殿時期的猶太教，理由是比這更早的時期，女性享有更多的自由，而聖經也有不少這方面的例子：女人經常會到水井之處取水，在那裏她們會常遇到男人(創二十四11～21，二十九10；出二16～17；撒上九11)。路得去禾場找波阿斯，也是在半夜中進行(得三1～8)。

凱爾認為，詩歌不只是反映真實場景，而是在藝術表達上創造了一個看起來真實的場景。所以，這裏詩文的內容純屬想像。❹ 筆者贊成全文是女子的想像之說法。「床」對睡不著的人而言，是思想的地方。所以，人在床上睡不著就會胡思亂想。女子思念愛人而睡不著，更引發毫無阻攔的遐想。所謂日有所思、夜有所夢，女子說不定真的在夢中尋覓過愛人；在此更有可能的是，詩歌經常藉著意象和文學技巧去描繪感情，而詩歌也可以把思念、渴慕和幻想化為言語傳達出去。所以，三章1至5節可說是出自女子的奢想及意念，她幻想她自己出去尋找心所愛的人。❺

佳偶希望能夠與愛人在一起，甚至奢想與他有親密的接觸。佳偶同時也藉著詩歌流露她個人的焦慮、恐懼和缺乏安全感；女子害怕失去良人。女子因為早前曾經打發男子歸回(二17；另參5.2分析二章17節「轉回」一詞的意義，頁95)，如今留下她一個人，她可能感到寂寞了，衍生出患得患失的少女情懷。朗文指出，寫詩的人常常為了詩意而構想一個「世界」，目的並非要描述一個真實的境況，而是描述他想像的世界。❻ 社會倫理上對男女關係的守則會限制人的自由，但卻禁止不了雅歌的詩人所締造的虛擬空間——也就是一個滿足愛情奢想的空間，去抒發願望、焦慮、尋覓和愛意。

女子稱良人為「我心所愛的」，這種稱呼在這個詩節共出現四次（1至4節各一次）。重複出現多次「我心所愛的」，顯示這句片語是這段詩節的關鍵詞。重複的稱呼反映了女子真的是愛之深、思之切！

「我心所愛的」原文裏有「心」（*nep̄eš*）這個詞，其意思不只是指他是她所愛的，他更是她的「生命」、她的「意志」、她的「靈魂」所愛的。總而言之，女子的願望，還有她的熱情、意念、感覺、感情上的需要，甚至是肉身上的需要，全都指向良人。

女子如果之前沒有回應男子的邀請「起來」（*qûmî*；二10、13）去欣賞春景的話，這裏她卻真的「起來」（*ʾāqûmā*^{h}；三2），是為了尋找男子。所以，她接下去一連串的動作是緊湊的，而且都是以祈願式語氣來表達。

「我要起來」、我要「遊行」（「和修版」譯作「繞行」）、「我尋找他」這三個短語在原文是三個祈願式動詞（cohortative verbs），代表強烈的決意。女子是在城中、「街市」上和廣場上去尋找。在這裏，雅歌女子尋找的目的也很清楚，就是決意找到她的良人，她的動機卻是要與她心裏所愛的人在一起享受愛情。可是，她的尋覓費時費力，而且我們幾乎可以感受到她的焦慮（2～3節）。

一些聖經翻譯本在整句「我要起來，繞行城中，在『街市』上，在廣場上，尋找我心所愛的」（參「和修版」）。用上雙引號或內引號（參「呂振中譯本」、「新譯本」、NRSV, NASV），以表示這是一句引句。這些聖經翻譯本相信，女子是在述說過去所說過的話，這裏可能是她向自己重述，亦可能是她向巡邏的守衛們重述。一些學者同樣認為這是一句引句，所以在他們的翻譯也用內引號，例如朗文、格勒特、謝挺和黃朱倫。❼ 只是，如果不刻意穿插引號，「我要起來，繞行城中，在街市上，在廣場上，尋找我心所愛的」與上下文的內容和思路並無不妥，讀起來反而與她「起來—繞城—尋找」的動作與尋找的目的相當協調，與緊接下去的「我尋找他，卻尋不見」也一氣呵成。所以筆者支持依舜的看法，認為這一句加個引號並非必要。❽

文中提到的「城」（*ʿîr*；參3節），亦提到「街市」（*šəwāqîm*）和「寬闊處」

(*rəḥōḇôṯ*;「和修版」譯作「廣場」)。「街市」和「寬闊處」是複數名詞,意思是很多街道和廣場。文中說到「城」,它不會是鄉村或小地方,而是佈滿街道、設有很多廣場的城市。5節有提及「耶路撒冷」眾女子,或許這裏暗示了那座「城」是指耶路撒冷。女子有意在古代首都之城的大小街道和廣場街市去尋找她的良人。從雅歌全文涉及的自然美景所知,佳偶是一位居住郊外的鄉村女子,但她的好友們卻是城市的女子們。場景轉換在詩歌都是意料中之事,因為詩歌的場景可能跟著詩意的功能轉換,有時會顯得不合邏輯。

女子尋覓愛人的題旨

除了雅歌之外,聖經很少提到女性主動去尋覓她們心愛的人。當然古代近東的社會也不像現在普遍地自由戀愛,所以我們更少從聖經發現女性主動示愛的典範。不過這個題旨在聖經之外,例如古代近東的神話敍事,算是普遍可見。

迦南神話當中,有一個名叫亞娜(Anat)的女神,她與另一名迦南神祇巴力(Baal)相愛。巴力是雷雨之神,每年有死而復活的循環。當巴力死的時候,全地就會發生旱災;他復活之時,就是雨季的開始。有一首詩是形容巴力暫時「消失」的期間,亞娜尋找巴力的心情「像小母牛的心渴望她的小牛犢,像母羊的心渴望她的小羊,亞娜的心也這樣渴望巴力。」❾

埃及情詩亦有類似的題旨,主角是埃及女神愛西絲(Isis)。她的情人是奧西里斯(Osiris),也是古代埃及十分出眾的神祇。奧西里斯被另外一個嫉妒的神祇塞特(Seth)殺死,後來愛西絲救活奧西里斯,還懷了他的兒子荷魯斯(Horus)。在奧西里斯死去的期間,愛西絲在埃及不斷尋覓他的蹤影。有一首埃及情詩這樣寫道:

偉大愛西絲,保護她兄弟,
她毫不疲倦,為要尋找他,
她漫遊全地,為著他哀歎,
她永不停下,直到找著他!❿

根據福克斯,女主角尋覓愛人的古代埃及情歌並非很多。⓫ 不過,類似的題旨卻出現在以色列的愛情詩歌集裏,而且描述女主角尋覓愛人(而非男主角尋覓愛人),可說是歌頌愛情的一項突破。

為了尋找她的愛人，雅歌女子其實幻想自己在開展一趟冒險的旅程。這女子在夜間走在街上容易被人懷疑是妓女或從事不道德之事。所以，城中巡邏的守衛被描述成會傷害女人的人，他們還奪去女子的披肩(五7)。雅歌女子在夜間徘徊街道和廣場，整個「繞城尋人」之舉純屬隱喻。她極之想念良人，情不自禁，有此幻想。

當女子說著她「尋不見」(*lōʾ māṣāʾ*；2節)她心愛的人，突然出現「巡邏看守的人」(*haššōmrîm hassōḇəḇîm*；複數名詞)，他們「遇見」(*māṣāʾ*；原文與「尋見」同一詞根)她！當「巡邏看守的人」遇見了她，她彷彿假設了他們都知道她心所愛的是誰。可見女子的焦慮與尋覓的決心，從街上和廣場上延續到這裏。

城中巡邏的守衛完全沒有說話和行動。後來，女子亦有一次遇見「巡邏看守的人」，他們還打傷了她，奪取她的披肩(五7)。這兩次出現的「巡邏看守的人」一定有某些關聯。究竟「巡邏看守的人」是指誰？或者更具體的問，「巡邏看守的人」是指甚麼？

按照字面的現實場景，城中「巡邏看守的人」是看守城門的守望者，他們確保城中的安全。「巡邏看守的人」不只是看守，也戒備一切帶有威脅性的人和事物。他們在城中巡察，尋找肆意破壞秩序的壞人，並逮著他們。筆者認為文中含有修辭意義，女子以他們高度戒備的巡察功能，問他們是否巡察到她心所愛的人，其意思是：她走遍了城中的大小街道和廣場，只是找不到他；她惟有依靠「巡邏看守的人」的巡察功能。「巡邏看守的人」沒有回答她，可能就是一種負面的回應——巡察全城的守衛並沒有看到她的良人。她接著遇見她心所愛的，就拉住他，不放他走(4節)，也是用「巡邏看守的人」逮住人、囚禁人的言語來述說。換句話說，她如果看到她心所愛的，便會抓住他不放手，就像「巡邏看守的人」抓住人和囚禁人一樣。

女子的「遊行」(*ʾăsôḇəḇāʰ*)與「看守的人」的「巡邏」(*hassōḇəḇîm*)，原文都是同一詞根(*sḇḇ*)，意思是「轉身」、「走來走去」或「環繞」。文學技巧上，不但是女子的「遊行」與守衛的「巡邏」都用同樣一個希伯來動詞，連「尋著」也是同一個動詞(*māṣāʾ*)。女子的「遊行」是「積極」的，而「看守的人」的「巡邏」是「漫不經心」的。「看守的人」的行動卻形成一個諷刺性的對比——女子積極地尋找卻毫無成果，守衛漫不經心的巡邏卻找到女子。

格勒特從隱喻的角度剖析，認為「巡邏看守的人」是指女子持守貞操（virginity）的意志力；因為雅歌的女子被形容為「秀美如耶路撒冷」（六4），所以這些「巡邏看守的人」就是防守女子的純潔之把關。⓬ 朗文排除這個擬人化的見解，⓭ 不過筆者認為其中有些道理。在先知書的詩歌裏，「城」經常被擬人化為女子。例如：當耶和華控訴猶大國的領袖們壓迫困苦人的時候，先知以賽亞說「因為錫安的女子狂傲，行走挺項，賣弄眼目，俏步徐行，腳下玎璫」（賽三16），「錫安的女子」（*bənôṯ ṣiyyôn*）實指錫安城。之後，以賽亞又論及亞述王西拿基立的挑撥，說：「錫安的處女藐視你，嗤笑你；耶路撒冷的女子向你搖頭」（賽三十七22），其中的「錫安的處女」（*baṯ-ṣiyyôn*）和「耶路撒冷」（*baṯ yərûšālāim*）實指錫安和耶路撒冷。⓮ 而只有在雅歌，一名女子被隱喻為一座城。那麼，「城門的守衛」是確保這座城清白和不受玷污的把關者。

女子在床上想著良人，面對性慾的試探，自然會影響到她對貞潔的意志，所以這裏說「巡邏看守的人」找到了她。他們的出現，顯示他們存在而且正在執行任務，就是防守失城的意向，雖然他們在這裏沒有任何回應或行動。而在五章7節「巡邏看守的人」打了女子也傷了她，並且奪取她的披肩，格勒特認為這是高度隱喻的傳達，表示佳偶在婚後已失去貞操。

雅歌女子很焦慮，可說是為了尋覓良人，她如熱鍋上的螞蟻，走來走去尋覓。接下來的詩歌內容，是女子緊迫的連續動作，在原文都是動詞，給人一種充滿行動的感覺。女子剛「離開」（*šeʿāḇartî*）他們，就「遇見」（*šemmāṣāʾṯî*）她心所愛的；然後她「拉住他」（*ʾăḥaztîw*）、「不容他走」（*lōʾ ʾarpennû*），並且「領他」（*šehăḇêʾṯîw*）進入母親的家。女子離開「巡邏看守的人」之後，並沒有放棄尋找，返回家裏；她的執著可想而知。

在原文，「拉住」、「不容他走」之後，還有一個介詞「直到」（*ʿaḏ*），女子才「領他」進入她母親的家。「和修版」並沒有把這個介詞翻譯出來，不過大多數譯本一般都有「直到」或「等到」，整句大致上有「我拉住他，不放他走，直到我領他進入我母親的家」之意，大部分學者亦作此意。這或許與學者如何理解4節全句的一列完成式動詞，甚至是整個詩節居多的完成式動詞有關。詩歌裏隱含一定的「時間之跨越」（timelessness）。在5節，女子馬上呼籲「耶路撒冷的眾女子」，邏輯上有點突兀，「過去」和「現在」顯得含糊不清。這也陳明女子在三章1至5節的陳述有「跨越時間」之感。因此，筆者認為「和合本」沒有翻譯「直到」（ʿaḏ）是保留了這種「跨越時間」的感覺，是可行的。將「直到」翻譯出來則比較貼近原文。

因愛衍生的焦慮和非理性行動

相戀的人對親密相處有一種嚮往和渴望，但分離時也會引致強烈的不安與焦慮。熱戀中的人害怕失去對方，或擔心自己被遺棄，可能在恐慌中發出非理性的行動。但當一瞬間看見愛人之時，可能馬上顯出急流般的解脱。

埃及情詩亦有流露一種因為愛而不自主的行為，例如福克斯記錄的《漫步》（*The Stroll*）提到一名女子，其中第三十四首所述兩句：

我的心啊！別讓我顯得愚昧！為何你如此瘋狂？
坐下！冷靜！直到兄弟自己來找你。
為何我做這麼多這樣的事？
別讓其他人議論我説，
「這女人已經因愛而崩潰」。⓯

這是埃及情詩所描繪的一名癡情女子。雅歌女子也是一名癡情女子，特別是在雅歌三章1至3節，可説是見微知著。愛情所牽動的力量是驚人的。

女子的一連串動詞具有高度戲劇性，她「拉住他」、「不容他走」。這表明女子有一種決心，願意跨越社會規範的界限，為要得到良人。女子表露的，是一種對性愛的「期望」（anticipation），但不一定是當前的「享受」（enjoyment）。這裏必須強調的是，三章1至5節都是女子心中的慾望，她使用高度隱喻的比擬，去表達心中對良人的委身。意思是説，女子並沒有真正從床上醒來，跑到街上，找到良人，然後帶他回家發生性關係。雅歌三章1至5節純粹是女子的心之所思所想。

另外，杜古德的看法也有道理。他認為「進入母親的家」不一定有色情的意義，母親的家就是未婚女子居住的地方。⑯ 我們難以想像，古時候的妙齡女子會奮不顧身地把男子帶入母親家裏發生性關係。這裏提到雅歌女子「領他入我母家」。即便是在想像當中，雅歌女子「領他入我母家」的意念，反映她對這段戀情的慎重和認真，因為她希望得到母親認可的祝福。

值得注意的是，文中提到「母家」而不是「父親的家」。在雅歌，「母親」的影響力高於父親，在希伯來聖經這屬少見。而「母親」在雅歌也常常被賦予正面的價值（三11，六9，八1、2、5），甚至可說是女子的保護者和典範。聖經每次提到「母親的家」，都關聯女兒而非兒子（參創二十四28；得一8），顯示「母親的家」是女兒找到接納和安全感的地方。而且，「母親的家」似乎也與談論女兒的婚嫁息息相關的，顯示母親在女兒的婚姻上，扮演一定的角色。⑰

如前文所述，三章1至4節有特別鮮明之「尋找—愛—尋著」的主題，這與出現四次的動詞——尋找（*bāqaš*）、愛（*ʾāhāḇ*）、找到（*māṣāʾ*）有莫大的關係。女子尋找心所愛的人，一直到她尋見了他為止。這段「尋找—愛—尋著」良人的旅程：以女子孤獨的床開始，以她領良人進入母親家的內室結束。這兩個場景似乎一樣，而不同的是女子的心情是有所進展的，她從煩躁不安（restlessness）衍生至歇息（rest），從本來孤獨一人（solitude）到最後有陪伴的人（companionship）。⑱

此外，三章1至4節與前一章的求婚詩（二8～17）有幾個詞的原文詞根是一樣的：

- 在求婚詩，良人先是呼籲佳偶「起來」（*qûmî*）與他同去；在這裏婚禮之歌，佳偶真的「起來」（*ʾāqûmā*[h]）去尋找他（二10、13，三2）。
- 在求婚詩，良人求佳偶讓他「見」（*harʾînî*）她一面；在這裏，佳偶尋找他、問「巡邏看守的人」是否「看見」（*rəʾîṯem*）他（二14，三3）。
- 在求婚詩，佳偶曾經吩咐良人「轉回」（*sōḇ*）；在這裏，她「遊行」（*sāḇaḇ*）城中去尋找他（二17，三2）；兩個處境運用同樣的詞根。

- 在求婚詩，男子説「給我們擒拿狐狸」的「擒拿」（ʾeḥĕzû），與在這裏女子説「我拉住他」的「拉住」（ʾăḥaztîw），亦源自同樣詞根（二15，三4）。

這意味著，佳偶和良人的動作有一定的相互性。他們兩人的一舉一動、一言一語都有關聯。

6.1.2 女子對耶路撒冷的眾女子說話（三5）

雅歌女子再次向耶路撒冷的眾女子説話，語氣與形式跟二章7節一樣。如果，這段詩節當作敘事或按照字面解釋的話，我們就必須揣摩為何耶路撒冷的眾女子在此刻出現在良人面前，使到佳偶必須説出與事實相反的話來——才説要帶男子進入內室，突然又説不要挑動愛情，等它自發。

三章5節有關的解讀細節，可參前文二章7節的解釋。用詩歌隱喻的角度來解讀雅歌這一段詩節，就不難理解為何佳偶必須再次向耶路撒冷的眾女子説「耶路撒冷的眾女子啊，我指著羚羊或田野的母鹿囑咐你們」。女子因為對良人的渴想，她把想像場景帶到街上尋覓良人、找到良人、帶他回家、進入內室。幻想之間，她再次以「不要驚動，不要叫醒我所親愛的，等他自己情願」囑咐她的朋友們，也志在提醒自己，愛慾當前要記得自己所設的底線。

作為小結，這段詩節（三1～5）是流露佳偶對良人的嚮往，形成夜間熱切尋找他的慾望，最後卻以她對閨蜜們囑咐要持守貞潔而結束。

6.2 新婚花轎迎著來（三6～11）

雅歌三章6至11節這段詩節，學者們的詮釋基本上有兩種進路。第一是屬於比較多人相信的「歷史進路」（historical approach），認為文中描寫所羅門王一場真正的婚禮，是他坐在轎子、被抬去心愛的人家裏去迎親。第二是大多數學者採用的「詩歌進路」（poetic approach）。這進路經常以某個圖景的描述去作比喻。其實雅歌全書都充滿著詩歌的特質。詩中的場景、人物等等的意象結合一起，極度激發讀者的想像力。這亦是筆者的立場。

若問三章6至11節誰在説話，可能性有二，一是雅歌女主角，二是為雅歌女子的愛情助興的人，例如耶路撒冷的眾女子（若是她們，經文只可以發展至 10 節）。筆者認為，三章 6 至 11 節整個詩節都是雅歌女子的聲音，尤其在 11 節，明顯是雅歌女子說話，因為在雅歌全書，她一直與耶路撒冷的眾女子有互動（一 5，二 7，三 5，五 8、16，八 4），即便在三章 11 節她是惟一的一次稱呼她們為「錫安的眾女子」。

女子把對良人思念的獨白，化為迎親隊伍的描述。婚禮之歌（三 1～四 15）在這個詩節聚焦於新婚的花轎（三 6～11），尤其是 7 至 10 節。我們可以說，這是婚禮上最受人矚目的時刻。良人和佳偶，也就是新郎和新婦，來到眾人面前了。這段詩節的場景，很像亞洲人所熟悉之古代民間迎娶新娘的儀式——佳偶坐著轎子被抬到良人面前，而良人「所羅門」也打扮好，戴上頭飾，在結婚之屋（the wedding house）外面等她抵達。

雅歌女子描繪自己妝扮好、薰了香（6 節），看見迎親的花轎（7～10 節）和整裝的良人（11 節）。這部分經文可分為三大段落作分析。

分段大綱（三 6～11）

一、女子妝扮自己（三 6）
二、女子看見迎親的花轎（三 7～11）

6.2.1 女子妝扮自己（三 6）

「那……是誰呢？」（*mî zōʾṯ*）這樣的句式在希伯來聖經只出現三次，都在雅歌（三 6，六 10，八 5）。「那」（*zōʾṯ*）是陰性單數指涉代名詞，故可以是陰性物件的「它」或陰性人物的「她」。「誰？」（*mî*）很可能是指向一個人物。有學者根據 6 節後及接著的經文的焦點是在花轎，認為這裏的提問其實是花轎，所以應譯為「那……是甚麼？」（What?）。根據這個說法，詩文關注的那個「那從曠野上來、形狀如煙柱」的，就是指花轎了。⑲

學者將「誰」理解為「花轎」（*miṭṭāṯô*），因為這名詞確實是一個陰性名詞。但是，即使「誰」是指花轎，裏面坐著的新娘子才是眾人焦點之所在。這不只是在語法上說得通，在真實結婚的場景也說得通，因為「看新娘」是從古至今婚禮上的焦點。由於雅歌最後兩次出現的「那……是誰」（六10，八5）都是指雅歌的女子，這意味著在三章6節理當是指佳偶，除非有很合理的例外。而且，既然「甚麼」的人稱代名詞是*mā*^{h}，而作者用了*mî*，反映了作者都是用來指涉人才對。這段詩節的上下文都是有關雅歌女子的記載，因此「他……是誰呢？」很明顯是指定雅歌女子。這詩節在描述雅歌女子整裝待嫁，可能連自己都不敢相信眼前的新娘就是她自己。換句話說，她或許看著打扮好了的自己，自問：「這位搽了香膏、全身芳香的新娘子，是誰呢？」披上嫁衣的女子，都會明白這種心情，她們芳心暗歎：「居然是我！」、「多麼好看！」、「我終於要結婚了！」

文中有「曠野」和「**煙柱**」，令讀者很快關聯以色列人漂流曠野時，有雲柱指引的神顯經歷。不過，值得注意的是，這裏是「煙柱」（*ṯîmărôṯ ʿāšān*）而非「雲柱」（*ʿammûḏ heʿānān*；出十三 22）。此「柱」（*ṯîmărôṯ*）非彼「柱」（*ʿammûḏ*），指的是一場婚禮而非神顯經歷。雅歌的「煙柱」可能是指沙漠的駱駝隊伍所發出的人煙迹象。一場婚禮上有煙柱，應該是燃燒香料時所見之情景，為即將發生的婚禮鋪張而成。以色列從古至今都燃燒香料以促進氣氛，在婚禮上有這個儀式來助興，亦是可以理解的。

雅歌出現的「柱」（ṯîmărôṯ）是複數名詞，很可能源自ṯîmărā^{h}*，與棕櫚樹（palms）有關，可能指煙向上升的形狀像棕櫚樹，故作「煙柱」。*

至於「曠野」（*miḏbār*），在希伯來聖經普遍指的「曠野」這詞，是一大片無人居住、用來放牧羊羣的土地。如果雅歌的「曠野」是指一個真實的地方，它可能是黎巴嫩未開發的地區，或是猶大曠野。[20] 在實景上，三章6節是從曠野（wilderness）到園子（garden）的過渡階段，讓佳偶和良人得以圓房（consummation of marriage）。在神學上，曠野對以色列人經歷上帝是至關重要的，因為曠野漂流過後，以色列人就進入應許之地。因此在心理上，「曠野」形容以色列人漂泊不定，還未安居。筆者認為在雅歌這裏，「曠野」形容佳偶未婚前芳心漂泊，至今還未安定。此刻女子即將出嫁，她形容自己「從曠野上來」，現在終於要安定下來了。

這裏提及「沒藥」，它是一種從多刺植物所提取的樹脂或樹膠，可製成軟膏搽在身上。「乳香」是來自乳香樹的一種硬化的膠狀物質，燃燒後會發出薰香的煙。沒藥和乳香是貴重的東西，用來作禮物，可表達尊貴和看重。東方的三博士獻給嬰孩耶穌的禮物，就有沒藥、乳香和黃金，而黃金也在雅歌三章10節提到。可見，這段詩節所提及的是顯露婚禮的隆重和華麗。「沒藥」和「乳香」都會發出香味，這裏還提及「商人各樣香粉」，意思是需要從外地購買才有的香精之物。似乎，本地的香草和香精都已窮盡，這場婚禮還要進口香粉，為的是要發出更多香氣。

6.2.2 女子看見迎親的花轎（三 7～11）

這段詩節把焦點從轎子轉移至男子。「轎」（*miṭṭāh*）原文應該是指「床」或者「長椅」，這裏的場面不太可能是指用來睡覺的床。10節有提到「坐墊」，所以這裏應該是一個讓人坐著、被抬起來走的轎子 。

這段詩節特別的地方，就是三次提到「所羅門」（7、9、11節）。此外，7節提及的「以色列」是雅歌惟一提到以色列的一次。這裏的以色列就是指統一王國時期的以色列國。所羅門過後以色列王國分裂，「以色列」的名稱才一般指涉脫離大衞王朝的北國。在雅歌的語境，大多數學者認為「所羅門」乃是一個文學建構。若當作一個隱喻（metaphor）就是指向婚禮上的「王」，也就是指新郎（以王比喻新郎，可參3.1.2對「王」的探討，頁43），因此不是那位歷史上赫赫有名的所羅門王。再者，雅歌很可能本來是為所羅門王的婚禮而作，後來受人延用於民間的婚禮上，作為一種仿效所羅門的典故。所羅門娶過七百位公主和三百位妃嬪（王上十一4），肯定舉辦過無數次皇室婚禮。所以，作為「出類拔萃的情人兼帝王」（lover-king par excellence），[21] 非所羅門莫屬。

這裏提到的「所羅門」，是一位以色列無人不知的名人。不過，雅歌並非真實描寫歷史上的所羅門的愛情，也並非描繪所羅門王的一場婚禮，而是反映古代婚禮的男女主角之特殊身分。雅歌的「王」反映婚禮上的男主角，因為婚禮上的男女主角，在出席的賓客看來有王者和王后的地位，他們的結婚也著重排場和掛飾。這裏襯托所羅門作為王者的身分，還有隨行「六十個勇士」所展現的地位和排場，象徵著這場婚禮是超凡、華麗、有氣派的。

「六十」的數字，也在雅歌六章8節再次出現。撒母耳記下有提過大衛王有三十個勇士(撒下二十三23)，在參孫的婚禮場景，也提及三十個陪伴他的人(士十四11)。所羅門「六十」個勇士與大衛的三十個勇士相比多了一倍。可能「六十」純粹是一種「多得很」的表達，因此「六十個勇士」可能與「六十王后」一樣，是雅歌作者用來代表「眾多」的意思。

除了勇士的數目驚人之外，他們軍事技能的程度也相當誇張。他們「手都持刀」、「善於爭戰」和「腰間佩刀」。這些描述傳達著這六十個勇士在戰場上是訓練有素，並且隨時備戰的軍人。軍事力量在婚禮的場景出現，而且還是防備夜間恐怖的攻擊。按照格勒特的詮釋，這些軍隊也是隱喻，形容迎親的男性親朋戚友就好像「巡邏看守的人」(3節)。這裏的「勇士」的功能是護送佳偶出嫁，讓她完好無缺的去到良人那邊。格勒特的理由是，「夜間」通常會發生見不得光的壞事，例如被人伏擊和施暴；以免佳偶在半途遇上強盜而失去了貞潔，故此這些勇士在場可以護送佳偶。

值得一提的是，「手都持刀」的「持」(*ʾăḥūzê*)，其實與二章15節的「擒拿」(*ʾeḥĕzû*)與三章4節的「拉住」(*ʾăḥaztîw*)的動詞詞根相同，基本意義是「抓住」(*ʾḥz*)。可見，同樣一個詞，在不同的場景可以有不同的意義，這些動作又彼此有關聯，而且都與雅歌的男女有關。勇士們「手都持刀」是看得見的，他們的軍事訓練主要也是用在戰場上；至於「腰間佩刀」原文直譯是「他的刀在他的大腿上」，這是戰士的第二把刀，也可以說是暗器。勇士做足預備，隨時迎戰，防備侵襲。

這樣大費周章來保護婚禮的轎子或許與「夜間恐怖的攻擊」有關。這裏可能反映一個古老的猶太傳説，例如在典外文獻中的「多比傳」有記載，一名女子撒拉(Sarah)的身上有邪靈阿斯摩代烏斯(Asmodeus)附身。這個邪靈因為嫉妒撒拉的美麗，結果在她與七個不同男子的新婚之夜，都將他們一一殺害。(「多比傳」3.7～8)㉒ 不過，傳説終歸傳説。如果真的入侵者是幽靈，血肉之軀的勇士們即使訓練有素和善於戰爭，也可能無濟於事。所以這些勇士和他們的應戰技能，基本上是象徵君王的保鏢行列。

轎子四周被眾多的勇士護送，和「驚慌」有關。很多壞事經常發生在晚上，而且黑暗也經常令人產生害怕。「驚慌」(*paḥaḏ*)其實就是「懼怕」，指情感上不安的狀態。故此，眾多訓練有素的勇士在轎子四圍守衛，是為了保護新娘子免受夜間的禍害，也讓她有安全感，不感到懼怕。女子需要這樣的保護，才能夠從焦慮與不安當中釋放出來。

愛情詩一般上只精細地描述佳偶或良人。到 9 至 10 節，焦點卻是在轎子上，這是雅歌裏少有的寫作風格。有學者認為 7 節的「轎」(*miṭṭā*^{h})和 9 節的「華轎」(*ʾappiryôn*)都是所羅門皇宮之中特別富麗堂皇的「床」。此外，黃朱倫亦認為「轎」與「華轎」這兩者皆是「床」，不過，7 節的「轎」是「輕便的床」，而 9 節的「華轎」則是「有遮掩的床」。㉓「轎」和「華轎」原文是兩個不同的詞，詞根也不相同；「華轎」在希伯來聖經只出現一次(即雅歌三章 9 節)，「七十士譯本」將「華轎」譯為一輛可供抬起走動的「轎子」(*phoreion*；sedan chair)。這裏出現的「華轎」比 7 節的「轎」更加講究、更加有氣派。

筆者認為「轎」與「華轎」可能都指相同的東西，都是用來迎娶的轎子，正如「和修版」將兩個詞都譯為「轎」一般。按照 9 節所見，這轎子是用黎巴嫩的香柏木所造成；古代黎巴嫩一向以出產香柏樹為著名。黎巴嫩的香柏木不但木質上等，還帶有芳香之氣，是上上之選的木質材料。9 至 10 節刻意描寫「轎」造成的質料——「銀」、「金」和「紫色」都是名貴的質料，再加上婚禮的排場，為了襯托婚禮之富麗堂皇，同時也為了高舉愛情。

「轎柱」(*ʿammûḏāyw*；10 節)是複數名詞，可直譯「它的柱子們」，是指支撐轎子的四個支柱，就如古代中國抬轎的轎子四邊。「轎底」(*rəp̄îḏāṯô*)原文意思是「支撐」。在希伯來聖經，它只出現一次，是一個「一次頻詞」的詞彙，可指「轎子的底部」或「轎子的靠背」，它是用金製成的。不過也有學者認為它是「柱子的外層」，意指金質的外層支撐木質的柱子。轎子的「坐墊」(*merkāḇô*)直譯是它的「座位」或「坐騎」。鮑勃譯為「軟墊」(cushion)，並指出其他兩處出現這詞(*merkāḇ*)的情形都是指可被玷污的質料，例如「鞍子」(利十五 9)以及「套車」的坐騎(王上四 26〔希伯來聖經〕五 6)。㉔「坐墊是紫色的」，那「紫色」顯示尊貴地位；因為紫色的布匹是從骨螺貝類(murex shellfish)提煉的一種色素，是古代鮮有的。㉕最後，「其中」(*tôḵô*)直譯是「它的中間」，意思是指座位的中間或內部。

在這裏，因為有幾個只出現一次的字詞，加起來究竟是指轎子的哪一部分，其實難以確定，學者們的解讀也不盡相同。不過，我們可以確定轎子的材料都是貴重且華美的，因為提到金、銀和紫色料子。謝挺指出，金、銀、紫象徵王室，也是建造會幕的材料和顏色(出二十六1、31、36)，而轎子的金和銀，是建造聖殿時所用的材料(王上六20～22、28、30、32、35)。㉖這也使到這段詩節在高舉富裕、奢侈和華麗之外，增添了一份神聖的意義。

轎子座位的內部，是被耶路撒冷的眾女子的愛情「所鋪」(*rāṣûp̄*)。這詞的原文是一個「一次頻詞」，意思是「編成」、「鑲嵌」。有學者把「愛情」(*ʾahăḇāʰ*)這詞修改為「珍貴的石頭」(*ʾăḇānîm*)、或「烏木」(*hobnîm*)，又或借用阿拉伯文的「皮革」(*ʾihāḇ*)為意，好讓詩文延續著金、銀、紫色等等材料的思路來製造花轎。㉗不過，這意味著他們修改原文的目的，只為貼近讀者的想法。筆者覺得沒有這個必要。其實，以「愛情」作為「材料」，與之前的金、銀、紫色比較，會襯托詩節的詩情畫意！雅歌根本就是一卷詩情畫意的愛情詩歌集，所以，在一部愛情詩歌集出現「愛情」的字詞，是自然且直接的。轎子內部的鋪設，就是愛情場景的佈置。這令人感覺到愛情之意飄逸在四周，就如英文表達"Love is in the air"。格勒特直接翻譯為："this is love!"㉘愛情，能使一場婚禮意義昇華。

佳偶接著卻說，這種愛意飄揚的氛圍，是從「耶路撒冷眾女子的愛情」而來，這說法與一章3、4節是有關聯的。佳偶說過她們「愛」他(一3)，而且她們的愛是「理所當然」的(一4)。這意味著佳偶與良人的愛情有耶路撒冷的眾女子的祝福。她們是佳偶的閨蜜好友，她們愛佳偶，因而也喜愛佳偶的愛人。所以這裏說，轎子的內部(也就是轎子裏面的所有空間)是由耶路撒冷眾女子的愛所編成。良人能夠與佳偶成婚，也是因為良人與佳偶之間的愛有她們的祝福。

有關「耶路撒冷的眾女子」(一5，二7，三5，五8、16，八4)，筆者在此再作補充(另參上列經文的分析)。有學者提出非常獨到的看法,認為她們是雅歌書卷裏面第三個主要的人物——是雅歌女子與之對話的對象,也是與經文互動的「人物」。㉙ 從文學分析角度看,她們在敍事中反映著讀者(或觀眾)的形象(reflective figure),藉著她們與雅歌女子的互動,作者將讀者從旁觀者變成參與者。而這些耶路撒冷的眾女子,很大可能反映了當時社會中正在學習愛情的年輕女性。所以,「耶路撒冷的眾女子」不是雅歌男女愛情的裝飾品,也不是擬人化的耶路撒冷城,亦絕不是所羅門後宮的妃嬪。她們的角色比這些更加重要,她們的存在對詮釋雅歌是至關鍵的。讀者能夠與雅歌女子產生互動,雅歌女子的每一句問號,也因此成為對讀者的一項邀請——她牽引我們以她的視覺去體驗愛情。

在「馬所拉本」,「耶路撒冷的眾女子」的「女子」附以一個介詞前綴「從」(*min*),整句可以譯為「從耶路撒冷來的眾女子」(*mibbənôṯ yərûšālāim*)。若照原文,可直譯作「其中所編成的是從耶路撒冷女子的愛情」。

「錫安的眾女子」(*bənôṯ ṣiyyôn*)在雅歌裏相當獨特,因為在其他地方出現的七次,都是「耶路撒冷的眾女子」(*bənôṯ yərûšālāim*;一5,二7,三5、10,五8、16,八4)而不是「錫安的眾女子」。「錫安的眾女子」原文與「耶路撒冷的眾女子」同是複數名詞。作為複數的「錫安的眾女子」,除了雅歌,亦見於先知書(賽三16~17,四4;哀四2)。鮑勃指出,單數「錫安的女子」可指擬人化的耶路撒冷城,但複數「錫安的眾女子」則指居住在耶路撒冷城內的眾女性。㉚ 在這段詩節中,「錫安的眾女子」可理解為「耶路撒冷的眾女子」的交替名稱,因為錫安就是耶路撒冷。

「所羅門」的名字在這段詩節裏共出現三次(7、9、11節),而「所羅門王」(11節)是帝王威嚴的象徵;在雅歌,他是在婚禮上受人矚目的男主角。平凡的男女可以藉著婚禮那一天躍升成為皇室的地位。在這一天,良人的身分是王者,所有的客人、在場工作的、一切慶祝程序都與「所羅門」有關。他是王,戴「冠冕」是理所當然的,但在婚禮中,新郎戴「冠冕」,所指的是婚禮上男主角頭上所戴的花環,而非君王的王冠。古代婚禮的新郎與新娘的頭上,一般都有頭飾,猶太人的民間習俗亦有此傳統。筆者比較熟悉的古代中國新娘子,她頭上帶有珠寶鳳冠，而新郎也戴上帽子，甚至綁上紅布。看來在古代世界，當婚禮男女主角盛裝出現時，是新娘子坐花轎被抬到新郎的家門。在雅歌這個詩節，我們似乎也看到這樣的場景。

「錫安的眾女子」與「耶路撒冷的眾女子」

「錫安的眾女子」在原文與「耶路撒冷的眾女子」（*bənôṯ yərûšālāim*）同樣是複數。因為耶路撒冷又名錫安，「錫安的眾女子」與「耶路撒冷的眾女子」都是指向住在耶路撒冷城的居民。不過，如果是單數的「錫安的女子」（*baṯ ṣiyyôn*；參賽三十七22；耶四31；哀二1、4、6、8、10、13、18），以及單數的「耶路撒冷的女子」（*baṯ yərûšālāim*；王下十九21；哀二15），兩者則指被擬人化的聖城耶路撒冷。

我們經常看見單數名詞「錫安的女子」與單數名詞「耶路撒冷的女子」交替出現，形成詩句的平行體。「錫安的女子」與「耶路撒冷的女子」交替使用的情形，大多出現於先知書卷（參賽三十七22；哀二13；彌四8；番三14；亞九9）。由於擬人化的表達，大多數譯本把「錫安的女子」和「耶路撒冷的女子」解讀為「錫安女兒」（daughter Zion）與「耶路撒冷女兒」（daughter Jerusalem）。兩者之中，惟有「錫安的女子」或「錫安女兒」被形容為是「處女」，也就是「處女錫安女兒」（賽三十七22；哀二13）。

「處女」（*bəṯûlā^h^*）在「和修版」譯為「少女」，所以錫安城就是「少女錫安」。其實，原文可直譯作「處女錫安女兒」（*bəṯûlaṯ baṯ-ṣiyyôn*；賽三十七22；哀二13）。只是，「處女」這名詞並非專屬錫安，以色列也被稱為「處女以色列」（耶十八13，三十一4、21）。猶大亦然，是「處女猶大女兒」（哀一15）。甚至，先知們也把這個名詞附加在外邦國——「處女西頓女兒」（賽二十三12）、「處女巴比倫女兒」（賽四十七1），以及「處女埃及女兒」（耶四十六11）。

而在雅歌三章10至11節，只是「錫安的眾女子」與「耶路撒冷的眾女子」同時出現，故此便引發不少聖經譯本和聖經學者視兩者為平行，結果原文整句「從耶路撒冷女子」（*mibbənôṯ yərûšālāim*）的介詞「從」（*min*），必須作一番解釋。

這裏必須注明的是，雅歌三章11節的「錫安的眾女子」就是10節的「耶路撒冷的眾女子」，這兩詞交替使用，而為了達到詩歌果效，錫安和耶路撒冷同樣也經常交替使用。這是大部分解經者對文中「錫安的眾女子」的看法。

11 節亦提到「母親」在婚禮當中出現，她代表著家人在場出席。古往今來，婚禮本來就不只是兩個人的事，而是兩個家庭的事。家人在場參與新郎迎娶新娘子的大日子，意味著他們同享喜悅和興奮，也表示他們對這段婚姻的認同。令人詫異的是，雅歌的婚禮沒有提到父親，而只有一直提及母親，無論她是雅歌女子的母親（一 6，三 4，六 9，八 1、2）還是良人的母親（三 11，八 5）。筆者在前一段詩節，特別是三章 4 節，已解說過「母親的家」在婚嫁之事的地位和意義（參 6.1.1 的討論，頁 101 ～ 104）。新郎的母親為新郎戴上冠冕，就是母親認同他們的婚姻，也祝福他們兩人的愛情。朗文指出，一位母后在兒子的加冕典禮或王室婚禮為兒子戴上冠冕，應該是一種詩歌的意境，而非一個實際的習俗。[31]

雖然雅歌女子呼籲人出去看「所羅門」，詩文的焦點卻是在他的冠冕、他心中的喜樂，以及他的母親。這個詩節的焦點是陣容和排場。從這段詩節的內容看來，結婚是極其榮耀的事件，因為婚禮是一對男女在慶祝愛情（celebration of love）。詩中三次提及所羅門（7、9、11 節），刻畫出婚禮的男主角備受矚目、超越眾人的地位和氣勢。良人在婚禮中處於焦點當中，他獨自受注目是明顯的。在婚禮中，新郎扮演著「所羅門」，擁有光輝的時刻。不過，新郎在這一天有「心中喜樂」，卻不是因為他自己頭上的榮耀，而是因為佳偶的美麗（四 1 ～ 7）。

11 節「心中喜樂」的處境表達一種難以掩蓋的興奮之感。「喜樂」（*śimḥāʰ*）只在雅歌出現，且只有一次，在舊約書卷其他地方卻出現九十五次。赫斯指出一個非常重要的觀察，他認為把雅歌提升到達致心中喜樂的境界，源頭並非雅歌中的性愛，或兩人彼此的欣賞和稱讚，又或兩人身體之美，而是他們倆對婚姻的委身（commitment of marriage）。兩情相悅的婚禮，會把兩個人一生的幸福結合在一起。

筆者再次嘗試作個小結。大多數學者採用的「詩歌進路」來解讀雅歌三章 6 至 11 節。文中有「曠野」、「煙柱」、「勇士」、「所羅門」、「冠冕」等等的隱喻，也有含糊的、議論紛紜的「是誰呢？」（6 節），以及對「愛情」（10 節）的多方解說，使詩歌的特質發揮得淋漓盡緻。在這段詩節，當所有意象結合一起，便能激發豐富的想像力。故大多數學者採取的詮釋方向，不是歷史進路，亦不特別刻意解說一些場景的真實性，例如：在哪一處曠野？主角是否所羅門王。反而，所著重的是雅歌的詩意描述（poetic description），用佳偶對她的婚禮的詩意想像（poetic imagination），並所羅門的生活與富裕地位的背景，來歌頌愛情和婚姻。㉜ 這個進路，亦是筆者的詮釋立場。

雅歌的婚禮與詩篇四十五篇

在希伯來聖經當中與雅歌的「婚禮之歌」（marriage poem）主題相近的，非詩篇四十五篇莫屬了，尤其是雅歌三章 6 至 11 節這一段詩。詩篇四十五篇是詩篇彙集裏惟一的「婚禮之歌」，文中描寫一位君王的愛情和婚禮，有錦繡豪華的非凡氣派。在學者的解說之下，這首詩篇也經常被關聯至所羅門王。

固然詩篇四十五篇不等同於雅歌的愛情詩，但仍與雅歌三章 6 至 11 節有相若的地方。首先，詩篇四十五篇的題注是「愛慕歌」（*šîr yəḏîḏōṯ*），有「愛情」的字詞，意思是「一首情歌」（A love song）。這個「愛」（*yāḏîḏ*）的題注，與雅歌多處出現的「愛」（*dôḏ*）相同（參歌一 2，四 10，五 1）。NIV 的題注甚至注明是 “A wedding song”。

第二，詩篇四十五篇有婚禮的描繪與富裕奢華的場景，其中有提及沒藥、沉香、肉桂的香氣（詩四十五 8），與雅歌的多種香氣相同（歌三 6，四 14）。此外，詩篇四十五篇也提及昂貴和豪華擺設，包括象牙宮、俄斐金飾（8～9 節）、金線所製成的錦繡衣裳（13～14 節），有如雅歌的轎子以及製作轎子的材料（歌三 9～10）。

第三，詩篇四十五篇有「君王」人物出現。這與雅歌三章吻合之處包括「王」的字詞（詩四十五 1、5、9、11、13、14、15），就如雅歌的「王」（歌三 9、11）以及「所羅門」（歌三 7、9、11）。詩篇四十五篇有「寶座」和「權杖」（6 節），而雅歌提到「冠冕」（歌三 11）。詩篇四十五篇和雅歌亦描繪王室的架勢和場面，例如：有「勇士」在「腰間佩刀」（詩四十五 3；歌三 7～8）、陪伴的童女們（詩四十五 14～15；歌三 10～11），以及女子被帶到王的面前的情形（詩四十五 14～15；歌三 6～11）。

當然，詩篇四十五篇有關乎上帝的賜福以及敬拜上帝之寫照（詩四十五 2、6、7），在雅歌並沒有出現。不過從以上這些吻合之處所見，描繪君王婚禮之愛情詩歌，並非只屬王室專用。即使原本源自於皇宮，這些「王室之詩」可能成為一種婚禮場合的典故，引發民間繼續廣泛沿用。

6.3 良人湧溢的讚賞（四 1～15）

這段詩節是「婚禮之歌」的第三部分。「婚禮之歌」的三個部分是有進階式發展。從新婚前夕佳偶內心的焦慮及忐忑，進階到新婚之日有迎親的花轎和婚禮的氣氛，最後新婚之夜良人頌讚佳偶身體之美態為結束。凱爾認為，這裏是男子迎接新娘到他面前的歡迎詞（welcoming greeting）。㉝ 男子在雅歌說話比較少，但他在這裏卻流露很冗長的一段對佳偶的讚賞。他讚賞的內容來自他的視覺。他一直描繪他看到佳偶的臉部、頭部、身體，而且經常重複「美麗」的驚歎。男子也稱讚女子的愛情比酒更美（10 節），甚至有兩次說女子奪了他的心（9 節）！

在這裏，我們開始接觸稱為「瓦施芙」的獨特詩歌（參專欄「瓦施芙」的討論，頁 131）。按照施瓦布（G. Schwab）的主張，雅歌有四首「瓦施芙」（四 1～7，五 10～16，六 4～7，七 1～10），其中只有一首詩描述男性（五 10～16）。㉞ 這四段詩節顯著的共同點，就是把焦點集中記載身體的部分，這些身體的部分被美化和詩意化。

「瓦施芙」的詩歌形式之所以受學術界認可，與弗朗茨・德利茨在 1860 年的學術發表有關係，他以納瓦人（*Nawâ*）的結婚儀式上描述新娘的內容為例，提出它與聖經引人注目的相似之處。㉟ 十九世紀中葉開始，聖經內有類似形式的詩歌亦被列為「瓦施芙」，其中有以西結書十六章 10 至 13 節。上文提及雅歌之內有四段內容相若於「瓦施芙」的特質，學者們普遍也以此命名或標籤這些經文。赫斯甚至認為，「瓦施芙」是性親密之前的前奏，因為主角觀察入微，坦誠流露傾慕，而且引起澎湃的激情。㊱

筆者認為四章 1 至 15 節整段是一首「瓦施芙」，並可分為兩小部分。第一部分以「我的佳偶，你甚美麗！」（1 節）、「我的佳偶，你全然美麗！」（7 節）前後呼應（1～7 節）；第二部分是重複「我的新婦」（8 節）或「我妹子」（9 節）的段落（8～15 節）。四章 1 至 15 節明顯有「瓦施芙」的形式，特別是四章 1 至 7 節，因為詩文豐富地描述佳偶的眼睛、頭髮、雙唇、嘴、鬢角、頸項、兩乳等等的身體部分。四章 8 至 15 節固然亦指明佳偶的明眸、頸項（9 節）、唇和舌（11 節）的部分，不過這一段的重點更是一直重複的描述佳偶為他的「妹子」和「新娘」。

分段大綱（四1～15）

一、我的佳偶，你甚美麗！（四1～7）
  1.「眼在帕子內好像鴿子眼」（四1上）
  2.「頭髮如同山羊羣臥在基列山旁」（四1下）
  3.「牙齒如新剪毛的一羣母羊」（四2）
  4.「唇好像一條朱紅線」（四3上）
  5.「兩太陽……如同一塊石榴」（四3下）
  6.「頸項好像大衛……的高臺」（四4）
  7.「兩乳好像……一對小鹿」（四5～6）
  8. 良人的總結（四7）
二、我的新婦，我妹子（四8～15）
  1. 離開山地（四8）
  2. 在園子裏（四9～15）

6.3.1 我的佳偶，你甚美麗！（四1～7）

依舜指出，雅歌男女有不同的「愛情語言」（Love-Talk）。㊲ 即使他們之間的愛是相互的，他們表達愛慕的言語也是親切的，可是男和女欣賞對方的焦點卻不同。在這段詩節，男子藉著注目佳偶的外形而感到無限的歡愉，他毫不隱晦地表達出來，讓佳偶也知道。筆者以依舜的論點，簡單概括和補充列於下。

雅歌女子的「愛情語言」	雅歌男子的「愛情語言」
女子表達她對男子的感覺	男子表達他對女子的視覺
女子描述他們之間是如何互動	男子表達他為所看到的而心動
著重聽覺，例如她說：「聽啊！是我良人的聲音。」（二8）	著重視覺。例如他說：「你甚美麗！你甚美麗！」（四1）
著重觸覺感官給她帶來的親密（intimacy）	著重視覺感官給他帶來的歡悅（pleasure）
她召喚他在「天起涼風、日影飛去的時候……轉回……比特山上。」（二17）	他要在「天起涼風、日影飛去的時候回來。」（四6）
她期盼帶他進入屋內（二4）	他要帶她走出去（四8）

總言之，從四章1至15節的內容看來，雅歌男子因為看見佳偶而驚歎（awestruck）；而雅歌女子是因為想念良人而戀慕（lovesick）。

四章1至7節的焦點都在雅歌女子的美麗，男子看到她的美麗一直讚賞不已。四章1節開首句「我的佳偶，你甚美麗！你甚美麗！」與一章15節如出一轍，直譯是「看哪，妳！真美麗！我的佳偶，看哪，妳！真美麗！」讀者馬上感染到良人的驚歎與興奮。在四章1節，良人兩次説「看哪，妳」（*hinnāḵ*），也兩次説「美麗！」（*yāpāʰ*）。美麗動人的讚賞反映視覺上帶來的快感。而他最先讚賞的也是她的眼睛！如此，1節很有可能是在描繪兩人彼此對望的情況。回顧二章8節，雅歌女子以「聽到」良人的聲音為先，才説「看到」良人穿山越嶺而來。在這段詩節的開首，良人都是兩次「看到」佳偶。雅歌男子的讚賞，比較於雅歌女子的確是看重視覺的。

由1節開始，我們還看到很多明喻，就是有「如」以及「像」作比喻的字詞，故此具備了一首「瓦施芙」或描述詩的特徵，尤其是1節下至5節提到「頭髮如同山羊羣臥在基列山旁」（1節下）、「牙齒如新剪毛的一羣母羊」（2節）、「唇好像一條朱紅線」（3節上）、「兩太陽⋯⋯如同一塊石榴」（3節下）、「頸項好像大衛⋯⋯的高臺」（4節），還有「兩乳好像⋯⋯一對小鹿」（5節）。筆者會一一作解釋。

6.3.1.1「眼在帕子內好像鴿子眼」（四1上）

良人在四章1節「我的佳偶，你甚美麗！你甚美麗！你的眼在帕子內好像鴿子眼」讚賞佳偶長得美麗（參一15）。他再次把佳偶的美麗比喻作「鴿子」。不過1節「鴿子」的原文並沒有一個「像」的詞，而是「妳的眼睛⋯⋯是鴿子。」，所以「鴿子」是一個隱喻（metaphor）而不是明喻。

> *「辛馬庫譯本」是一份希臘文希伯來聖經譯本，於公元二世紀末或三世紀初譯成。*

「帕子」（*ṣammāʰ*；詞根是 *ṣmm*，解作「面紗」）在亞蘭文是有「蒙上面紗」之意。在「**辛馬庫譯本**」（*Symmachus Version*）譯作希臘文時，意思是「面紗」（*kalumma*）。「帕子」也在3節出現，那是形容女子的鬢角，也是處在面紗後面的一個位置（另參六7）。所以，1節的「帕子」很可能是指「面紗」。這「面紗」原文附以一個介詞「後面」或「裏面」（*lə*），故「……內」是有「從後面」之意。眼睛的位置在面紗後面，因為透明且稍微顯露的面紗是蓋著佳偶的整個臉孔。整句的直譯，可作「妳的雙眼從妳的面紗後面看來，是鴿子」（*mibbaʿaḏ ləṣammāṯēḵ*）。

良人也曾說過佳偶是他的「鴿子」，是在磐石穴中、在陡巖的隱密處的鴿子（二14）。作者兩次提到鴿子，都有隱祕、距離的感覺。這裏隔著一層面紗看女子的臉龐，看得見卻看不清，這樣顯得格外誘人。兩眼在面紗後的閃爍和凝視，給人一種神祕感及美感。現在的面紗，使良人與佳偶之間依然存有某種隔離感，但卻增加了男子想看得更清楚的慾望。面紗「隔開」（separate）也「隱藏」（conceal），是雅歌男女最微弱的分隔線。[38] 這微弱的分隔線和神祕感，在這洞房之夜將一一在男子眼前除去。

雅歌女子是新娘，因此她戴著面紗。亞甲語的「新娘」（*kallātu*）與希伯來語「新娘」（*kallāʰ*；四11、12，五1）在語源上與「披上面紗」（*kullutu*）是有關聯的。披上面紗是在古代近東訂婚和結婚禮儀的習俗。[39] 這裏的場景是一場婚禮，所以雅歌女子披上面紗。此外，古代以色列的女子，有時因為謹慎或遮羞而披上面紗。在雅歌以外，僅有一次出現同樣「面紗」（*ṣammāʰ*；即「帕子」）之舊約經文是以賽亞書，說到處女巴比倫女子：「要用磨磨麵，揭去帕子，脫去長衣，露腿過河。」（賽四十七2）它的上一節說迦勒底女子不能再柔弱嬌嫩，而下一節說她的下體被露出、羞辱地被看見。可見「揭去面紗」的意思與「露出羞恥」有關。因此，「戴上面紗」讓一名女子顯得保守和得體。另一個亦叫作「面紗」（*ṣāʿîp̄*）的詞，也於創世記出現兩次，都用在女子身上：利百加遠遠看見以撒，就拿面紗蓋住自己（創二十四65）；她瑪也曾用面紗蒙住自己，等她的公公猶大出現（三十八14、19）。可見，這兩個在原文不同，而在中文是「面紗」的詞，都是古代女子審慎的穿著衣裝規範。

6.3.1.2「頭髮如同山羊羣臥在基列山旁」（四1下）

佳偶的頭髮不只「如同山羊羣」，而是「頭髮如同山羊羣臥在基列山旁」。良人要描繪的意境，是那種走下山坡的動態。「基列」這個地名位於約旦河東之處（書十二 1～3），普遍出現於希伯來聖經，例如多次出現於民數記三十二章和申命記三章。「基列山」亦在希伯來聖經常時出現（參創三十一 21、23、25；申三 12；士七 3），它可能不只是一座山，也是一片山地。根據民數記三十二章 1 節和 26 節記述，基列的山區是一片可牧放牲畜的肥美之地。雅歌用基列的牧場和山區的華美，來形容佳偶的秀髮。有優良環境作牧場，我們可以假設基列的山羊是肥美且健康的。山羊的顏色一般是黑色或深褐色，用來描繪女子一頭秀髮。而「下來」（*gālaš*）的動詞，僅出現於雅歌（另參六 5），根據辭典，這詞有「坐著、躺臥」之意，亦有「跳躍」之意。按照後者的解釋，一羣肥美的山羊跳躍下山，顯出黑色或深褐色的一片，可以想像那是一頭秀髮被風吹動的美感。

用地名比喻女子

格勒特指出，雅歌的男子經常用「黎凡特」（Levant）之地，以及與這地有關的動物與植物情景來比喻雅歌女子。例如：[40]

- 雅歌女子的頭髮，如同基列山下來的一羣山羊（四 1）；
- 她的頸項，好像大衛造的高塔（四 4）；
- 她衣服的香氣，好像黎巴嫩的香柏樹那麼芬芳（四 11）；
- 她是從黎巴嫩湧流而下的溪水（四 15）；
- 她美麗得好像得撒城，秀美得如同耶路撒冷城（六 4）；
- 她的眼睛像希實本的水池（七 4）；
- 她的鼻子彷彿朝向大馬士革的黎巴嫩塔（七 4）；
- 她的頭好像迦密山（七 5）。

此外，雅歌的愛情詩豐富的提及山羊、母羊、羚羊、小鹿、母鹿等動物，以及葡萄園、百合花、石榴等植物。四章全首「瓦施芙」更是如此。在詩人敏銳的觀察力之下，當地的鳳仙花、哪噠樹、番紅花、香菖蒲和桂樹等等（四 13～14）都成了詩人為愛情吟詩作曲的素材。

6.3.1.3「牙齒如新剪毛的一羣母羊」(四2)

良人借用一羣母羊來美化佳偶的牙齒，讚賞佳偶微笑的時候露出潔白皓齒之美。文中的明喻不只是說「一羣母羊」而已，而是一羣「新剪毛」、「洗淨上來」的母羊，所呈現的要旨是明亮和潔白。1、2節的「山羊」和「母羊」形成自然的字對，「黑色」的頭髮與「白色」的牙齒則構成對比。1節形容一羣山羊「走下來」，2節則一羣母羊「走上來」，這又是另外一個對比。無論是山羊抑或母羊，所描述的都是充滿動感的畫面。

「沒有一隻喪掉……」是指沒有缺少一顆牙之意。所有牙齒成雙成對、沒有單獨的，在原文這是一種文字技巧。「個個都有雙生」原文意思是「它們所有都是雙雙對對的」(*šekkullām tāʾam*)。「你的牙齒」(*šinnayiḵ*)原文是雙數(dual)名詞，它並非指只有兩顆，這裏用雙雙對對形容牙齒，而且是複數，是指很多成對的牙齒，指上下相對的兩排牙齒。「雙生」(*tāʾam*)也有「成對」之意，意指牙齒排列整齊均稱，沒有因掉牙而引致的縫隙或缺陷。中文成語當中亦有傳達牙齒潔白和整齊的概念：「齒若編貝」和「齒若瓠犀」。「齒若編貝」指牙齒像編排起來的貝殼，「齒若瓠犀」是說牙齒像瓠瓜的種子一樣方正和潔白。雅歌的「沒有一隻喪掉子的」意思是指「沒有一顆是單獨的」，而「喪掉」(*šakkūlāʰ*)意思是「喪失親屬」。這句子讀起來不單有諧音，而「它們所有」(*šekkullām*)和「喪掉」(*šakkūlāʰ*)也是巧妙的文字遊戲(word play)。

從頭髮烏黑和牙齒潔白的描述看來，1至2節也反映女子的「青春」(youthfulness)。因為人老化的時候，頭髮會變白，牙齒會變黃、會損壞或掉牙。經文這裏形容的，正是佳偶的秀髮有烏黑的美觀，她的牙齒排列勻稱，呈現一副年輕與活力之美。下文更進一步形容她的嘴唇秀美和臉頰泛紅，也是流露青春少女所擁有的生命氣息。

> *「朱紅」在此是一個獨立性名詞附以定冠詞前綴，而「唇」是一個附屬性名詞。這樣的結構，「朱紅」便成了一個修飾詞，功能是一個形容詞，形容那個附屬性名詞。*

6.3.1.4「唇好像一條朱紅線」(四3上)

這裏提到唇、嘴和鬢角。「你的唇」(*śip̄ṯōṯayiḵ*)是複數名詞，原文這詞之前有「朱紅」(*haššānî*)是名詞，它附以一個定冠詞前綴，所以具備**形容詞的功能**，意即朱紅色。朱紅色染料在古代是奢侈的物質。佳偶有朱紅色的雙唇，可能是塗上了唇膏。在顏色的配搭方面，朱紅色的唇與黑色的頭髮、白色的牙齒，製造了強烈的視覺果效。對比之強烈，除了顏色方面，也在於有關唇的明喻——好像「一條……線」(*kəḥûṭ*)。「朱紅線」(*ḥûṭ haššānî*)在約書亞記也出現(書二 18)，是探子吩咐喇合繫在窗戶上的記號。所以形容佳偶的唇像一條線，可能是指很精緻。這條線的比喻，是刻意與有形體的山羊(1 節)、母羊(2 節)和石榴(3 節)形成另外一種體積上之對比。女人的唇對傾心於她的男人具有一種誘惑性。男子讚賞佳偶的唇，是否正表達此刻想一親芳澤呢？

「你的嘴」的「嘴」(*miḏbār*)原文有兩個意思，一是「嘴」，另一個是指「曠野」，這裏一定是指「嘴」，而不是「曠野」。雅歌曾出現「嘴」(*pîhû*)這詞(一 2)。有學者指出，作者用此「嘴」(*miḏbār*)而不是彼「嘴」(*pîhû*)，是為配合詩歌的韻律。「嘴」(*miḏbār*)組成「你的嘴」(*ûmiḏbārêḵ*)在諧音上比較適合與「你的唇」(*śip̄ṯōṯayiḵ*)平行。[41] 這是因為重點不在她嘴部的外在美麗，而是她嘴上的言辭內涵，原因是「曠野」(*miḏbār*)與「話語」(*dāḇār*)的詞根(*mḏbr* / *dbr*)很相似，因而作這聯想。其意思是說，女子的「嘴」的描述不純粹是他想親吻女子，她說的話也是令他喜愛。回到嘴部的美觀，秀美的嘴、薄如朱紅線的唇，就如櫻桃小嘴(「櫻桃小嘴」也是隱喻！)。不過，小嘴「秀美」的定義因人而異，在一些國家的文化，例如非洲，厚厚的嘴唇才算美麗。

佳偶的嘴在四章 1 至 5 節一連串明喻當中，是惟一沒有用對此方式表達的讚賞，例如佳偶的唇「好像」朱紅線，而直接說她的嘴是「秀美」——並沒有類比任何物件或水果。「秀美」(*nāʾwe*^{h})在雅歌曾經出現過兩次，一章 5 節是女子形容自己「秀美」(雖然皮膚黝黑)，二章 14 節是男子說她容貌「秀美」。在這裏，他說她的嘴「秀美」。雅歌之後還會有一次出現「秀美」，是男子讚賞佳偶「秀美」得如同耶路撒冷(六 6)。經文接下來會比喻佳偶的鬢角如同石榴。

6.3.1.5「兩太陽……如同一塊石榴」(四 3 下)

「你的兩太陽」(*raqqāṯēḵ*；「和修版」譯作「你的鬢角」)是一個單數名詞，文中所指的只是一邊的鬢角。「鬢角」(*raqqā*^{h})在希伯來聖經一共出現五次，其中兩次在雅歌（四3，六7），是指臉頰或顴骨，另外三次出現在士師記（士四21、22，五26），是指西西拉的太陽穴（被雅億用橛子釘進去的位置）。無論是臉頰、顴骨還是太陽穴，都是指臉的側邊，我們可以把它理解為「臉頰」，經文提到它是在面紗後面。隔著一層面紗看佳偶的臉，臉頰「如同一塊石榴」。「一塊石榴」（*kəp̄elaḥ hārimmôn*）原文可直譯「切開一半的石榴」，「和修版」譯作「迸開的石榴」。這究竟是指石榴外面光滑且呈紅色的表皮，還是指石榴裏面一粒粒鮮紅的果肉？就如1節指眼睛是在面紗後面，這臉頰同樣地「如同劈開的石榴」在面紗後面。這不十分清晰的視線所呈現的描述，惟靠讀者的想像力，或可借聯想的物件去一一解說之。

筆者認為「如同一塊石榴」可以是指紅潤的臉頰（如同石榴呈紅色的光鮮表皮），也可能是指一粒粒紅色的珠串飾物（如同石榴內部一粒粒鮮紅的果肉）。如果是前者，男子是讚賞佳偶的臉色亮麗泛紅；如果是後者，就是形容她甜美青春。如果我們按照記載所羅門聖殿的建設重複提到的「石榴」（王上七18、20、42），以及紡織大祭司袍的圖案也一樣提到的「石榴」（出二十八33～34，三十九24～26）為參考，可以推理雅歌這裏的「石榴」（*rimmōn*）同樣亦是一種裝飾品，有美化的作用。如此，這臉頰兩旁像「迸開的石榴」，很可能就是佳偶頭上紅中帶白的珠串裝飾品，它們是女子頭上纍纍下垂的新娘飾物，擱在她臉頰旁邊。

6.3.1.6「頸項好像大衛……的高臺」（四4）

男子對佳偶身體的讚賞，似乎從頭部向下移動。他從佳偶的眼睛和頭髮，描述到佳偶的嘴唇，如今來到她的頸項。這裏的明喻是軍事意象，傳達著力量與自信。將「頸項」形容為「高臺」，帶著一副高貴的氣質。雖然「頸項」經常帶著負面意義，例如硬著頸項代表頑梗（出三十二9）、挺起頸項代表驕傲（賽三16）。須留意的是，聖經的隱喻為要傳達價值，而不一定需要與視覺對應。於此，有關雅歌女子的頸項描述可以帶有高貴、不可侵犯的正面表達。「頸項」可以指一種「態度」而非「外形」。我們因此亦可以將之理解為雅歌女子有「氣質」與「自信」，而這符合上下文所賦予的正面意義。

這節經文再次出現一個「一次頻詞」，也就是「收藏軍器」（*ləṯalpiyyôṯ*）。它可能源自亞蘭文的詞根（*lpy*），意思是「層層排列整齊」之意。根據詞典，它的意思脫離不了軍事的語境，所以有「軍械庫」（armoury）、「兵器廠」（arsenal）或「兵器」（weapons）的理解。「高臺」有收藏兵器的功能，文中在形容沒有戰爭時，將士們紛紛把兵器都掛在「高臺」上的情況，因此排列著閃閃發亮的兵器和密密麻麻的盾牌。這個比喻提及「大衛」，因為大衛一生連連戰勝，而且有句名言：「掃羅殺死千千，大衛殺死萬萬」（撒上十八7，二十一11，二十九5）。學者大都認為這「高臺」上所懸掛的軍器是屬於大衛軍隊的。

「盾牌」、「勇士」與「籐牌」等軍事意象，是關聯於尊榮和美麗。這些意象亦見於以西結書二十七章10至11節，當中提到戰士們懸掛「盾牌和頭盔」，用以彰顯人的尊榮；軍隊駐守在四圍的城牆上，有勇士懸掛盾牌，也襯托城市的美麗。對比之下，我們可以想像「好像大衛建造收藏軍器的高臺」是指佳偶頸項上至肩旁之間掛著大量的、層層相連的項鍊等飾物，使佳偶顯得尊榮與美麗。從美索不達米亞發掘出來的文物和埃及的浮雕所見，古時盛裝的女性會戴上類似的項鍊。[42] 這不是細小的項鍊，而是體積寬大、美麗可觀及十分搶眼的項鍊。雅歌女子的脖子或衣領處戴滿飾物，是新娘華麗的盛裝打扮，不是普通女子一般的打扮。猶如「高臺」的脖子，給人一種修長出眾、挺胸昂首的姿態，再加上脖子上的飾物，佳偶顯得優雅高貴、氣質非凡。

這一節經文出現「一千個盾牌」（*ʾelep̄ hammāḡēn*）和「籐牌」（*šilṭê*）。這兩者在原文上有字對（word pair）作用，意義相近。「盾牌」和「籐牌」的主要功能是保護，使人不受刀槍擊中。這兩種盾牌有多重保護的含義。在這軍事意象的明喻之下，佳偶被形容為一個無可攻擊的堅固城市。不過「收藏軍器」是靜態的（對比走下山的公羊和走上來的母羊之動態），這副軍事意象的靜態畫面，呈現沒有戰爭的安詳與和諧。多重軍事意象之描繪，也傳達著一股剛毅的氣息，當用在佳偶身上，則意味著她不會讓自己隨意被侵犯，也不能受人強迫性的佔據；換句話說她的美麗，不是脆弱的而是剛強的。

6.3.1.7「兩乳好像⋯⋯一對小鹿」（四5～6）

男子欣賞女子的，明顯是從頭部移至身體，不斷地流露讚賞與愛慕。在5節，他描述佳偶的胸部，把佳偶的「兩乳」比喻成「一對小鹿」，是「雙生」的。這裏比喻胸部的「雙生」的母鹿，呼應了2節比喻牙齒的成對的母羊。其實，從1至5節，形容佳偶的詞彙（原文是附以陰性代名詞後綴）一直重複著雙雙對對的概念，無論是「妳的眼睛」（四1上；*ʿênayik̲*）、「妳的牙齒」（四2；*šinnayik̲*）、「妳的雙唇」（四3；*śip̄tōṯayik̲*），或「妳的兩乳」（四5；*šād̲ayik̲*）。

男子以「小鹿」（*ʿŏp̄ārîm*）和「母鹿」（*ṣəb̲iyyā^h*）形容佳偶，與佳偶之前比喻男子為「羚羊」（二9；*ṣəb̲î*）和「小鹿」（二17；*ʿōp̄er*），是彼此共鳴的。在雅歌的意境，女子的身材曲線經常被比喻作陸上景觀（landscape），尤其是「高處」（high places）經常用來指涉兩乳。除了在雅歌，箴言五章19節也同時提到「母鹿」和「胸懷」，也關聯閨房之樂與愛情。

這裏提及「百合花」（*šôšannîm*），它極可能是「蓮」（lotus）的一個品種，而不是「百合」（lilies），前文筆者已稍作過解說（二1、2、16；參4.3.1，頁71～73）。一對雙生小鹿在「百合花中吃草」，呈現的畫面是安然吃草的寧靜，而不是被驚嚇而逃跑的情景。這裏則是形容女子的兩乳，像在百合花中吃草的小鹿。「百合花中吃草」或許形容女子移動身體時，胸部也輕微擺動。也極有可能，這是愛撫的婉辭，甚至是用嘴巴愛撫女子胸部的隱喻。所以，無論是形容男子抑或女子，在百合花吃草的場景，都帶有性愛的意味。這預設了雅歌男女接下去的閨房之樂。

承接5節有關兩乳的描述，6節這裏馬上提到關聯性的山崗意象。如果，6節的「沒藥山」和「乳香岡」是承接5節「兩乳」和「一對小鹿」的思路，那麼「沒藥山」和「乳香岡」就是象徵佳偶的一對乳房。意思是說，5節的「一對母鹿雙生的小鹿」是指兩乳，6節的「沒藥山」和「乳香岡」亦是指兩乳。這幾乎是學者們解讀6節一致的看法了。

「直到天起涼風、日影飛去的時候」令讀者回想起二章17節，因為有同樣的詞句表達：「我的良人哪，求你等到天起涼風、日影飛去的時候，你要轉回，好像羚羊，或像小鹿在比特山上。」四章6節下與二章17節呼應的地方，不止於「等到天起涼風、日影飛去的時候」的片語，也有「小鹿」的明喻，有「山」及「雙乳」的意象（「崎嶇的山」是裂開兩半的山）。在二章17節，女子囑咐男子回去山區，這裏男子自己說他要往山崗走去。另外，佳偶之前提及過沒藥和乳香（三6），這裏良人也論及沒藥和乳香。佳偶也說過她的良人好像一袋沒藥，在她的胸懷中（一13），6節這裏亦同時提及沒藥和佳偶的胸部。可見，男子是在熟悉雅歌女子的語境之下，刻意呼應她所說過的話。

「沒藥山」和「乳香岡」被學者關聯於一份古埃及哈特謝普蘇特女王（Queen Hatshepsut）神廟的浮雕記載。哈特謝普蘇特女王於公元前1470年，差派使者探索「潘特之地」（the Land of Punt）。當時潘特盛產沒藥，從哈特謝普蘇特女王神廟的浮雕，可見七棵沒藥樹的彩繪；被採下來的沒藥堆積如兩座山，還需四個埃及人測量。説到沒藥和乳香，古埃及女神哈索爾（Hathor）被稱為「沒藥夫人」（the lady of myrrh），而乳香在希伯來聖經也經常與宗教儀式關聯。所以，6節的「沒藥山」和「乳香岡」，綜合了宗教儀式、女子身體曲線和令人陶醉的芳香物質。

6.3.1.8 良人的總結（四7）

7節整句是可以直接的、簡短有力的直譯為：「妳每一部分都美麗，我的佳偶！在妳並沒有瑕疵！」這句「你全然美麗」與1節兩次的「你甚美麗」彼此呼應。赫斯按原文指出這一節內部有交叉結構，如以下所示。[43]

A　妳每一部分（*kullāḵ*；或「妳所有一切」）

　　B　美麗（*yāp̄āh*）

　　　　C　我的佳偶（*raʿyāṯî*）

　　B'　沒有瑕疵（*ûmûm ʾên*）

A'　在妳（*bāḵ*）

有關身體部分的形容，來到這裏似乎告一段落。良人一共列舉七個身體部分，從眼睛到頭髮、牙齒、嘴唇、兩頰、頸項、胸部，似乎湊足了七個身體部

從「瓦施芙」思考人體的評價

「瓦施芙」(*wasf*)統稱描述詩(description poem),內容因描述身體部分而得名。它亦可稱為「身體頌歌」。我們走過一遍雅歌四章1至7節,見證一個人因傾慕而衍生的頌讚力量,同時亦會驚訝於坦率露骨的描述。筆者不禁自問,當今如果有人在婚禮上公然表揚新娘美麗,悉數她從臉部至胸部的吸引之處,這會否引人發笑,或者引發質疑?

文中大量運用意象描述佳偶的眼睛、頭髮、牙齒、嘴唇、臉頰和脖子,這還算相當含蓄。如果選用比較本色化和大眾化的比喻,我們會稱讚新娘的眼睛像龍眼(一種水果),又大又甜美。或者稱讚眼睛像鑽石,炯炯有神。我們又可套用中文成語,例如「眼如秋水」和「秋波微轉」比喻一個女子水汪汪的眼睛。在中文成語當中,對女子的身材賦予褒揚的,包括婀娜多姿、楊柳細腰,還有櫻桃小嘴等等。另外,「豐韻娉婷」形容女子身材標緻,姿態美好。性感火辣的身材,則會被形容為有副「魔鬼身材」。

至於向新娘說:「妳的兩乳好像雙生的小鹿那麼可愛」,則會令新娘尷尬不已,甚至容易被誤解為色情。那麼在華人圈子裏,我們如何「欣賞」諸如四章5節的身體描述詩?

我們首先要卸下一些偏差的價值觀,改用上帝創造的角度來看人體。兩乳(四5,七3、8)、大腿(五15,七1)、肚臍和肚子(七2)本來就是上帝所造的身體部位,是墮落後的光景讓人類帶著有色眼鏡來看它們。雅歌的「瓦施芙」幫助我們重新評估人體部位的美,尤其是平時隱藏的部分。正在發育的女生,根本沒必要為著乳房逐漸突出而感到羞恥,也不需要彎背來嘗試遮蓋兩乳的曲線。亞洲一些少女因為這偏差的認識就是這樣做,結果在發育時期她們開始駝背。

接著,我們需要以常態來接納對身材曲線的稱讚。「婀娜多姿」、「豐韻娉婷」、「曲線均勻」或「玲瓏身材」等等的稱讚本身並沒有色情的成分,我們也沒必要把偏差的價值觀強加以灌輸。我們反而需要檢視自己,為何我們對這些描述身材的形容詞語存有負面的評價。雅歌的「瓦施芙」提醒我們,在上帝所創造的伊甸園生活,一男一女赤裸相處並沒有羞恥。所以,「瓦施芙」奠定了男女身體的價值和尊嚴。

最後也是最重要的,雅歌的「瓦施芙」的處境,是一男一女在婚姻前提之下發出的親密愛語。彼此欣賞和肯定,是當今夫妻需要從「瓦施芙」學習的。沒有其他人在場,夫妻可以坦率的表露愛意,肯定對方如何吸引自己、自己如何為對方著迷。也因此,「瓦施芙」可能不都適合用在公開的場所,以避免可能出現尷尬的局面。

分的完美描述，反映一種「完美」和「全然」的意境。經文內容只提到佳偶七個身體的部分，這「七」代表完美，所以這七個部分代表性概括了佳偶全身上下都美麗、吸引人。因此良人以「你全然美麗，毫無瑕疵！」來總結這一段描述詩。

共出現十六次的「美麗」（yāpāh/yāpēh；一 8、15[x2]、16，二 10、13，四 1[x2]、7、10，五 9，六 1、4、10，七 2、7（希伯來聖經）七 1、6）。用在男子身上只有一次（一 16；yāpēh）。

雅歌重複「美麗」（*yāpāh* / *yāpēh*）一共**十六次**，其中用在形容女子美麗的共有十五次，而在四章 1 至 7 節這段詩節就出現了三次。這裏的「你全然美麗，毫無瑕疵！」是一種全面讚揚（blanket praise）、毫無保留的表達。良人對佳偶表達一種心滿意足、完全的接納。

6.3.2 我的新婦，我妹子（四 8～15）

這一部分的詩節被 8、9 節的「我的新婦」、「我妹子」所牽動，所以有別於四章 1 至 7 節的讚賞。此外，四章 8 至 15 節也有明顯的意象轉移，從佳偶的身體離開（以山作比喻）轉移至園子、花卉、植物、果子、香料和香氣的描繪。這些意象產生視覺和嗅覺果效，使我們似乎頓時「看見」了五彩繽紛的花卉樹木，也「嗅到」各種芬芳的香氣。

6.3.2.1 離開山地（四 8）

雅歌中「新婦」（*kallāh*；參四 8、9、10、11、12，五 1）這深情的稱呼共有六次，單單在這段詩節就有五次，而且是每節都出現一次（四 8、9、10、11、12）。它的原文並沒有關係代名詞「我的」，也沒有定冠詞，而且幾乎每次都與「我的妹子」並列（除了四 11）。希伯來字「新婦」也可作「媳婦」（daughter-in-law），與中國家庭的用法相近。這詞第一次出現是在四章 8 節，最後一次出現是在五章 1 節，彼此亦相隔不遠。可見「新婦」在這一段詩節的頻密度；此外，佳偶身分的轉變亦是不容忽視的，她不再只是良人的愛人，而是新娘！這並非如一些學者所推斷說，「新婦」完全與婚姻沒有關係，甚至推翻了雅歌與婚禮的關聯。[44]「新婦」的稱呼與良人慣用的「我的佳偶」（*raʿyāṯî*）和「我的愛人」（*yāpāṯî*）有別，因為如今佳偶正在婚禮之中。所以良人這裏多次使用「新婦」

來稱呼佳偶。也因此這樣，良人最後一次使用「新婦」來稱呼佳偶，是在他們真正發生性愛時（五1）。從那時開始，女子不再是「新婦」而是妻子，所以「新婦」這個稱呼也不再出現。

這一節經文最大的特色是它有很多地名，也出現同一個介詞「從」（*min*）共六次，就是「從黎巴嫩」（兩次）、「從亞瑪拿頂」、「從示尼珥與黑門頂」、「從有獅子的洞」、「從有豹子的山」，是一段很有動感的描述。

8節出現兩次「與我一同離開黎巴嫩」（*ʾittî milləḇānôn*）。原文是以此短句為這節的句首。幾乎所有英文譯本都依照原文次序的翻譯，譯作“Come with me”。「七十士譯本」將「與我一同」的希伯來文（*ʾittî*）譯作「來！」（*deuro*）。「和合本」這上一句的翻譯是挺好的：「我的新婦，求你與我一同離開黎巴嫩，與我一同離開黎巴嫩。」「和合本」沒有將這句子的兩個主要動詞翻譯出來，照原文可直譯為「妳來，妳下來」（*tāḇôʾ tāšûrî*）。兩個主要動詞都是 *qal* 形詞幹過去未完成式連續性動詞（*qal* imperfect **consecutive verb**），這上半節經文可以意譯為：「與我從黎巴嫩，新娘！與我從黎巴嫩，妳來！妳下來！」

「連續性動詞」（consecutive verb）主要功能是展示一個按著時間順序發生行動的一系列事件。「過去未完成式連續性動詞」常用來表示第二個行動（或事件）直接跟隨第一個行動（或事件）。

「妳下來」（*tāšûrî*）這動詞是連繫於下半節一連串的地方，而不是「離開黎巴嫩」。若參考希伯來文聖經，「妳下來」之後有一個唱誦懸垂音標（cantillation marks）“|”，意思是這裏有一個停頓符號，表示當朗讀者在此要作一個停頓，也暗示與**上一句是連繫一起**。因此，「妳下來」這動詞屬於上一句「與我從黎巴嫩」。

若從文法上看，接著的下半節一連串地方，就是「妳來！妳下來！」這連續性動詞的謂語。這樣就可以解釋為何下半節經文不需要動詞。

接著，就是列出一連串地名。學者對「亞瑪拿頂」的真實地點有爭議。從經文的「黎巴嫩」看來，「亞瑪拿頂」與「黑門頂」都屬於黎巴嫩的山脈一部分。「示尼珥」和「黑門頂」其實是同一座山（申三9）。「黎巴嫩」（*ləḇānôn*）和「乳香」（*ləḇônā^h^*；四6）有諧音作用。無論是6節的「沒藥山」、「乳香岡」，還是「黎巴嫩」及不同的山頂，純粹是詩歌意境的場景切換，並非敍述真實的旅遊行程。雅歌男子有意把佳偶描繪成遙不可及，就如二章14節提及她住在磐石穴中，以及陡巖的隱密處。這裏兩次描繪山頂，是遙遠而偏僻的山頭且經常住著野獸，經文也提及「獅子的洞」、「豹子的山」。佳偶被描繪成遠遠住在山區的神祕女性，彷彿古代近東的女神之神聖不可侵犯。

女神在眾山上作掌權、腳踏猛獸，是古代近東女神的普遍形象。根據凱爾，公元前二千二百年前的圓筒蓋章所描繪的伊施塔（Ishtar）女神，其中有一幅是她腳踏一頭獅子，十足女戰士的姿態，另外一幅是她爬上一座山。再者，一個屬於公元前七世紀的亞述圓筒蓋章，亦呈現伊施塔女神手拿弓箭、腳踏一隻豹的神態。[45] 雅歌女子在這裏也被描繪得好似女神的氣勢！我們有時也用「仙女下凡」形容美人，英文表達則用「宛如天使」（like an angel），這並非說女子真的是神仙，而純粹是表達愛慕。故此，雅歌女子在良人眼中，有如伊施塔那麼奇妙、有氣勢，也難以接近。而良人希望她能夠與他離開那隱祕而危險的地方，奔向屬於他們兩人的園子（12～15 節）。

6.3.2.2 在園子裏（四 9～15）

良人呼喚佳偶離開那隱祕而危險的地方。12 至 15 節明顯是在園子裏，而 9 至 11 節是繼續描述良人對佳偶的欣賞，詩歌意境是他們已在園子裏。

6.3.2.2.1 **良人對佳偶的欣賞**（四 9～11）

「我的妹子，我新婦」原文直譯是「我的妹子，新娘！」（*ʾăḥōṯî kallāh*）。「我的妹子」（*ʾăḥōṯî*）在雅歌共出現七次，五次用於良人對佳偶的稱呼（四 9、10、12，五 1、2），兩次用在雅歌女子的哥哥們提及他們的妹妹（八 8 [x2]）。良人在這裏開始稱呼佳偶為「我的妹子」。「妹子」本來是指家庭裏兄妹的關係。在埃及和美索不達米亞的愛情詩歌集裏，愛人也稱呼對方為「兄弟」或「姐妹」。在亞洲（以色列屬西亞），我們也容易理解「我的姐妹」就是「我的妻子」。亞洲教會普遍稱呼其他信徒為主內「弟兄姐妹」，可見在主裏大家都是一家人。一些區域華人教會的已婚男性基督徒，更進一步說他的妻子就是他家裏的姐妹。箴言經常使用「外女」（即「陌生女子」；二 16，五 20，七 5）意指家庭以外的女人，意思是說她們不是自己家裏的人。

「你奪了我的心」(*libbaḇtīnî*)是一個動詞。它帶著加強動作的意義，因它附以一個第一人稱代名詞後綴，所以有「妳激動了我的心」和「妳使我心跳加速」之意。埃及情歌也有同樣的表達，一個男子說他的心被他所愛的女子擄掠。格勒特將「你奪了我的心」解說為「妳讓我窒息」。46 這就如一個愛情故事經常敘述當主角看到心上人就「心臟跳動加速」或「呼吸突然停止」。主角被眼前的人深深吸引，其他的事物都顯得不重要了。其實除了感情，「心」(*lēḇāḇ*)這名詞原本已反映人的意志、人的思想以及理解狀態的寫照。故此，「你奪了我的心」也有「失去理智」的意思。「呂振中譯本」把「奪了我的心」翻譯得很有神韻：「妳使我神魂顛倒了。」凱爾和朗文的翻譯很現代化，譯為「妳使我發瘋了」(you drive me crazy)。47 愛情的力量能使一個平時理智的男人變成不理智。這是男人失去控制力的一種狀態。他在佳偶前面，他願意交出男人的控制權。鮑勃和格勒特認為「奪了我的心」也有興奮到挑起性慾的意思。48 他們的理解不無理由。而且在洞房花燭夜，男子說自己性慾被挑起，也是至情至理的。「奪了我的心」在9節出現了兩次。第一次是良人稱呼她為新娘的時候，第二次是說當她對他「用眼一看」(*bəʾaḥaḏ mēʿênayiḵ*)以及他看到她「項上的一條金鍊」的時候。或許對男人而言，雙眼是女人全身最誘人的部分，男人第一眼也是看眼睛。「項上的一條金鍊」原文其實是指項鍊中的一顆珠子，或一粒吊墜，甚至是一條鏈子而已。全文的意思是，只是佳偶的一個眼神和她項鍊的一顆珠子，就輕易地使他激動、興奮。佳偶令良人深深著迷。第9節原文以「你奪了我的心」開始，全節感情豐富、動感十足。筆者直譯如下：

libbaḇtīnî 這動詞的詞根是 *lbḇ*，與「心」(*lēḇāḇ*)這名詞的詞根相同。這動詞在希伯來聖經只出現三次，其意思是「奪心」(歌四9 [x2])或「成為智慧」(伯十一12)。它在雅歌是一個 piel 形詞幹第二身陰性完成式動詞附以第一身代名詞後綴。

妳奪了我的心！我的妹子，新娘！

……妳奪了我的心！只是妳一個眼神、妳項鍊的一顆珠子。

由10節開始，良人已不在佳偶身體部位表示各方面的讚賞，反而是在感覺、味覺和嗅覺方面去描述佳偶。他形容佳偶的「愛情何其美」，表示佳偶給他有美好的感覺。良人提到「酒」、「膏油」、「香品」、「蜂房滴蜜」、「奶」都是液體，給人有美好的味覺和嗅覺。詩文很明顯的逐漸從上一段的視覺描述，轉移到這一段味覺和嗅覺的描述，即使經文依然提及「嘴唇」和「舌」的身體部位。由固體的描述轉移到液體的描述，也預設了良人和佳偶即將以性愛來慶祝他們的愛情。

9、10節這裏的「我妹子，我新婦」（*ʾăḥōṯî ḵallāʰ*）原文是出現在「你的愛情何其美！」（*maʰ-yyāpû ḏōḏayiḵ*）這片語之後。10節兩次提及「你的愛情」（*ḏōḏayiḵ*），第一次是稱頌愛情「美麗」（*yāpāʰ*），第二次是稱頌愛情比酒「更美」（*ṭûḇ*；「和修版」譯作「甜美」）。「你的愛情」在「七十士譯本」是「妳的胸懷」，而它有性愛的含義。赫斯直接以「性愛」來解釋「愛情」（有關「愛情」更多的解說，參3.1.1，頁37～40）。在原文，愛情的「美麗」和「美好」都是一個*qal*形詞幹完成式動詞而非形容詞，這隱含了美麗及美好的動態意義。

良人稱讚佳偶的身體發出「膏油的香氣」，這令我們想起雅歌女子曾經也說過良人的「膏油馨香」（一3）。可見，雅歌男女都被對方身上膏油的香氣吸引和陶醉。經文中的「香品」（*bōśem*），原文在雅歌共出現七次，這裏是第一次（另外六次參：四14、16，五1、13，六2，八14）。「香品」英文是“balsam”，指源自南阿拉伯的一種芳香樹脂，可作香水和薰香膏的用途。在希伯來聖經，這「香品」經常與昂貴的珍藏物品並列，例如：黃金、銀子、寶石、優質橄欖油、上等的兵器等（代下三十二27；賽三十九2；結二十七22）。士巴女王造訪所羅門之時也帶很多金子和寶石，還有大批的香料（王上十2、10；代下九1、9）。以斯帖還沒有進宮覲見波斯王之前，也需要六個月用沒藥油塗抹身體。可見，這「香料」並非一般俗物，而是一種奢侈品。

除了膏油的馨香令人歡愉，男女彼此都說愛情比酒更美（一2，四10），而且上下文語意涉及了親吻（一2，四11）。詩節這裏「愛情比酒更美」的表達，加上親吻的隱喻，以及馨香氣味的概念，也曾在一章2至3節一起出現過。不過，一章的焦點是良人，四章這裏的焦點是佳偶。詩節中傾慕的對象，明顯的從男子轉移至佳偶的身上。

雅歌這一段從愛情的美好，描述到甜蜜的滋味，接著還有香味的飄逸。濃得化不開的美好、甜蜜與香氣，此刻正在雅歌男女的空間中醞釀著。四章10

至11節猶如一面鏡子，反照出一章2至3節的內容。雅歌女子之前對親吻的渴慕，變成這裏男子嘗到親吻的滋味。

這一節同時提到「滴蜜」（*nōpeṯ*）、「蜜」（*dəḇaš*）、「奶」（*ḥālāḇ*）。這是帶著一種濃厚的液體的意象（liquid imagery），預設了夫妻水乳交融的前奏。良人提到佳偶的「嘴唇」滋味有如滴下的「滴蜜」，似乎暗示良人已經吻上了佳偶。接著良人又提到佳偶的「舌下」，也給良人「蜜」和「奶」的滋味，那已經是他與佳偶「舌吻」的階段。當然，親吻不能使人產出蜜和奶的物質，詩歌是在描繪親吻帶給人一種甜蜜的感覺，使男女陶醉其中。這「嘴唇滴蜜」的形容也來自箴言所提「外女」對無知男人墮入性陷阱的誘惑（箴五3），成為智者警惕年輕男生的訓誨。可見「嘴唇滴蜜」是何等的吸引男人。在雅歌這裏，同樣的隱喻也表達佳偶對良人造成何等大的吸引。

「嘴唇滴蜜」之後，就是「你的舌下有蜜，有奶」。「蜜」和「奶」的意象正是聖經所描述的應許之地；迦南地是一片流奶與蜜之地（出三8、17）。「流奶與蜜之地」的影像對應著土地肥美、盛產果子。經文反映良人似乎已經身在「應許之地」，也就是抵達他的流奶與蜜之地，可能就是指他們的親密園子。他感受到豐盛和滿足，不再缺乏。

6.3.2.2.2 在園子中享受愛情（四12～15）

園子的意象，神似伊甸園（12～15節）。凱爾稱之為「愛的樂園」（The Paradise of Love），並且指出「園子」是古代近東的愛情詩歌裏不能缺少的成分。良人與佳偶似乎也回到了伊甸樂園裏。從這節開始，接下去是雅歌暗示性愛極強烈的內容。

良人說「我妹子，我新婦」（*ʾăḥōṯî ḵallāʰ*）是「關鎖的園」、「禁閉的井」、「封閉的泉源」。這三個地方都是深鎖、隔離、不得進入的封閉意象，若以上文來襯托，這是在褒義語境裏，帶來正面的意義。良人一直都在讚賞佳偶，這裏也讚賞她貞潔自愛，絕不隨便。女子身體就如前面出現過的葡萄園意象，也是園子。這裏她的「園子」一直上鎖和禁閉著，直到現在讓良人打開。「封閉的泉源」也形容雅歌女子守身如玉。「泉源」（*maʿyān*）其實也是用來形容男人對性的節制：「你的泉源豈可漲溢在外？」（箴五16上）可見男和女對性方面持守自制和聖潔，都是聖經的價值觀。

「關鎖的園」（*gan nāʿûl*）與「禁閉的井」（*gal nāʿûl*；「和修版」譯作「禁閉的園子」是兩個不同的地方，第一個是「園」（*gan*），第二個是「井」（*gal*）。「井」的原意是「石堆」，可譯作「石園子」（rock garden；參NASV）。不過，更多的聖經譯本根據「七十士譯本」的翻譯，譯為「井」（spring；參KJV, ESV, NIV；另參「呂振中譯本」）。鮑勃以「池」（*gll*）的詞根為基礎，認為「井」的意思是「池」（pool），所以「禁閉的井」是指「關閉的池」。格勒特支持「池」的看法，而且認為「池」的形狀不但與「碗」或「罐」相似，寫法也相似（*gullāʰ*；亞四3；傳十二6），所以，「井」很可能是指「泉源」。㊾無論如何，文中關鍵的焦點是「關鎖」、「禁閉」和「封閉」，傳達著莊嚴、隔開和距離的訊號。筆者認為，「園」與「井」應該屬於不同的東西，就如泉源有別於園子，而「井」或「池子」都符合園子和泉源整體的圖景。所以12節是在描述著一個「上鎖的園子、禁閉的井或池，封閉的泉源」，其實就是貞潔自愛的隱喻。意思是說，良人眼前的佳偶，仍是一個處女。在下一個詩節，良人作為佳偶的丈夫，將會進入這個園子（四16），他會「享受」園子裏泉源的滋潤，從她身上得到滿足。

承接12節那個灌溉良好的園子，我們接著「看到」園子盛產佳美的果子，也會「嗅到」珍貴稀有的香味。「佳美的果子」（*pərî məgāḏîm*；13節）也出現於四章16節及七章13節，七章13節即使只有「佳美」而沒有「果子」，但概念相同。「佳美」（*meḡeḏ*）的意思是「優秀」、「精選」，所以不是一般的「好」而已。申命記列下約瑟支派所得的祝福，也五次提到「佳美」（*meḡeḏ*）的東西，包括：「甘露」、「美果」、「月亮養成的寶物」、「山的至寶」和「嶺的寶物」（申三十三13～16），這些上好的祝福與雅歌的「佳美的果子」同樣是源於自然界的珍奇出產。當然，「佳美」也不止於自然界的出產，也包括了與金器和銀器並列的「貴重」物品、財寶和珍寶等（創二十四53；代下二十一3，三十二23；拉一6）。

「園」（*pardēs*）這原文在希伯來聖經除了這裏，也另外出現兩次（尼二8〔園林〕；傳二5〔園囿〕）。這個園子應該不是真實的，因為沒有一個園子能夠出產這裏所述各種各樣不同國家的香料植物，它是一座「夢幻之園」（fantasy garden）。「園」是指佳偶的身體，這在雅歌以及古代近東的詩歌集是普遍的題旨。尤其是在雅歌四章12至15節這段經文，佳偶的身體成為一個「景觀」（landscape）——有園子、樹林、長滿果子和花卉、也有泉源。在這「園」之內不單栽植了各種各樣的植物和花卉，也長滿果子、遍滿花朵和飄逸的芳香。處身其中，想必令人心曠神怡。根據格勒特，這也是另一種傳達性愛樂趣的隱喻，因為它是令人享受歡愉的樂園。

園內「所種的」（*šəlāḥayiḵ*）是一個陽性複數名詞附以第二身陰性代名詞後綴，意思是「妳所長出的」。所長出的是各種各樣的果子、花卉、樹木，和這些植物會帶來香氣。13、14節一共提出了九種植物的名稱：「石榴」、「鳳仙花」、「哪噠樹」（「哪噠」）、「番紅花」、「菖蒲」、「桂樹」、「乳香木」、「沒藥」、「沉香」，若加上「佳美的果子」和「上等的果品」這兩個統稱，就有十一種，筆者試列出其特性：

- 「石榴」比喻女子的臉頰（四3），這裏則指整個園林的其中一種甜美果子。石榴出現於雅歌並非是偶然的，在埃及和美索不達米亞一帶，石榴有時用在愛情的語境，甚至是一種催情果。
- 「鳳仙花」是以色列一帶常見的植物（一14；另參4.1.2對鳳仙花的解釋，頁63～64），佳偶曾經形容良人像隱・基底葡萄園的「鳳仙花」。
- 「哪噠」卻是珍奇的香品，13和14節各出現一次，早前佳偶形容自己身上散發的香氣，亦是來自哪噠的香膏（一12；另參4.1.2對哪噠的解釋，頁63）。「哪噠樹」盛產於印度，所以哪噠香膏是進口香料，價值昂貴。「鳳仙花」（遍地可見）及「哪噠」（稀有昂貴）這兩種不同香料，也預設了接下來提及的幾種香料亦是對立的概念——本地與進口、普遍與珍奇。這是概括性的陳述雅歌園子裏那種芳香四溢的氛圍。
- 「番紅花」（*karkōm*）在希伯來聖經只出現一次，它的花帶著黃色素，花蕾可提煉成為染料，價錢十分昂貴。
- 「菖蒲」（*qāneʰ*）在雅歌只出現於這節經文，但卻多次出現在希伯來聖經其他書卷（出三十23；結二十九6）。「菖蒲」是一種青綠的粗莖植物，也可譯作「蘆葦」(參賽十九 6,四十二 3)或「甘蔗」(賽四十三 24)。

- 「桂樹」(*qinnāmôn*)是一種貴重的香料,與「菖蒲」和「沒藥」一起出現在耶和華吩咐以色列人製造聖膏油的指示之內(出三十 23),可見它們有時用於宗教儀式。不過,箴言也提及一個女人用沒藥、沉香、桂皮熏香她的床,為了誘惑無知的年輕人(箴七 17)。在雅歌,可製成香料、香粉和香水的植物,也用於性愛的含蓄表達。
- 「乳香木」(三 6,四 6)和「沒藥」(一 13)是價值昂貴的香料。
- 「沉香」(*ăhālôṯ*)的中文意思是「沉在水中發出香味」,它用以薰香頭髮、皮膚或衣服,使之散發香氣的一種香料。沉香亦見於另一首婚禮之歌或王室之詩,使衣服散發香味(詩四十五 8)。綜合起來,桂皮、乳香、沒藥和沉香等等這些香料,是罕有珍貴、價值不菲的熏香奢侈品。

雅歌園子的花草樹木,所出產的香料看來十味縱橫,一下子給人一種香氣襲人,甚至香味超載的感覺。良人指出佳偶是「園中的泉」、「活水的井」,呼應了 12 節那有「井」有「泉源」的園子。這裏進一步說明要把 12 節的 *gal* 解為「井」。這樣才能呼應這裏有泉有井的意象。這段經文兩次出現的「井」和「泉源」,其對比之處在於可得性(accessibility)。12 節的「井」和「泉源」是封閉的,但 15 節的「井」和「泉」卻是流動的,因「井」裏有「活水」(*mayim ḥayyîm*)。那是一個從關閉到開啟、從靜態到動態、從隱藏到生命之轉向。而這段「瓦施芙」就以這活水的流動感以及生命力來劃上句號。之前各種花卉和香氣,涉及了視覺和嗅覺。這裏 15 節「泉」、「活水的井」、「溪水」,活水和溪水,也讓雅歌的描述引進聽覺感官,彷彿「聽到」潺淙的流水聲。

15 節再次出現「黎巴嫩」,這段詩節一共出現四次「黎巴嫩」(8 節 [x2]、11、15 節)。15 節的「黎巴嫩」出現在 14 節「乳香」之後,8 節的「黎巴嫩」亦都是出現在 6 節「乳香」之後,情形一樣。「乳香」(*ləḇônā^h*)和「黎巴嫩」(*ləḇānôn*)是異字諧音和相同子音的詞,它們是雅歌男女親密關係的兩個鑰字。

第 15 節舉出三個流水的意象——「泉」(*maʿyan*)、「井」(*bəʾēr*)和「溪水」(*wənōzlîm*)。15 節的「園」(*gannîm*)是複數,但 12 節的「園」(*gan*)是單數

信仰反省

今天基督徒嘗試將雅歌連繫於教會生活，會以佳偶對良人的愛視為一種典範，鼓勵基督徒盡心、盡性、盡力去愛上帝(申六5)。主耶穌也把申命記六章5節看為誡命中的第一條(可十二28～30)。基督徒若一心一意尋求上帝，他們必得尋見(耶二十九13)，就如雅歌女子尋見良人一樣。下文探討的有關資料，主要參自：Richard A. Norris Jr., *The Song of Songs: Interpreted by Early Christian and Medieval Commentators*, ed. and trans. Richard A. Norris. Jr., The Church's Bible Series, ed. Robert Louis Wilken (Grand Rapids, MI: William Eerdmans, 2003), 138, 180～186。

初期教會的解經脫離不了新約聖經、基督教義和教會生活。例如，根據埃爾維拉的貴格利(Gregory of Elvira)，雅歌三章3節裏「巡邏看守的人」是猶太人的宗教領袖，具體的說就是「文士和法利賽人」；他們雖然巡查「古老律法書」的街道和廣場，但他們最終遇見的卻是「教會」(雅歌的女子)。根據貴格利，教會也代表雅歌女子所說的「母親的家」，是保羅口中「在上的耶路撒冷」(加四26)，因為她要把基督(也就是良人)宣告出去。

至於雅歌女子的「兩乳」，有被看為是「基督」與「教會」之間的融合，基督和教會不單只要合二為一(弗五31)，更是彼此稱頌和肯定，就如雅歌的男女。根據聖彼得的李察(Richard of St. Peter)，「兩乳」代表雙重的憐憫，一是有形體的，一是屬靈的；教會(女子)因此要懂得憐憫受苦者，並為軟弱者禱告和帶來安慰。「關鎖的園」及「封閉的泉源」，自然地與基督降生之前，童女馬利亞的懷孕連繫。至於園子的各種療愈的植物，根據道依茨的魯伯特(Rupert of Deutz)，它們預備讓出戰的勇士帶來醫治。他們可被香膏和油醫療傷口、被泉水所滋潤，並在樂園裏享受勝利，故此不必害怕戰爭與敵人。筆者思忖，這或許是有十字軍之戰役的背景而作的教導。另外，雅歌園子裏的「沒藥」和「沉香」也被關聯於基督的安葬(路二十四1；約十九39)，園子裏的活水也有灌溉教會的意義。

諸如上文的關聯不勝枚舉，十分寓意化，也離開字義極遠。我們進一步看見早期教會歷史的解經目的，旨在牧養教會和提升基督徒的靈性。今天若我們考慮採取寓意解經，就需要辨明這個詮釋目的，同時瞭解當中的意象解讀會脫離經文上下文的語境。

的，說明了豐盛和繁榮的境界。園子裏的泉水、井水和流動的水因此發揮兩個目的，一是灌溉花草樹木，使它們欣欣向榮；二是滋潤園子裏的人，使他們清新俊逸。泉水、井水和流動的水不是「蓄水池」，它們有水流的源頭，也不會乾涸。因此，我們也可以想像這流水是清澈見底的淨水。而這泉水、井水和流動的水是形容佳偶——她是這園子，也是這些泉源。她有生命力，她朝氣蓬勃！

溫習及思考問題

1. 在三章 2 至 3 節，雅歌女子正在跟誰對話？她在夜間去尋索她的愛人，究竟是夢境、真實的，或純粹屬於幻想？
2. 根據朗文，寫詩的人常常為了詩意而締造構想一個「世界」，目的並非要描述一個真實的境況，而是描述他想像的世界。你贊成他的說法嗎？為甚麼？談談一個真實的經歷，一個熱戀中的人如何「創造」了一個滿足愛情奢想的空間，借此發泄戀愛中的奢望、焦慮、尋覓和愛意。
3. 希伯來聖經以及古代近東的文獻裏，往往提到女性示愛和尋覓心愛之人的行為，例如雅歌女子、迦南神話的亞娜和埃及情詩裏的愛西絲。中國古代典籍是否也有類似的例子？請分享一二。
4. 按照格勒特的高度隱喻見解，「巡邏看守的人」是指女子對貞操持有的意志力，而「被打傷並奪走披肩」表示佳偶在婚後已失去貞操。你贊成這個見解嗎？為甚麼？
5. 雅歌女子說「不要驚動、不要叫醒我所親愛的，等他自己情願」是甚麼意思？為何她對耶路撒冷眾女子這麼說？
6. 雅歌三章 6 至 11 節描述的「新婚花轎」場景，你比較同意「歷史進路」還是「詩歌性進路」？請分別兩者的差異，並分享你的見解。
7. 請解說一下詩人在三章 6 至 11 節所提及的細節，用來襯托婚禮場景的講究和奢華。
8. 試討論這裏出現兩次的「耶路撒冷的眾女子」（三 5、10）之不同觀點。對於學者這句「耶路撒冷的眾女子不是雅歌男女愛情的裝飾品，也不是擬人化的耶路撒冷城，亦絕不是所羅門後宮的妃嬪」的看法，你有甚麼不同的意見嗎？

9. 請解釋甚麼是「瓦施芙」的詩歌風格？它另外一個名稱是甚麼？在雅歌一共有多少首「瓦施芙」？它們有甚麼共同點？
10. 綜合四章 1 至 7 節的「瓦施芙」所描述的細節，你能否用中文語境的隱喻、成語或諺語來形容雅歌女子的美麗嗎？

短註

❶ 「瓦施芙」詩歌獨特之處，參 Roland E. Murphy, "Form Critical Studies in the Song of Songs," *Interpretation* 27 (1973): 413～422。

❷ 有關依舜與格勒特對「夜間」的解讀，可參 Exum, *Song of Songs*, 120, 122；Garrett and House, *Song of Songs/Lamentations*, 170。

❸ 支持三章 1 至 5 節為屬於一場夢境的其中一個學者是斯奈思（John G. Snaith），參 Snaith, *Song of Songs*, 45。凱爾根據一些典外文獻的資料，指出女子不能靠近窗的原因。參 Keel, *The Song of Songs*, 120。

❹ 凱爾認為此場景是在一種藝術上的表達。參 Keel, *The Song of Songs*, 120。

❺ 將三章 1 至 5 節看為是女子的想像之說法的學者，包括 Exum, *Song of Songs*, 136；Keel, *The Song of Songs*, 120；Longman III, *Song of Songs*, 127；Murphy and McBride Jr., *The Song of Songs*, 145；黃朱倫：《雅歌註釋》，頁 151。

❻ 朗文對詩人寫詩時構想一個「世界」的討論，參 Longman III, *Song of Songs*, 127。

❼ 接受 2 節加了引號的學者，可參 Garrett and House, *Song of Songs/Lamentations*, 169；Longman III, *Song of Songs*, 128；黃朱倫：《雅歌註釋》，頁 154；謝挺：《雅歌》，頁 217。謝挺特意加上「我說」以支持這句引句。

❽ 依舜雖然有提到譯者加引號的原因，但她傾向不加引號。她的討論可參 Exum, *Song of Songs*, 134。

❾ 亞娜的情詩，可參 John C. L. Gibson, "Baal and Mot 6.ii. 7～9, 28～30," in *Canaanite Myths and Legends*, 3rd ed., ed. by G. R. Driver (New York: T & T Clark, 2004), 76～77；筆者將之中譯。另參 Keel, *The Song of Songs*, 121。

❿ 讚揚愛西絲的詩，可參 Miriam Lichtheim, *AEL* (Berkeley, CA: University of California Press, 1976), 2:83；筆者中譯。另參 Keel, *The Song of Songs*, 122。

⓫ 有關女主角尋覓愛人的古埃及情歌的討論，參 Fox, *The Song of Songs*, 291。

⓬ 格勒特認為「巡邏看守的人」就是防守女子的純潔之把關。參 Garrett and House, *Song of Songs/Lamentations*, 171, 213。

⓭ 朗文反對「巡邏看守的人」就是防守女子的純潔之把關這觀點。參 Longman III, *Song of Songs*, 130。

⓮ 「錫安女子」是耶路撒冷城的擬人化之隱喻，出現在舊約書卷有三十多次，其中也包括在雅

歌三章 11 節。其他大多數出現在先知書裏，尤其是以賽亞書共有九次（一 8，三 16、17，四 4，十 32，十六 1，三十七 22，五十二 2，六十二 11）；其他的有出現於耶利米書三次（四 31，六 2、23）、耶利米哀歌八次（一 6，二 1、4、8、10、13、18，四 22）、彌迦書四次（一 13，四 8、10、13）、撒加利亞書兩次（二 14，九 9），以及列王紀下、詩篇、西番雅書各一次（王下十九 21；詩九 15；番三 14）。

⑮ 有關《漫步》（*The Stroll*）的出處，可參 Papyrus Chester Beatty I group 34, quoted in Fox, *The Song of Songs*, 53。筆者將它中譯。

⑯ 杜古德認為「進入母親的家」不一定有色情的意義。參 Duguid, *The Song of Songs*, 102。

⑰ 「母親的家」是談論女兒婚嫁的地方，參 Exum, *Song of Songs*, 137；另參 Carol Meyers, "'To Her Mother's House': Considering a Counterpart to the Israelite *Bet 'ab*," in *The Bible and the Politics of Exegesis: Essays in Honor of Norman K. Gottwald on His Sixty-fifth Birthday,* ed. David Jobling, Peggy L. Day and Gerald T. Sheppard (Cleveland, OH: Pilgrim Press, 1991), 39～51。

⑱ 有關三章 1 至 4 節女子心情的進展的討論，可參 Exum, *Song of Songs*, 135；另參 Francis Landy, *Paradoxes and Paradise: Identity and Difference in the Song of Songs* (Sheffield: Almond Press, 1983), 46。

⑲ 支持「那……是誰呢？」是指涉花轎的學者，可參 Exum, *Song of Songs*, 138；Longman III, *Song of Songs,* 133；黃朱倫：《雅歌註釋》，頁 164。

⑳ 杜古德認為「曠野」是黎巴嫩未開發之地「曠野」，參 Duguid, *The Song of Songs*, 105。凱爾則認為是猶大曠野，也可能是一處遙遠、危險及無法進入之地。參 Keel*, The Song of Songs*, 126。

㉑ 依舜稱所羅門「出類拔萃的情人兼帝王」，參 Exum, *Song of Songs*, 141。

㉒ 對於邪靈在新婚之夜的殺戮行為的討論，可參 Pope, *Song of Songs*, 435；Keel, *The Song of Songs*, 129。

㉓ 有關黃朱倫對「轎」與「華轎」兩者的分別的討論，參黃朱倫：《雅歌註釋》，頁 166～167。

㉔ 鮑勃對「坐墊」的翻譯及詞義的討論，參 Pope, *Song of Songs*, 443～444。

㉕ 「紫色」的出處，可參 Longman III, *Song of Songs*, 138；Hess, *Song of Songs*, 110。

㉖ 謝挺將「轎」與建造會幕的材料和顏色作對應，參謝挺：《雅歌》，頁 236；亦參 Hess, *Song of Songs*, 121。

㉗ 有關將「愛情」作修訂的學者有 Exum, *Song of Songs*, 139, 150；Pope, *Song of Songs,* 445。而依舜會有更多的討論和解説。

㉘ 格勒特對轎子內部的鋪設的評述，可參 Garrett and House, *Song of Songs/Lamentations*, 175。

㉙ 有學者認為「耶路撒冷的眾女子」是雅歌女子與之對話的對象。參 Stefan Fischer, "Who Are the Daughters of Jerusalem?" in *The Song of Songs Afresh: Perspectives on a Biblical Love Poem*, Hebrew Bible Monographs 82, ed. Stefan Fischer and Gavin Fernandes (Sheffield: Sheffield Phoenix Press, 2019): 77～101。

㉚ 鮑勃認為單數和複數的「錫安的女子」有不同的意義，參 Pope, *Song of Songs*, 447。

31 朗文指出，一位母后在兒子的加冕典禮或王室婚禮為兒子戴上冠冕只是詩歌意境，而非實際習俗。參 Longman III, *Song of Songs*, 139。

32 朗文認為這段詩節著重的是一種詩意的描述、想像，並藉著所羅門的生活並富裕地位的背景，來歌頌愛情和婚姻。他亦指出這是解讀三章6至11節三種詮釋進路的其中之一。參 Longman III, *Song of Songs*, 133。

33 凱爾認為四章這段經文是男子迎接新娘到他面前的歡迎詞。參 Keel, *The Song of Songs*, 140～141。

34 有關「瓦施芙」的討論，可參 George M. Schwab, "WASF," in *Dictionary of the Old Testament Wisdom, Poetry and Writings*, ed. Tremper Longman III and Peter Enns (Downers Grove, IL: IVP Academic/Nottingham: InterVarsity Press, 2008), 835～842。不過，格勒特認為雅歌只有兩首「瓦施芙」，就是：四章1至15節；六章4～10節。參 Garrett and House, *Song of Songs/Lamentations*, 35。

35 關於弗朗茨・德利茨提出納瓦人（*Nawâ*）與「瓦施芙」觀點的評論，參 Delitzsch, *Commentary on the Song of Songs and Ecclesiastes*, 162～187。另參 Schwab, "WASF," 835。

36 赫斯對「瓦施芙」的評論，參 Hess, *Song of Songs*, 125。

37 依舜對雅歌男女有不同的「愛情語言」的討論，可參 Exum, *Song of Songs*, 13～28, 156～127。

38 有學者認為面紗是「隔開」也是「隱藏」，是男女之間最微弱的分隔線。參 Munro, *Spikenard and Saffron*, 52；Duguid, *The Song of Songs*, 111。

39 學者對披上面紗是在古代近東訂婚和結婚禮儀習俗的討論，參 Karel van der Toorn, "The Significance of the Veil in the Ancient Near East," in *Pomegranates and Golden Bells: Festschrift for J. Milgrom*, ed. D. P. Wright (Winona Lake, IN: Eisenbrauns, 1995), 327～339；另參 Duguid, *The Song of Songs*, 110。

40 「黎凡特」（Levant）是指「古代近東」或「古代西亞」，亦就是地中海東邊的一大片土地。參 Garrett and House, *Song of Songs/Lamentations*, 189。

41 卡洛德（G. Lloyd Carr）指出「你的嘴」在諧音上較適合與「你的唇」平行。他的討論可參卡洛德：《雅歌》，潘秋松譯，丁道爾舊約聖經註釋19（台北：校園書房，1994），頁136；黃朱倫：《雅歌註釋》，頁173。

42 福克斯從古代文物的資料，指出近東女性頸項上至肩旁之間會掛大量飾物。參 Fox, *The Song of Songs*, 131。

43 赫斯對7節交叉結構之主張，可參 Hess, *Song of Songs*, 126。

44 有學者如斯奈思認為「新婦」完全與婚姻沒有關係。參 Snaith, *Song of Songs*, 65。依舜甚至推翻「新婦」與婚禮的關聯。參 Exum, *Song of Songs*, 167～168。

45 凱爾認為山的描述是將女子繪畫為古代近東的女神之神聖不可侵犯。Keel, *The Song of Songs*, 155。有關學者對女子在山上的描述猶如女神的討論，參 Keel, *The Song of Songs*, 156, 157～160；Garrett and House, *Song of Songs/Lamentations*, 192～193。

46 「你奪了我的心」帶著強烈行動的意思。參 Garrett and House, *Song of Songs/Lamentations*,

185, 194；另參 Fox, *The Song of Songs*, 136。

㊼ 凱爾和朗文對「你奪了我的心」的翻譯，可參 Keel, *The Song of Songs*, 161～162；Longman III, *Song of Songs*, 149。另外，赫斯則理解為「妳欺騙了我」（you have beguiled me），顯得比較負面。參 Hess, *Song of Songs*, 142。

㊽ 鮑勃和格勒對「奪了我的心」的解釋，可參 Pope, *Song of Songs,* 479～480；Garrett and House, *Song of Songs/Lamentations,* 193。

㊾ 凱爾對「園子」的解釋，可參 Keel, *The Song of Songs*, 167, 172；鮑勃對「井」的解釋，參 Pope, *Song of Songs*, 488～489；格勒特對「井」的解釋，參 Garrett and House, *Song of Songs/Lamentations*, 194。

第七章

共結連理：有情人終成眷屬（四 16～五 1）

- 佳偶心想事成
- 良人達成心願
- 兩人不醉無歸

有情人終成眷屬了！佳偶和良人進到「共結連理」的階段，也是雅歌全書的中心。雅歌的核心顯示，佳偶與良人在肉體上合一。雖然這段經文只有兩節，它綜合了佳偶、良人和眾人的聲音。佳偶和良人終於擁有夫妻之實，他們的結合也得到耶路撒冷眾女子的祝福。這段詩節三次提到「園子」(*gan*)：第一次是16節「我的園內」(*ḡannî*)；第二次仍是16節「進入自己園裏」(*ləḡannô*；單數陽性名詞附以第三人稱代名詞後綴，直譯是「他的園子」)；第三次在五章1節「進入我的園中」(*ləḡannî*)。這顯而易見的重複，凸顯了「園子」的題旨。

7.1 佳偶心想事成(四16)

15節提到園子裏有泉水和活水灌溉著，到了16節園子被風吹拂。「北風」(*ṣāp̄ôn*)與「南風」(*ṯêmān*)在原文並沒有「風」(*rûᵃḥ*)字。雖然只有「北」與「南」的方向而沒有「風」的字詞，幾乎解讀者都明白其文意是指「風」，這可說是詩詞一種隱晦式修辭的表達。「北風」與「南風」的方向，純粹為了形成文中的平行作用，與季節氣候或強弱風勢無關。而文中有「興起」(*ʿûrî*)、「吹」(*ûḇôʾî*)、「吹在」(*hāp̄îḥî*；亦可作「呼吸」)的系列命令式動詞已暗示詩文的處境設定了「風」的存在，彷彿佳偶在召喚風吹起來。

另外，「發出來」(*yizzəlû*)、「進入」(*yāḇōʾ*)和「吃」(*wəyōʾḵal*)是系列祈願式動詞，女子刻意邀請良人進入她的園子，享受她的愛情。值得注意的是「興起」(*ʿûrî*)的詞根(*ʿāwar*)與女子囑咐不要「喚醒」(*tāʿîrû*)愛情或「挑動」(*təʿôrərû*)愛情的詞根相同(二7 [x2]，三5 [x2]，另參八4 [x2])。這個字的詞根在雅歌一共出現九次，其中五次(二7，三5 [x2])，八4 [x2])同樣是說到不要喚醒或挑動愛情，一次是形容佳偶的心「清醒」(五2)，一次則形容佳偶叫醒良人(八5)，四章16節指的是北風的「興起」。這一共出現九次的語意，顯而易見是因性愛而興奮的意義。雅歌女子之前的節制，已成了現在的解放；所以現在要「興起」北風，是時候她喚醒和挑動愛情。

另外，「吹在」(*hāp̄îḥî*)可以解作「呼吸」，在雅歌之前亦出現過兩次。一次在「天起涼風」的時候，雅歌女子囑咐良人歸回(二17)；第二次也是在「天起涼風」的時候，良人要往沒藥山和乳香岡去(四6)。如今，院內又有風吹起，久等的良機終於成熟。

有學者解讀這裏的「北風」和「南風」，刻意引申創世記提到上帝的靈運行水面上（創一2）及以西結書的「靈」或「氣息」使骸骨復生（*rûaḥ*；結三十七9～10），借此關聯神聖之力量。❶筆者覺得實在不需要如此，因為雅歌的場景是男女共歡的情景，與耶和華吩咐靈或耶和華吹氣的工作不一樣。而且，在雅歌這裏也沒有「靈」（*rûaḥ*）這字眼，因此沒有可關聯「靈」或「風」的概念。單是兩股風吹的隱喻，其實已經足夠闡述園子（佳偶的身體）所發生的事。

北風和南風都興起吹來，肯定在園子引起不小的風勢。雅歌這裏借用兩股的風勢以及散發的香氣，描繪佳偶在新婚之夜的激情。在這裏，佳偶可以大方的邀請良人進入園子。女子的園子現在已成為「他的園子」，她邀請他去吃「佳美的果子」。吃「佳美的果子」很明顯是指體驗「性」的愉悅。如果是婚前，性行為可說是「禁果」，不過現今他們已經結為夫妻，故性關係是體驗「佳美的果子」。

佳偶曾經說：「願他用口與我親嘴」（一2），但在這裏，她說：「願我的良人進入自己園裏」（四16）良人立刻回應佳偶的邀請，他進入這個園子。佳偶之前被良人形容為「關鎖的園」，這裏這個園子也不再上鎖，而是已經為良人——她的丈夫——而開啟。

7.2 良人達成心願（五1上）

「我妹子」、「我新婦」是重溫了前一段詩節的親暱稱呼（四8、9、10、11、12）。「沒藥和香料」亦再次重申香氣與性愛的題旨（四6、10、11、14），而「蜜房和蜂蜜」也喚起上文形容親吻所帶來的快感（四11）。在此不同的是，「沒藥」、「香料」、「蜜房」、「蜂蜜」、「酒」和「奶」現今都加上「我的」這第一人稱代名詞。這些東西都「屬於他的」了。

良人「進了」園子，而且引用佳偶說過的「我的園中」（*gannî*），他說這園子現在是「我的園中」（*ləgannî*）。良人曾說它是「關鎖」、「禁閉」、「封閉」（四12），現在良人開啟這個園子了。良人這裏用一系列的第一人稱完成式動詞，來回應佳偶系列的祈願式動詞（四16）：「我進了」、「採了」、「吃了」、「喝了」。這也代表良人已經進入了「園」(佳偶的身體),並且享受了園中的「佳美果子」。依舜指出,良人透過八次重重複複的第一人稱後綴「我的」,來強調他對這個園子的擁有權——「我妹子」(*ʾăḥōṯî*)、「我的園中」(*ḡannî*)、「我的沒藥」(*môrî*)、我的「香料」(*ʿim-bəśāmî*)、「我的蜜房」(*yaʿrî*)、我的「蜂蜜」(*ʿim-diḇšî*)、「我的酒」(*yênî*)和我的「奶」(*ʿim-ḥălāḇî*)。❷

除了名詞有重複諧音,動詞讀起來一樣有押韻感。那是一連串的「我進了」(*bāʾṯî*)、我「採了」(*ʾārîṯî*)、我「吃了」(*ʾāḵaltî*)和我「喝了」(*šāṯîṯî*)的動作。

「我的沒藥和香料」、「我的蜜房和蜂蜜」、「我的酒和奶」是一系列一對對的字,與上一節的「北風」和「南風」都有整體性(totality)的概念。文中之意,是指全面的風的全面吹向(北風與南風),再加上全部的香味(沒藥和香料),以及所有的甜蜜(蜜房和蜂蜜),並品嘗一切美好的(酒和奶)。

7.3 兩人不醉無歸(五1下)

「我的朋友們」原文只有「朋友」(*rēʿîm*),並沒有附以第一人稱代名詞後綴;至於「我所親愛的」(*dôḏîm*)原文也沒有附以第一人稱代名詞後綴,可解作「愛情」(love),亦有「性愛」(lovemaking)之意(參一2、4,四10)。整句片語有三個祈願式動詞——「請吃」(*ʾiḵlû*)、「請喝」(*šəṯû*),以及「多多地喝」(*wəšiḵrû*;有「喝醉」之意)。這麼看來,全句直譯可作:「請吃,朋友!請喝,要因愛而醉!」

「和合本」在題注標明了這句話是「耶路撒冷的眾女子」的聲音,也就是佳偶與良人以外一羣女性的聲音。大多數學者都認為是她們在向佳偶和良人說話。❸ 筆者支持這說法,原因有兩個。第一,她們是佳偶經常對話的對象(一5,二7,三5,五8、16,八4),這裏再次出現並非異常。如果這裏是良人或佳偶向其他人說話,則顯得異常,因為佳偶和良人不曾在雅歌書卷向其他人直接說話。第二,耶路撒冷眾女子通常在佳偶思念良人的時候(一5,五8)或是在佳偶和良人親密的時刻(二7,三5,五16,八4)被提及。在這裏,佳偶和良人有情人終成眷屬,耶路撒冷眾女子也在其中慶祝他們的新婚。她們可說是認可了兩人之間的性愛,鼓勵他們「在性愛中心醉神迷地進入亢奮高潮的境界」。

有學者認為「我的朋友們，請吃！我所親愛的，請喝，且多多地喝！」是良人跟他的朋友所說的話，邀請他們從日常生活中輕鬆快活一下。❹他們可能是協助良人迎親的家人或賓客，新郎在這裏囑咐賓客要多喝幾杯，不醉不歸。只是，新郎一向都沒有向賓客們說話，這不見於雅歌其他地方。不過，雅歌這段詩節出現羣體的聲音是重要的，提醒我們婚禮和性愛不只是牽涉兩個人的結合及委身，其意義涵蓋了更大的立約羣體。

「請喝」（*šəṯû*）、「多多地喝」（*wəšiḵrû*）是兩個不同的希伯來字，後者的「喝」（*šāḵar*）是指「喝醉酒」，就如：挪亞喝醉（創九21）、以利誤以為哈拿喝醉了酒（撒上一14）。所以，雅歌這裏的文意旨在喝醉，不止是多多去喝酒而已。他們喝醉的原因，是因為愛情。在之前，雅歌女子囑咐耶路撒冷眾女子要節制和設限（二7，三5），如今，耶路撒冷眾女子跟她說：「請吃！我所親愛的，請喝，且多多地喝！」彷彿在告訴雅歌女子，她已經沒有顧慮，因此毋須設限。換句話說，她得到「解放」了。耶路撒冷眾女子在吩咐兩人要「不醉無歸」，盡情的慶祝兩人的結合。

我們為這一章做個小結。詩人精通於把愛情美好的體驗，吟詩作曲，使雅歌贏得「最美的歌」之美譽。雅歌的作者掌握身體感官的刺激，並詩意化男女對性愛的體驗。在雅歌詩人的筆下，雅歌男女認可了上帝給世人的祝福，也曉得愛情能夠為世人帶來的快樂。赫斯指出，雅歌四至五章1節記錄了聖經少有的「享樂主義之愉悅」（Epicurean delight）。這些經文對肉體的歡愉並不設限禁止，更不認為肉體的歡愉是邪惡的，或者不配的。所以，「性愛的快感並非意味著我們向罪投降」，反而是指向上帝為愛他的人所預備的各種喜樂之可能性（林前二9）！❺

信仰反省

在雅歌，男女的愛情藉著描繪物質世界的存在，豐富的吟誦出來。在雅歌「婚禮之歌」的這段「瓦施芙」（四 1～15）有提及膏油、鏈子、臉孔、人體、園子、果子、花草樹木、泉水和溪水等等，這些都成為慶祝雅歌男女愛情的交響曲配樂。在「共結連理：有情人終成眷屬」（四 16～五 1），佳偶和良人的性愛也藉著感官體驗之縱情，發揮得淋漓盡致。我們看到詩句如何描繪佳偶的園子，也張羅了花香和各種香料，品嘗果子、奶和蜜，以及感受園子風吹和泉水滋潤等等，來間接傳達性愛的歡愉。

「禁慾主義」和「攻克自身」之靈性操練，當然還有基督教信仰的價值。只是，雅歌的愛情體驗，是基督徒也可以得到的人生享受。凡相信上帝以及跟隨基督的人，不需要否定世界當中的美好事物。愛情是男女活在世上的美好憑證，性愛更是夫妻之間的甜蜜滋潤。禁食禱告有時，享受愛情有時；這也是好好生活的一種智慧。

更進一步而言，雅歌的婚宴反映了基督徒所展望的未來宇宙性婚宴。天國的婚禮也是有吃有喝的盛宴，那是榮耀光輝的一場婚宴，就如新郎是基督，教會是新娘。就如雅歌女子預備自己成為良人的新娘，教會也要把自己預備好去赴宴：「就蒙恩得穿光明潔白的細麻衣，（這細麻衣就是聖徒所行的義）。」（啟十九 8）被邀請赴羔羊婚宴的人是有福的（啟十九 9），也有生命的泉水給我們得以解渴（歌四 15；啟二十一 6）。

所以，雅歌園子有創世記的伊甸園作為神學論述的起點，也有啟示錄的羔羊婚宴作為終點。當中的「居間狀態」依然是一個墮落的世界，基督徒卻可以經歷上帝所賜的美善和恩典，包括愛情與婚姻。

溫習及思考問題

1. 這一章的主題是「共結連理：有情人終成眷屬」。如果換作是你，按照你對這一章的理解與體會，你如何定這一章的主題？
2. 有學者解讀四章 16 節的「北風」和「南風」，刻意引申上帝的靈運行水面上（創一 2）及以西結書的「靈」使骸骨復生（結三十七 9～10），借此與神聖之力量這主題連繫。你有甚麼看法？請解釋原因。
3. 良人回應佳偶的邀請，進入園子去吃「佳美的果子」，是喻指著甚麼意思？你會按照字面的意思去理解嗎？

4. 為何耶路撒冷眾女子跟她說：「請吃！我所親愛的，請喝，且多多地喝！」？我們今天如何在「不醉無歸」的盛情慶祝之下，避免衝破界限，引致敗壞？
5. 雅歌乃詩人對愛情美好的體驗的吟詩作曲之作，這一章的詩節是否令你贊同雅歌實屬「最美的歌」之美譽？你認為雅歌之「美」在哪裏？

短註

❶ 格勒特解說上帝的靈運行水面上（創一2）以及上帝向人吹進生命之氣（創二7），人就有了生命。參 Garrett and House, *Song of Songs/Lamentations*, 201。此外也有凱爾認為，園子本來已經沉睡，現在藉著風吹就復蘇以致散發香氣，就如以西結書所記載靈的作為，能夠讓已死的骸骨復生。參 Keel, *The Song of Songs*, 181。

❷ 依舜指出，良人以八次重複的第一人稱後綴來強調他對這個園子的擁有權。她的討論可以參 Exum, *Song of Songs*, 181。

❸ 支持五章1節下是耶路撒冷眾女子的說話的立場的學者，參 Garrett and House, *Song of Songs/Lamentations*, 200；Exum, *Song of Songs*, 152；Hess, *Song of Songs*, 156～157；Duguid, *The Song of Songs*, 120；Longman III, *Song of Songs*, 153；Snaith, *Song of Songs*, 71；黃朱倫：《雅歌註釋》，頁197。

❹ 支持五章1節下是良人跟他的朋友所說的話這立場的學者，參 Keel, *The Song of Songs*, 184；謝挺：《雅歌》，頁159～160。

❺ 赫斯對雅歌四至五章1節有「享樂主義之愉悅」的討論，參 Hess, *Song of Songs*, 158。

第八章

婚禮之歌：新婚之夜（五 2～六 10）

- 佳偶對良人的期待
- 耶路撒冷眾女子的安撫
- 佳偶對良人的讚賞
- 耶路撒冷眾女子對女子的安撫
- 佳偶對良人的委身
- 良人湧溢的讚賞

按照書卷大綱，這裏詩節 D'「婚禮之歌（新婚之夜）」（五 2～六 10；參第一章，頁 8）呼應詩節 D「婚禮之歌（婚禮前夕）」（三 1～四 15）。

在新婚之夜良人似乎走開一陣子，導致佳偶的焦慮重現（五 2～8）。這種患得患失的心情，似乎很快因良人再次出現而安定下來，至少詩歌的字面解讀是這樣。事實上，這段詩節高度地引用詩歌隱喻去描繪洞房之夜的場景。接著，詩文提及路撒冷眾女子兩次提問雅歌女子，引發雅歌女子向她們傳達她對良人的讚賞和仰慕（五 9～六 3），就是雅歌裏惟一的一首「良人頌」（五 10～16）。雅歌女子的「良人頌」（五 10～16），是她對良人產生讚賞而頌讚的詩。在雅歌，它是惟一的女聲「瓦施芙」：「身體頌歌」（參專欄「瓦施芙」的評價」，頁 131）。佳偶為她心愛的人，從頭到腳加以觀察、欣賞和讚歎，特別強調良人的俊俏、健壯和光芒。

接著也有一段良人對佳偶而作的「瓦施芙」（六 4～10），與詩節 D 的「瓦施芙」（四 1～15）一樣。良人再次對佳偶大大地讚賞，毫無掩飾地流露他對她的眷戀。其中，女子有第二次似夢似真的情景（五 2～8；參三 1～5），描述女子在街上尋找良人的情景，而且都遇見在城中巡邏看守的人；是雅歌當中明顯有關聯的兩處經文。不同的是，之前佳偶找到了良人，領他進入家裏（三 1～5），這裏佳偶找不到良人，以致佳偶思愛成病（五 2～8）。在這一段詩節，詩中描述佳偶甚至被城中巡邏看守的人打傷，而且奪去她的披肩。

在結構方面，五章 2 節至六章 3 節呈現 ABABA 的平行結構。A 是佳偶對良人的期待、讚賞和委身，B 是佳偶和耶路撒冷眾女子的對話。六章 4 至 10 節自成一格，是良人説話，就是 C 部分，可説是一段「佳偶頌」（六 4～10）。男子對佳偶湧溢和盡情的讚賞，就如四章 1 至 15 節的「佳偶頌」風格一樣。

A　佳偶對良人期待（五 2～8）

　B　……耶路撒冷眾女子的安撫（五 9）

A　佳偶對良人讚賞（五 10～16）

　B　……耶路撒冷眾女子的安撫（六 1）

A　佳偶對良人委身（六 2～3）

　　C　良人湧溢的讚賞（六 4～10）

8.1 佳偶對良人的期待（五 2 ～ 8）

新婚之夜，女子仍沒有入眠，她自言「我身睡臥，我心卻醒」。經文並無顯示這是一個夢境，只是指出佳偶預備入眠時的靜態。這時，佳偶描述她聽見良人的聲音，他正在「敲門」。既然佳偶仍未睡著，這一「敲門」令她更加清醒了。

2 節下至 8 節這小段詩節，突以良人求佳偶為他開門為始，以佳偶被守衛打傷、奪去披肩作結。若僅從字面理解，事件發展似乎雜亂無序。然而，雅歌畢竟是詩歌而非敘事，尤以此段隱喻之濃烈見長，使其中的性愛描寫更具美學張力。自此，詩歌展開雙重層次 —— 字面上看，情境中詩意的描述卻不合常理；從隱喻看，才顯雅歌男女，尤其是女子內在情感的真正流露。

須留意的是，反對隱喻解讀這段經文而提倡字面解讀的學者亦不少，其中最為人所知的就是福克斯，他認為雅歌男子其實一直都站在門外，詩節全文並沒有顯示他與雅歌女子有發生性愛關係。朗文也認為，這段內容純屬虛構，是順著詩歌的題旨和意象而表達出來；不過朗文並不否認有雙關語和性愛婉辭的存在。❶ 另外很多學者，尤其是鮑勃和格勒特，認為詩文語帶雙關，具體地描述良人與佳偶第一次有性愛接觸；換句話說，佳偶在這新婚初夜失去了貞操。❷ 解讀雅歌時，讀者無可避免要處理詩歌的隱喻，特別是這一段詩節的確富有暗示性的隱喻和婉辭。

話說回來，佳偶說良人「敲門」，其實原文只有動詞「敲」（*ḏôpēq*），沒有「門」。這詞的原文是一個分詞，它的動詞詞根（*dpq*）原本的意思是一個強烈敲打的動作，有「強迫」或「推」的意思（參創三十三 13；士十九 22 同樣的動詞詞根）。在新婚之夜，雅歌男子這強烈，甚至帶粗暴的「敲門」，意味著良人向佳偶求愛，是一種隱喻。

雅歌男子暱稱佳偶「我的妹子」（四 9、10、12，五 1）、「我的佳偶」（一 9、15，二 2、10、13，四 1、7）、「我的鴿子」（二 14）。這些暱稱不只一下子密集出現，還加上「我的完全人」（「和修版」譯作「我完美的人兒」；六章 9 節也出現一次）。「我的妹子」（*ʾăḥōṯî*）、「我的佳偶」（*raʿyāṯî*）、「我的鴿子」（*yônāṯî*）、「我的完全人」（*ṯammāṯî*）在原文十分有押韻感。「我的完全人」詞根是「完全」(*tam*)，與「正直」(*tummāh*)有關係密切。約伯一直維護「我的純正」(*tummāṯî*)(伯二十七5，三十一6)，就言喻了一種生命的素質。「我的完全人」意味著良人指出佳偶道德倫理上的完美——潔身自愛、守身如玉，因此她在良人的心目中無可指摘。這裏，良人一下子給予這麼多極其親密的呼喚，反映枕邊的呢喃，目的是要女子「開門」。

依舜指出良人向佳偶說「求你為我開門」(*ḏôpēq piṯḥî-lî*)，基於沒有任何賓語，因此可以直譯為「開給我」(*piṯḥî-lî*；“open to me”)，提示了經文這是一個隱含句。雖然朗文認為「開」意味著是「開門」，他也不排除「開門」隱含性交的意思。❸ 總的來說，詩歌的情景只屬暗示性(suggestive)。這個「開門」的「開」在5、6節重複出現，換成是雅歌佳偶為她的良人「開門」(原文同樣只有「開」)。

男子要女子「開門」的理由是他的頭「滿了露水」、頭髮「被夜露滴濕」。如果把詩文的字面情景拍成電影情節，那將會是一幕浪漫的求見——癡情男子在雨水中站著，他在房門口敲門，希望能夠進去與心愛的女子見面。在雅歌，這雨中求見愛人的場景也絕對合理。不過，字面解讀在這裏出現了至少兩個疑問。第一，按照經文脈絡，這時候應該是雅歌男女的新婚之夜，夜間也是他們合乎禮節享受性愛之時刻。為何男子被拒於門外淋雨呢？第二，雨中求見的話，男子的頭應該是沾滿雨水，為何經文講的是「露水」呢？

這裏「頭滿了露水」帶有負面意義，猶如尼布甲尼撒王被「露水滴濕」的遭遇(但四25，五21)，雅歌男子的情況看似狼狽。「露水」在雅歌這節經文可比喻為精液。男子「頭滿了露水」、「髮被夜露滴濕」則是可想而知的。這是文學上用含蓄的言語來表達男人在性上的亢奮而產生生理上的變化。因此看來「求你給我開門」、「我的頭滿了露水，我的髮被夜露滴濕」都是性交的婉辭。這說明雅歌這段詩節，延續著詩歌一貫對意象和隱喻的高度應用。

在3節，佳偶有這樣的回答：「我脫了衣裳，怎能再穿上呢？我洗了腳，怎能再玷污呢？」其中提到的「脫了衣裳」、「洗了腳」再加上2節的「睡臥」，都是形容預備睡覺或休息的動作(參撒上十九24；尼四23)。根據凱爾，這裏的「衣裳」可能是指緊身的長內衣，熱天可單獨穿上，冷天則需要加上外袍，因為外袍可以當被蓋（出二十二25～26；申二十四13）。❹ 被暗嫩強暴的她瑪，她被暗嫩趕出門時，身上穿著的「彩衣」（撒下十三18）與這裏的「衣裳」屬同一個字詞。如果從隱喻看解釋，「衣裳」亦可能是喻指貞操，在雅歌女子和她瑪的處境都是可以理解的。

雅歌女子已經脱衣、洗腳，表示預備入眠，也可能表示她已預備新婚之夜將會發生的事。若參照2節女子的「睡臥」，很有可能雅歌女子是赤裸地躺臥床上，期待著良人來接近她。「我脱了衣裳，怎能再穿上呢？我洗了腳，怎可再玷污呢？」這兩句巧妙的反問，是女生羞怯和靦腆的自然反應。女子此刻欲迎還拒，即便她之前多麼渴望這一夜會來到。

許多學者和聖經翻譯都把3節定為佳偶的聲音。格勒特提出罕有的見解，認為「我脱了衣裳，怎能再穿上呢？我洗了腳，怎可再弄髒呢？」很有可能是良人承接上一節的說話。格勒特的理由是「衣裳」（*kuṯōneṯ*）只有一次用在女性的服飾上，也就是她瑪的外袍（撒下十三18），其他多數指男性的服飾，如約瑟的長袍（創三十七3、23、31）、戶篩的衣服（撒下十五32）、以利亞敬的外袍（賽二十二21），還有祭司的外袍（出二十八4）、內袍（出四十14）和禮服（拉二69）等等。所提到的「腳」亦是男子性器官的婉辭。格勒特認為，男子是赤裸著求愛；其詩歌文學表達則是描述一個男人在屋外淋濕，急促叩門想進去屋內的畫面。❺ 不過，格勒特的見解並非十分有說服力。依辮指出，雅歌男子既然有性愛的慾望，為何反問自己要穿上衣服和弄髒雙腳？❻

這一節詩文，帶讀者進入一個狂野的想像境界，因此也是解讀雅歌的學者最多爭議的地方。從字面解讀良人「從門孔裏伸進手來」的動作、良人被拒於門外，心急得把手指探入「門孔」。「**門孔**」（*ḥōr*）其實是「孔」或「洞」，就如以西結先知在院子看到牆上的一個洞（結八7）、祭司在祭壇旁邊的櫃子鑽的一個洞（王下十二9〔希伯來聖經〕十二10）。這「孔」或「洞」的字面意思，可以是門上讓手指撥弄開關門鎖的開口。意思是說，良人被拒於門外，愛情的迫切使良人伸手進去門孔，想要弄開螺栓，開門進去見愛人。整個情景如詩如畫般的美，不帶慾望色彩。

「門孔」也可以用在較大的洞穴，例如山洞（撒上十四11）和地洞（伯三十6）。

不過，「門孔」（*ḥōr*）也可能是描述雅歌男女性愛結合的關鍵字詞。蘊含在經文字面後的是性愛的隱喻，特別是在上下文的意境之下。「門孔」即是「孔」。中文成語「情竇初開」的「竇」字，意思是「孔穴」；「情竇」因此與愛情的萌生有關，尤其在初熟發育的女生身上。用「愛情的孔穴」指剛剛懂得愛情的女生，不知是否有生理上的緣由，但是，毋庸置疑的是形容對性愛有初次之好奇和認知。謝挺指出詩文的雙關語，「孔」喻指女子身體私處，而「手」喻指男子身體私處的部分。黃朱倫指出經文是性交委婉的說法，是指某樣東西插進某個洞孔中，有充滿性愛的含義。❼

如果「孔」是暗喻女子的陰道，而「手」是男子的陰莖的委婉語，那麼「請開門」應該是男子性交的請求。即使是一般上理解為人體上的雙手，而「手」亦可以是男人性器官的一句委婉語，希伯來聖經也曾出現如此的表達方式（參賽五十七 8）。在烏加列文獻和蘇美爾人的愛情詩歌，「手」意指男人的陰莖，亦是可見的。❽

不過，也有學者反對經文是指性愛或性交過程的一種隱喻。墨菲認為「孔」的原意模糊不清，不能構成是性交的理由。福克斯認為，詩文內容只是描述良人把他的手指放在窗戶而已。這當然引致更多的辯解，例如格勒特認為「孔」的希伯來文語法，從來沒有「窗口」的意思，而且「窗口」另有希伯來文詞根云云。❾

無論是比喻性愛，還是描述良人無助的手指嘗試擺弄螺栓去開門，都促使雅歌女子說自己因著良人「動了心」。「心」（*mēʿeh*）原文主要意思是「內臟」，在希伯來聖經有時被譯為「心腸」（參賽十六 11）或「腹」（參詩七十一 6），亦可作「內心深處」之感情。這詞若用在女性身上，也有「子宮」之意（參創二十五 23；民五 22；得一 11）。但是，這裏的「心」是一個複數名詞，它不會是指「子宮」，而很可能是指「七臟六腑」。

至於「動了心」的「動」（*hāmāh*）原文是一個第三身複數動詞，而這「動」是一個激烈的動作，就是「咆哮」或「吼鬧」。詩篇四十六篇說到水「澎湃」翻騰（詩四十六 3〔希伯來聖經〕四十六 4），外邦「喧嚷」（四十六 6〔希伯來聖經〕四十六 7），都是一個相同詞根的動詞。這動詞的主語是「心」，故此，「動了心」意思是佳偶的所有內臟都在「咆哮」。總的來說，雅歌女子此刻的內心深處翻騰，她的激情被良人挑起來。

於是她「起來」（*qûm*），為她的良人「開門」（*pātaḥ*）。究竟是否按照字面意思形容女子真的起身，筆者則認為這裏仍是隱喻，也是委婉語。言下之意，是指雅歌女子回應良人的求歡。

接著，雅歌女子形容自己的兩手和指頭滴下「沒藥」（*môr*）。「沒藥」是昂貴的進口出產，雅歌女子雙手和指頭能夠「滴下沒藥」，意思是說她必須先把雙手浸在「沒藥」液體裏才能夠滴下。這按照實意而解，是極其奢侈的用法。在這個時候，雅歌女子的雙手真的滴下沒藥的話，是奇怪的。不過，依舜指出女子用沒藥膏抹自己或薰香她的床鋪（參箴七17），手上還存有沒藥和餘香，於是開門的時候把一些「沒藥」也留在門閂上，這個看法是可能的。雅歌女子雙手有豐厚的「沒藥」，顯示她有洞房之夜的預備。雅歌女子是真的要為良人而獻上自己的。

「沒藥」在之前都環繞著雅歌女子出現。雅歌女子坐著薰了「沒藥」的轎子（三6），她的花園有「沒藥」（四14），雅歌男子說他要往「沒藥」去（四6），雅歌男子要採沒藥（五1）等等。因此，這裏「沒藥」表示她已經準備好，她用「手」和「指頭」觸摸男子，表達愛意。

按照格勒特極其大膽的解說，5節內容的順序，則有另外一個可能的含義。他認為女子的「兩手」、「指頭」和「門閂」是連繫於女子的下體。雙手和指頭都滴下沒藥，極有可能反映女子自然的生理反應。換句話說，從2至7節的詩節順序，根據格勒特的說法，其實都是一連串的隱喻（a series of metaphors）。⑩

6節與上一節顯著反映雅歌女子的自主性。雅歌女子又說：「我給……開了門」（*pātaḥtî ʾănî*），還有接下去的「我尋找他」（*biqqaštîhû*）、我「我尋不見」他（*lōʾ məṣāʾtîhû*）、「我呼叫他」（*qərāʾtîw*）。雅歌女子的聲音一直主導著詩的進展，旋律顯得急促。詩文的內容發展急轉直下，雅歌女子正為她良人「開門」之際，他卻轉身走了！當下，輪到雅歌男子欲迎還拒了！同樣地，6節原文並沒有「門」這詞，「門」只能說是一個隱藏了的賓語，用以解說「開」的動作（關於「開」的意義，參上文 5 節的分析）。「我給我的良人開了門」，因此是指雅歌女子願意獻身。不過，在雙方你情我願的新婚之夜，雅歌男子突然「轉身走了」!「轉身」（*ḥāmaq*）亦在耶利米書出現一次，「和合本」譯為「反來覆去」（耶三十一 22）。「走了」（*ʿāḇar*）的本意是「經過」（參創十五 17；書十 29、31、34），原文詞根（*ʿbr*）曾在雅歌出現過，形容「已往」（二 11）和「遇見」（三 4）。「和合本」譯為「走了」是貼切的，不過並非字面意思地離開現場。凱爾指出是女子錯過了時機；格勒特認為，「轉身走了」意思是男子「失去興趣了」（a loss of interest），因為他已經達到性愛的目的，因此不如求愛時那麼著急。⓫

簡直難以令人相信！良人居然在這個時刻轉身走了（6 節下）。雅歌女子感覺突然「被遺棄」，形容自己「神不守舍」。「我神不守舍」源自兩個希伯來字，「我的靈魂」（*napšî*）和「出去」（*yāṣʾāʰ*）。希伯來聖經其他地方當這兩個詞根並列，是用來形容拉結生便雅憫時那種艱難，「靈魂要走」（*bəṣēʾṯ napšāʰ*）（創三十五 18）。雅歌女子在這裏固然並非真的「快要死了」，而是形容「洩氣」或「敗興」的誇張比喻手法，猶如今天我們形容「被潑了一桶冷水」的比喻。「新譯本」及「環球聖經譯本」譯作「差點昏倒」，那很是生動。「和合本」譯作「神不守舍」亦是很好的中文翻譯。

雅歌女子「神不守舍」，是在良人「說話的時候」（*ḇəḏabbərô*），這句子可以直譯「在他的說話當中」。良人說甚麼話並非重點，女子「神不守舍」才是。雅歌女子似乎懊悔自己「開門」過於緩慢，男子的「離開」反而點燃了雅歌女子的慾望，如今雅歌女子帶著期待，結果「尋找……尋不見」，「呼叫……不回答」，引致她急躁和不安。

雅歌女子「尋找他，竟尋不見」，「呼叫他，他卻不回答」，這句話常關聯於有尋覓主題的愛情詩，就如埃及情詩裏艾西斯尋找奧西里斯，或古代近東情詩裏阿納特尋找巴力的情景。雅歌理當也是愛情詩歌之比喻手法，是渴慕性愛的表達。她並沒有真的在夜間起來、出門尋找她的良人。接下去她所將要「遇見」的情形，亦是詩歌隱喻之表達。

雅歌女子之前已提及「巡邏看守的人」（三 3），這裏他們對她施予難解的暴力。他們打了雅歌女子，還傷了她，更奪去她的「披肩」。「披肩」（*rəḏîḏî*）亦可作「面紗」（veil），以賽亞先知曾用「蒙身的帕子」（*rəḏîḏîm*）描述錫安女子身上的華美穿著（賽三23）。此外，「披肩」也泛指以色列少女身上的衣裳搭配，特別是處女或新婦。簡言之，「披肩」是女子身上的穿著，除去身上的穿著就變成赤裸。

整段詩歌的發展令人困擾，本來情意綿綿，毫無理由地雅歌女子突然遭受嚴厲對待。這令我們想起雅歌女子曾經遭受哥哥們的欺壓（一6），雅歌男女也必須「擒拿狐狸」（二15）；換言之，雅歌園子的愛情並非一切順利的。就如真實的愛情也經常面對風霜和挑戰。依舜指出詩歌的「盲目主題」（blind motif），就如雅歌並沒有解釋為何佳偶的哥哥們對她發怒，也沒有進一步解釋如何「擒拿狐狸」，這裏對巡邏守衛打傷她之事，亦沒有接下去解說的意思；不過，依舜指出雅歌最終的結局，是反映了雅歌女子對社會限制的勝利反抗。

根據格勒特的解說，「巡邏看守的人」是隱喻，指雅歌女子的貞操，這裏亦是一樣。格勒特認為「巡邏看守的人」第一次出現時，她為守住貞操而焦慮，在這裏「巡邏看守的人」再次出現，是她失去貞操時痛楚之描述——女子被打傷之意。⓬ 格勒特的解讀並非毫無根據。雅歌五章2至7節的性愛象徵意義是語帶雙關的，而且整段詩節的雙關語是一致的。在這裏，隱喻解讀化解了字面解讀的困窘——新婚之夜，雅歌男子何以在門外叩門，在雨中滴濕？雅歌女子為何兩手滴下沒藥？男子為何突然轉身離開？女子為何被巡邏守衛打傷，還奪去衣裳？等等。當然學者們也努力嘗試作字面解讀，或解說是雅歌女子的夢境——分分合合、尋尋覓覓。雖說這解決了雅歌此刻撲朔迷離的情景，卻也引起其他疑問，例如雅歌其他地方是否也可能只屬夢境？依舜認為這段詩節是「性愛的隱祕敍述」（veiled account of coition），強調詩中的語言是間接性的表達，所描述的情景是「披上一層紗的性愛敍述」，而非按部就班的性愛過程。⓭ 所以，在這段詩節的場景，雅歌女子因發生性愛，脱去衣裳、身上有痛楚，所隱含的意思是毋庸贅述的。

雅歌中「城」和「園」的對比

謝挺指出雅歌的「城中」和「園子」景象成了強烈對比。雅歌中的城市一直籠罩著危險、黑暗和不安，而且對雅歌男女來說，城市是分離之處。雅歌中的花園卻一直蘊含著歡愉、滿足和安全，對雅歌男女而言，園子是相聚之處。⓮

若將「城市」和「田園」的意象作對比，我們亦可聯想到耶路撒冷眾女子和雅歌女子的不同。在雅歌一章，雅歌女子曾向耶路撒冷眾女子自辯她雖然皮膚黝黑、卻依然美麗。耶路撒冷眾女子是住在城中的女性，有城市化的繁華生活方式，而雅歌女子是鄉下女子，生活比較樸素，也必須在田園做工，所以她皮膚黝黑。她的心聲以及她對愛情的追求都出自於田園郊外，給人感覺清新和脫俗。

我們聯想當今的都市化生活，亦是反映急促緊張步伐。我們每天工作都在一座鋼骨森林裏奔竄，耳邊充塞著車聲、人聲和嘈雜聲。每次當我們有機會踏足郊外或步入樹林或田園，接觸自然界美景所散發的寧靜與恬謐，耳邊響起的是鳥鳴和蟲聲，總是令人心曠神怡。所以，我們都會把郊外看作休閒、安靜和療愈的地方。我們閱讀雅歌的愛情詩歌，亦容易感覺田園般的清爽脫俗。

耶路撒冷女子們突然在兩人的閨房之夜出現，但不影響讀者對詩歌的賞析。雅歌女子「囑咐你們」，按全書一貫的表達，這「你們」就是耶路撒冷眾女子，之前的詩節出現過兩次類似的表達，女子「囑咐」她們「不要驚動」、「不要驚動、不要叫醒我所親愛的」（二 7，三 5；另參八 4）。這裏換了新婚之夜的場景，雅歌女子又「囑咐」她們，卻是為了「告訴他〔即她的良人〕」：她「因思愛成病」。

佳偶流露對良人的失落，所以她再次向耶路撒冷眾女子說話。耶路撒冷眾女子此刻出現在新婚之夜是承接 7 節，可以理解為雅歌女子此刻需要一個傾訴心聲的對象。她近乎發誓地告訴她的朋友們，她「因思愛成病」（另參二 5「我思愛成病」）。「生病」（*ḥālah*）可能是指軟弱（參士十六 7）或病倒（參創四十八 1），又或心痛（參撒上二十二 8）。佳偶曾經期盼見到愛人，因思念而感覺生病。這裏佳偶的「生病」是因為她感覺失落，需要精神上的支援。愛情的力量很奇妙，能夠產生南轅北轍的果效。愛情能使相思的戀人鬱鬱不樂，也會使人突然精神一振。所以，對雅歌女子而言，惟有她的良人才能夠「醫好」她的「病」。

若相比雅歌女子兩段相似的情景（三1～5，五2～8），它們有異同之處。它們相似之處在於：

- 在這兩個情景之前，良人都有說話（二10～15，五2）；
- 接著雅歌女子在夜間躺臥（三1，五2），然後都有提到出去街上尋找良人（三2，五6）；
- 在兩次的情景，城中「巡邏看守的人」都遇見她（三3，五7）；她每次都囑咐耶路撒冷眾女子（三5，五8）。

不過兩段詩節也有不同之處，筆者將兩者不同的地方以表列於下：

三1～5	五2～8
良人進入佳偶的家	良人離開佳偶的門
城中「巡邏看守的人」是沉默的	城中「巡邏看守的人」是有行動的（五7）
耶路撒冷眾女子沒有回應雅歌女子	耶路撒冷眾女子回應雅歌女子（五9）
佳偶最後找到了良人	佳偶最後沒有找到良人。直至六章2節，她才找到她的良人。

8.2 耶路撒冷眾女子對女子的安撫（五9）

9節「你這女子中極美麗的」這句子曾經在一章8節出現，是出自良人的口。但是，「你這女子中最美麗的」在雅歌有兩次出自耶路撒冷眾女子，第一次是在這裏，另一次是在六章1節。「環球聖經譯本」將這句子譯為「她是美麗絕倫的女子」。

既然雅歌女子是「女子中極美麗的」，自然地很多男士會拜倒在她的石榴裙下，她何必在乎雅歌男子呢？因此，耶路撒冷眾女子問雅歌女子：「你的良人比別人的良人有何強處？」意思是說，她的愛人有甚麼特質是別人沒有的呢？原文沒有形容詞「強處」，但由一個介詞「從」（*min*）牽引著句子，這介詞有「比較」的意思，不過一般上亦跟著「好」或「俊美」等等的形容詞一併而用，這裏卻省略了形容詞。耶路撒冷女子們問：「你的良人有甚麼勝過別的良人？」而且問了兩次。言語之迫切，是要問雅歌女子何必苦苦尋找他？她們的提問，引發雅歌女子接下去就描述他是有過人之處。如果直譯，它可以寫成「妳的良人有甚麼從（*min*）別的良人？」

9 節的「囑咐」（*šāba*ᶜ）接上一節的「囑咐」是同一個詞。「囑咐」（*šāba*ᶜ）亦可理解為「發誓」（參創二十二 16；耶二十二 5；亞五 3）。耶路撒冷眾女子在問，她的良人有甚麼特別，以致她們需要給她承諾——「發誓」去告訴良人說：她因愛成病了（五 8）？格勒特指出，她們是在問她：究竟是甚麼理由讓她願意為他獻上貞操。⓯ 無論動機如何，她們的提問引致雅歌女子接下去就闡述她愛良人的理由。那是從佳偶口中而出的一首「良人頌」，也是另一首「瓦施芙」（參五 10～16）。

8.3 佳偶對良人的讚賞（五 10～16）

五章 10 至 16 節是雅歌女子對雅歌男子所發的「瓦施芙」。之前的身體讚歌是男子欣賞女子，這裏則是雅歌女子欣賞她的良人，而且在雅歌只有一次。「瓦施芙」或「身體讚歌」的形式，由女子去歌頌男性的身體部位，在古代近東則是極少見的。雅歌女子亦是從頭部至腿部去描述及讚賞她的良人，焦點盡是在「他的」身上——「他的頭」、「他的頭髮」、「他的眼」、「他的兩腮」、「他的嘴唇」、「他的兩手」、「他的身體」（即腹部；參下文）、「他的腿」，最後回到他的容貌（整體外形之意）以及「他的口」。這首「良人頌」的前後，以「我的良人」開始及結束（10、16 節）。「我的良人」的框架，傳達雅歌女子被良人環抱之感。全文意象之運用很豐富，盡是形容詞（其中有分詞作形容詞用），而且全文沒有一個動詞。筆者先分析雅歌女子對男子整體形象的描述（10 節），再逐一分析她對男子身體具體的描述（11～16 節上），然後再描述整體的外形（16 節下）。

分段大綱（五 10～16）

一、女子對男子整體形象的描述（五 10）

二、女子對男子身體各部分的描述（五 11～16 上）

1. 他的頭和頭髮（五 11）
2. 他的眼（五 12）
3. 他的兩腮與嘴唇（五 13）
4. 他的雙手與身體（五 14）
5. 他的腿與外形（五 15）
6. 他的口（五 16 上）

三、女子向耶路撒冷的眾女子引介良人（五 16 下）

8.3.1 女子對男子整體形象的描述（五 10）

雅歌女子說她的良人「超乎萬人之上」，因為他「白而且紅」。「白」原文是「發亮」（參「和修版」），然後是「紅」，直譯是「發亮而紅潤」（*ṣaḥ wəʾāḏôm*）。「發亮」（*ṣaḥ*）是形容詞，在自然界是指日光下大地「閃爍」的熱氣情景（參「和修版」賽十八 4；耶四 11）。若用在人身上，「發亮」之意是指容光煥發，主要概念在於健康而非在於純潔。至於「紅潤」（*ʾāḏôm*），與「以東」（創二十五 30）一詞相同，有「紅色」的意思。「紅」再加上「發亮」，可說是紅光滿面的意思。「紅潤」也是形容詞，諸如形容衣裳和馬匹的顏色（參賽六十三 2；亞一 8）。大衛被形容為「面色光紅，雙目清秀，容貌俊美」（撒上十六 12），大衛的俊美應該與他紅潤的皮膚相關。如果說女性的吸引力特質是白皙，以示陰柔之美；男性具有吸引力的特質是紅潤，以示陽剛之氣。良人的亮麗和紅潤，也成為佳偶讚賞的理由。根據赫斯，古埃及人的藝術表達慣用紅色彩繪男性，有用紅色彩繪剛剛沐浴和預備獻祭的法老，這或許顯示在古代近東社會，男性紅潤的膚色是具有吸引力的。[16] 簡言之，容光煥發和紅潤膚色顯示健康、年輕和俊美。

「超乎萬人之上」的表達，比較二章 3 節「我的良人在男子中，如同蘋果樹在樹林中」更勝多倍。在這裏，她把良人比較「萬人」。「超乎」(*dāgûl*)原文是 *qal* 形詞幹被動式分詞，其詞根(*dgl*)的意思是「看」，在舊約書卷只出現於雅歌這裏。其詞根在雅歌另有理解，是「旗幟」(二 4)或者「旌旗」(六 4、10)，很多英文翻譯本把「超乎」的原文譯作「傑出」、"distinguished"(參 RSV, NRSV, ESV)或 "outstanding"(參 NASV, NIV)。「七十士譯本」和「武加大譯本」按照亞甲文(Akaddian)的詞源角度，提出這詞有「看」或有「被視為」的意義，這對解釋「超乎」很有幫助；加上「從一萬人」(*mērbābāh*)，意思是「超越過一萬人」。因此「和合本」譯作「超乎萬人之上」，「新譯本」則譯作「萬人中的表表者」。有一句話的表達相當傳神：「一萬人當中只有一個！」(one in a million)。簡言之，「沒有其他人」能在佳偶的想像中比良人好。

8.3.2 女子對男子身體各部分的描述(五 11～16 上)

女子逐一從「他的頭」、「他的頭髮」、「他的眼」、「他的兩腮」、「他的嘴唇」、「他的兩手」、「他的身體」、以及「他的腿」、「他的形狀」、「他的口」讚賞她的良人。

8.3.2.1 他的頭和頭髮(五 11)

良人的頭就像「至精的金子」。尼布甲尼撒夢中的金像，其頭部亦是純金所製成(但二 32)。「至精的金子」意思是「至純的金」或「精金」(*keṯem pāz*)。雖然中譯有「像」這詞，但原文卻沒有這意思，所以直譯是「他的頭是純金的金」。我們想像在強光照耀之下，人頭看起來會閃閃發亮和奪目耀眼。這代表良人是備受矚目的，他是雅歌女子的焦點。在 10 節雅歌女子說良人超乎萬人之上，現在惟有他是焦點，四周的男人都顯得遜色。在 10 節她已經說過良人「白而且紅」，這裏接著說他的頭就是精金那麼亮。精金是十分有價值的金屬，也很寶貴。

雅歌女子接著提到「他的頭髮」(*qəwwṣṣôṯāyw*；「和修版」譯作「他的髮綹」)。「髮綹」(*qəwuṣṣôṯ*)這詞在希伯來聖經只有這裏出現，希伯來文辭典解為「一綹頭髮」(locks of hair)。「厚密纍垂」(*taltallîm*；「和修版」譯作「卷曲」)

可以有兩種解釋，第一種是指頭髮卷而厚。KJV 譯作“bushy”，即「濃密」)，BDB 將這詞解作「線條整齊」。第二種解釋是指「一簇棗」。如果根據第一種解釋，雅歌女子是在描述她良人的頭髮卷而厚，產生一種曲線美觀。如果根據第二種解釋，雅歌女子是在描述她良人的一綹頭髮像成串的一簇棗，呈現凹凸輪廓的外形。無論是卷曲的線條還是凹凸的外形，良人的頭髮又長又卷，而且又厚又密，是文中的意思。因此「他的頭髮厚密纍垂」大意是讚歎良人的髮型厚密美觀，很吸引人。

接著，女子又說「他的頭髮⋯⋯黑如烏鴉」。良人的烏黑頭髮，對比與精金的亮是強烈的。他一頭烏黑的頭髮就像「黑如烏鴉」(*šəḥōrôṯ kāʿôrēḇ*)。「烏鴉」(*ʿôrēḇ*)並非令人喜悅之鳥類，甚至可說帶來不祥之兆；不過經文中的焦點在於烏鴉有深黑色的羽毛。「烏鴉」這詞附以一個介詞「如」(*kə*)然後一個定冠詞，整個詞可直譯為「有如那烏鴉」(*kāʿôrēḇ*)。雖然句子沒有提及羽毛，想必都明白烏鴉有自然黑色豐厚的羽毛，可以作類比為良人有著一頭黑髮。濃密的黑髮同時反映良人是年輕的。總而言之，雅歌女子在這一節詩文要表達的是，她的良人有著烏黑的頭髮，且年輕有活力。

8.3.2.2 他的眼(五 12)

「他的眼如⋯⋯鴿子眼」。雅歌男子曾經描述女子的眼比喻為「鴿子」(一15，四 1)，他也常常用「我的鴿子」來比喻雅歌女子(二 14，五 2，六 9)。「鴿子」可能是指眼球黑色的那部分，甚至是瞳孔。不過「眼」與「鴿子」的關聯，意思難以定奪；筆者不排除是指鴿子凝視時的狀態。經文形容他的眼睛好像鴿子，具體地說是「如溪水旁的鴿子」，原文並沒有「鴿子眼」的意思(另參「和修版」)。雅歌女子和她的良人可說是絕配的，因為他們的眼睛同樣被形容為鴿子。良人與鴿子的關聯，重點是在「溪水旁」以及「用奶洗淨」(「和修版」譯作「沐浴在奶中」)的圖景。「溪水」(*ʾăpîqê māyim*)的「溪」(*ʾăpîqîm*)是指流動的水泉(伯六 15)，例如水道(賽八 7)，包括有水的山谷(參結六 3，三十二 6)。「溪」是水的意象，與「水」(*māyim*)構成附屬名詞。而「眼睛」(*ʿayin*)的原文有另外一個意思就是「泉源」，這添加了溪流淙淙之感。波光粼粼的流水加上一旁有鴿子，是用來傳達良人一雙水汪汪的眼睛，在凝視著她。

有關鴿子的描述，雅歌女子不止於形容在溪水旁；還有「用奶洗淨」及「安得合式」。「奶」為乳白色，比喻眼白；眼白包圍住眼球，有水汪汪的眼膜，因此有「鴿子在奶中沐浴」的意象。

「安得合式」在「和修本」的注腳有注明：或譯「坐在溪水邊」。「環球聖經譯本」譯作「在池塘邊休息」。它們的意思都能承接上文，好像溪畔的鴿子，無論沐浴在奶中或棲息水邊，必都「安得合式」。「安得合式」(*yōšḇôṯ ʿal-millēʾṯ*) 的原文是由兩個字詞組成，就是「安置」(*yōšḇôṯ*) 和「其邊界之上」(*ʿal-millēʾṯ*)。根據「七十士譯本」，它是描述鴿子棲息在溪畔之情景，這情景亦見於古代的繪畫，描繪幾隻鴿子棲息在水盆上，呈現一幅和諧亮麗的氛圍，與烏鴉的黑色羽毛顯得黑白分明。把這情景形容眼睛的瞳孔、眼球和眼白，它們剛好對稱，恰到好處——就是描寫眼睛生得美，愛人的眼睛明亮，黑白分明，而明眸就是一種美！

8.3.2.3 他的兩腮與嘴唇（五 13）

13 節開始涉及嗅覺的誇讚。雅歌女子接著要提及的是良人的兩腮與嘴唇。她曾經比喻她的良人好像一袋沒藥在她的胸懷中，是有香味的（一 13），這裏她描述良人的「兩腮」也有香味，「如香花畦」般。「兩腮」(*ləḥāyāw*) 曾經在一章 10 節出現，是雅歌男子直接讚賞佳偶說「你的兩腮 (*ləḥāyayiḵ*) 因髮辮而秀美」。五章 13 節這裏換作雅歌女子描述她的良人，說「他的兩腮如香花畦」。「兩腮」可以指「腮骨」（參士十五 15～17），一般上是指臉部的兩旁，會被人擊打（參王上二十二 24），也是淚水可滴流之處（哀一 2）。朗文認為，男子的「兩腮」意味著他的鬍鬚，因為古往今來的以色列男人兩頰都長鬍子。⑰ 根據這個理解，「兩腮」如果是指「鬍鬚」，他的鬍鬚可類比樹林，就好像「油澆在亞倫的頭上，流到鬍鬚」的長度（詩一三三 2）。不過，良人的「兩腮」被讚許不是因為好看，而是因為很香。這裏有一個介詞「如」(*kə*)，指涉「他的兩腮」如一個芬芳馥郁的花園（「和修版」將「香花畦」譯作「香花園」）。這彷彿還不夠，雅歌女子還要用「香草臺」（原文在這裏沒有介詞「如」）去加強「香花園」的香，給人香氣四溢之感。

「和合本」的「香花畦」和「香草臺」翻譯得不錯，花和草的香味各自四處飄逸。不過，「香花畦」（*ʿărûgāʰ*）原文只是指香氣的「園子」，沒有「花」；「香草臺」（*miḡdəlôṯ*）原文也只是香料的「塔」，也沒有「草」。「香花畦」和「香草臺」的直譯應該是「香園」和「香塔」。它們是兩樣不同的「香」，是「香」（*habbōśem*）的園子和「香」（*merqāḥîm*）的塔。後者的「香」是「一次頻詞」，它的詞根（*rqḥ*）應該是指草藥的香料。用上兩種香的名詞，而且是一個園子的闊度及一個塔的高度，想必良人的「兩腮」是香氣撲鼻的！可以想像她和他面貼面之親暱。

「他的嘴唇」的原文也沒有類似「好像」（*kə*）的介詞，而是直接描述良人的嘴唇就是百合花！「百合花」（*šôšannîm*）在雅歌已經出現多次（二1、2、16，四5），前文說過很多學者認為百合花就是蓮花（參二1、2、16，四5的分析）。「百合花」的隱喻，是反映花瓣的形狀猶如豐厚的嘴唇。既然良人的嘴唇是「百合花」，自然會飄逸香味，想必雅歌女子是要聞一聞或吻下去。那麼，接下去的「滴下沒藥汁」自然就是描述雅歌女子品嘗良人嘴唇的香，而且形容液體的香。詩文描述的意象，涉及從嗅覺到味覺的感官，甚至是觸覺——因為嘴唇暗示了接吻的舉動。這意味著良人與她接吻時，帶給她歡愉和甜蜜之感，就如她之前說過的「你的舌下有蜜，有奶」（四11）。沒藥是香料當中最鮮明的香氣，因此文中雖沒用「香」的名詞或形容詞，卻足以理解一種迎面而至的香氣。

8.3.2.4 他的雙手與身體（五14）

雅歌女子繼續在沒有「好像」（*kə*）的比喻之下形容良人，因此，他的雙手就是「金管」！這裏的「手」（*yāḏ*）是一般「手」的字詞，並沒有說明是手臂、手掌還是手指，我們且視它為整對手。手的形狀是「管」（*gālîl*），指圓柱，這裏喻作長的、圓狀的筒、管或杆。在以斯帖記，這詞是指一種掛飾布簾的環圈（帖一6）。良人的雙手與他的頭部一樣，被喻為黃金般貴重和有價值，不過這裏的「金」（*zāhāḇ*）普遍地指「金」，而11節提及的「金子」（*keṯem pāz*）是至純的金。雅歌女子看重良人的雙手，認為那是一對金條！言下之意，良人的保護可能是她看為重要的，他的擁抱是她珍惜的。

女子更進一步指出，這一雙金條還鑲上「水蒼玉」(*taršîš*)，也就是一種呈黃色或金色的寶石。「水蒼玉」(*taršîš*)原文在創世記是用來指涉一個人「他施」(創十4)，但在約拿書就是地名，是約拿逃避耶和華，坐船要去的地方(拿一3，四2)。「水蒼玉」也出現在出埃及記(出二十八20，三十九13)，是一種寶石；可能出產於他施這個地方。在但以理書，「水蒼玉」亦用來形容光輝的身體(但十6)，因此它在日光照耀之下會閃閃發光。這裏「水蒼玉」之前有一個動詞「鑲嵌」(*ʿālap̄*)，是一個 *pual* 形詞幹分詞，有被動及強化一個動作的意味。因此，「鑲嵌水蒼玉」就是指「水蒼玉」特別地被「鑲嵌」在手上，暗示要凸顯「水蒼玉」帶來的光輝。它關聯於手，可能就是指甲或古代男人穿戴手鐲上的寶石。

良人的「身體」(*mēʿeh*)原文也可以指腹部(但二32)。因此，雅歌這裏所指的未必是整個身體，而是他的腹部，他腹部有「雕刻的象牙」。同樣地，原文這裏也沒有「如同」這介詞。「象牙」在阿摩司書被視為奢侈品，價值不菲(摩三15，六4)。所羅門的寶座用象牙製成，還包上純金(王上十18)。象牙是堅固的，且經過打磨後會光滑發亮且昂貴。用象牙的屬性來形容良人的身體，表達強壯豐厚的身軀以及魁梧有型的身形。象牙的特質加上巧工雕刻，隱喻男子身材健美，肌肉發達。象牙的四周鑲嵌了「藍寶石」(*sappîrîm*，或作「青金石」)，是反映男子身上點綴用途的裝飾，指涉君王般的榮華。「藍寶石」不只是進口的昂貴寶石，也具有神聖的含義——以色列的上帝腳下彷彿有藍寶石鋪道，明淨如天(出二十四10)。上帝的寶座是藍寶石的樣子(結一26)。雅歌女子對良人的描繪，很多是閃閃發亮的——發金光的頭部，黃金耀眼的雙手，還有閃閃發亮的象牙與藍寶石。

有學者指出，這一節對男子身體的描繪類似一尊雕像，就如描述但以理書第二章的金像，描述順序從頭到腳，還用了類似神明(god-like)的語言。[18] 雅歌女子是否把她的良人想像成一尊古代近東神明的雕像，並賦予他神聖性的描述？雕像由不同的質料所陶成，下一節說良人還被「安在」一個純金打造的底座上，這是在古代近東極其普遍的雕像描述。對雅歌女子而言，即便是採用神明的形象來類比她的良人，這也是一種愛慕的想像。

8.3.2.5 他的腿與外形（五 15）

雅歌女子描述良人的腿。同樣地，原文也沒有「好像」，另外，「白玉石柱」指的是石膏柱子。石膏亦稱為雪花石膏，意思是白得像雪花般的石料。「和合本」在「石柱」（*ʿammûḏê šēš*）前還加譯「白玉」，以強調它的白，以及其光滑。石膏這材料堅固，這樣才能夠成為柱子以支持建築物。古代匠工亦會加以雕刻，進一步美化柱子。一樁柱子比「一條」粗大，所以 14 節「金管」喻作手，而這裏柱子則喻作腿（包括小腿）。這白得如雪花的堅固石柱，是安置在一個純金製成的底座上。「他的腿」（*šôqāyw*）是雙數名詞（dual noun），指兩腿整體（參詩一四七 10；賽四十七 2）。「安在精金座上」指的是良人的腳底就站在純金製成的底座，這不是一般的黃金（參 14 節），而是純金（參 11 節）。「精金」（*pāz*）已經在 11 節出現過，形容良人的頭，這裏再用來描述他的腳底。意思是說，良人的頭部和腳底都是純金。這閃閃發亮的純金頭部和純金底部，加上中間部分的雙手有金條的光亮，良人可說是全身鮮明耀眼、燦爛炯炯的。換句話說，良人從頭到腳都是奪目的光輝。

凱爾指出有些埃及壁畫，其內容說到一名第五朝代的法老，他四肢鑲嵌黃金、頭蓋有青金石，他散發金光就如太陽神；另外亦有公主們稱頌她們的父親蘭塞三世，描述他的臉部是多種寶石的結合，散發十色光芒：「你的頭髮是青金石，你的眉毛是寶石，你的雙眼是綠孔雀石，你的口是紅碧玉。」⑲ 此外，追溯至公元前三千年的古代近東雕像，有用不同材料製成的證據，就如耶利米書所論及的偶像（耶十 8～9）。這令人想起但以理書記載的金像，亦有黃金的頭部和其他質料的部位（但二 32～33）。用黃金和珍貴石頭所製成的雕像都非常有價值，相信佳偶所表達的亦是如此，良人十分珍貴和有價值。

佳偶用多重且珍貴的質料喻作良人的俊美，傳達他的英俊、健碩和光芒，十分吸引她。她接著也透過自然界的榮美來描繪她的良人。良人的「形狀」（「和修版」譯作「容貌」）被喻為「黎巴嫩」，其「佳美」被譬為「香柏樹」。「如黎巴嫩」、「如香柏樹」的兩次「如」(*kə*),在原文都有出現。「黎巴嫩」帶著良人與配偶相互吸引的概念,因為良人曾經描述女子的衣服有黎巴嫩的芬芳(四11),也兩次請求佳偶與他一同離開黎巴嫩。黎巴嫩的香柏樹木質堅固,經常用來建造龐大的建築物。這正面的價值在古代近東為人所盡知,黎巴嫩似乎也以此為榮。聖經經常以**黎巴嫩的香柏樹為題材**(參賽十四8;亞十一1;士九15)。「香柏樹」也散發香氣,這裏的香柏樹是複數(*ʾărāzîm*),香氣更甚。因此承接13節馥郁芬芳的馨香,這裏「佳美」也包含了良人的男人味氣質。「形狀」(*marʾeh*)在二章14節出現過,譯作「面貌」,指的不只是指臉部,而是整個人可見的外形。黎巴嫩的香柏樹有佳美的樹身,用欣欣向榮的樹木形容男人高大佳美的形象。

聖經以黎巴嫩與香柏樹相提並論的經文有:詩二十九5,九十二12,一〇四16;王上四33〔希伯來聖經〕五13;王上五6〔希伯來聖經〕五20;拉三7;賽二13;耶二十二23;結十七3,二十七5,三十一3;亞十一1)。

8.3.2.6 他的口(五16上)

男子的全身幾乎都被雅歌女子一一讚賞了,「身體頌歌」本該就此結束;只是16節重新提到「他的口」。看來雅歌女子十分渴慕良人的親吻。讚賞過良人的嘴唇(13節),這裏焦點重新落在良人的口,她說良人的口「甘甜」。雅歌一開首,女子便說:「願他用口與我親嘴」(一2);如今,她的願望變成事實。所以,她從頭到腳讚賞良人之後,回到良人的「口」。這裏「口」(*ḥēk*)的原文並非慣用的口(*pē^h*),而是指「上顎」或口根部位,處在看不到的嘴巴內部。因此帶有「品嘗」之意。至於「甘甜」(*mamṯaqqîm*),在希伯來聖經其他書卷也出現過(參尼八10)。良人之口的「甘甜」,是佳偶真實品嘗得到的。雅歌女子應該是渴慕良人深情的吻!這好比一個人喝了甘甜的酒,令人陶醉。

另外,作為「口」,亦有用在言辭方面(參箴五3,八7;另參伯三十一30,三十三2)。所以,一些聖經英譯本將這詞譯為「言詞」(RSV, NRSV)。意思是說良人口裏所出的話是「甘甜」。不過,筆者認為這一節的「口」指的是親吻。良人的口「極其甘甜」是指良人的親吻是雅歌女子所喜愛的。

接著,雅歌女子直接說她的良人「全然可愛」!「可愛」(*maḥămaddîm*)原文是一個複數詞，有令人喜悅之意。「可愛」用在悅人眼目之物，是眼中看為寶貴的東西（參王上二十6；賽六十四11），也指「心愛的人」（哀二4；何九16）。

8.3.3 女子向耶路撒冷的眾女子引介良人（五16下）

這裏再次提及「耶路撒冷的眾女子」，似乎女子轉了身，向「耶路撒冷的眾女子」分享她對良人的欣賞。「耶路撒冷的女子啊」原文是詩句的最後一句片語，在「這是我的良人」、「這是我的朋友」之後。這組句的位置，有意呼應耶路撒冷女子們兩次的提問：「妳的良人有甚麼勝過別的良人？」（五9）雅歌女子其實在回應她們：「這就是我的良人勝過其他良人的地方！」良人所有的一切都令她著迷。

她在此稱良人為「我的朋友」（*rēʿî*）。雅歌女子僅在這裏對良人這樣的描述。耶路撒冷眾女子曾以「我的朋友們」（*rēʿîm*）提醒雅歌男女：「我的朋友，請吃！」（五1）。雅歌男子稱呼雅歌女子，多次用「我的佳偶」（*raʿyāṯî*；一9、15，二2、10、13，四1、7，五2，六4）。雅歌女子稱呼她的愛人「我的良人」（*ḏôḏî*）共十九次。以賽亞書五章1節是在雅歌之外，在希伯來聖經中，惟一提到「我所愛的」（*ḏôḏî*）。因此，這裏出現「我的朋友」是獨特的。

這一段詩節以佳偶讚賞良人開始，也以她讚賞良人結束。佳偶這首獨一的頌歌，焦點盡在她的良人身上。佳偶對良人的讚賞用第三人稱「他」，彷彿她一直與耶路撒冷眾女子說話。依舜指出，佳偶的重點描述是在男子的軀幹，而男子的讚賞重點是在佳偶的臉部。[20] 良人健碩的身軀給佳偶一種保護和安全感；此外，佳偶的描述著重關係、傾向感性。比較之下，男子的描述傾向佳偶的面貌和美麗。在下一段男子的頌讚亦是如此。

8.4 耶路撒冷眾女子對女子的安撫（六1）

「你這女子中極美麗的」第三次在雅歌出現，這裏是最後一次（參一8，五9）。耶路撒冷眾女子再次安撫雅歌女子，也再次稱她為「你這女子中極美麗的」（參五9），她們第二次肯定她是絕頂美麗的佳人。

耶路撒冷眾女子似乎被她對良人的愛所感動，就問了兩個相似的問題：

「你的良人往何處去了？」（*ʾānāh hālaḵ dôḏēḵ*）；「你的良人轉向何處去了？」（*ʾānāh pānāh dôḏēḵ*）。她們的提問似乎多此一舉。雅歌女子就是尋不到她的良人才囑咐她們（五8），她們反問她良人在何處。不過，她們願意委身，要與她一同去尋找她的良人（五6）。整卷雅歌，也只有這裏言說她們願意與佳偶尋找她的良人。耶路撒冷眾女子彷彿想親眼看到她的良人！是耶路撒冷眾女子自願捲入雅歌女子的尋找之旅。事實上，雅歌女子只是囑咐過她們，若遇見她的良人，要告訴良人她思念他。

耶路撒冷眾女子的「尋找」（*bāqaš*），與佳偶在幾次的尋找相似（三1 [x2]、2 [x2]，五6）。佳偶還有另一個慣用的「尋著」（*māṣāʾ*）這動詞（三1、2、3、4，五6、7、8，八1、10），而這動詞並沒有出現在耶路撒冷眾女子的尋找裏。「尋找」（*bāqaš*）是 *piel* 形詞幹，表示一種加強的動作，是有目的的尋找。法老王要尋找摩西，目的是要殺摩西（出二15），後來摩西在返埃及的路上，耶和華遇見摩西，想要殺他，其中的「遇見」亦是 *piel* 形詞幹的尋找（出四24）。尋找的用意（intention）是這詞的關鍵動作。雅歌這裏，耶路撒冷眾女子要尋找佳偶的良人，用意是想親眼看見他超凡的特質。她們的用意是正面和積極的。

8.5 佳偶對良人的委身（六2～3）

佳偶與良人又在一起！詩節依然是描述新婚之夜的場景。六章2至3節需要用詩歌裏意象化和隱喻化的想像，佳偶尋找良人的結果，是發現原來良人就是在他自己的園中。良人沒有消失，反而在新婚之夜一直與佳偶親密相處。詩文內容所傳達的「離」與「合」，最有可能是佳偶內心的距離，而不是真實的分離。因此她與耶路撒冷眾女子的對話，也是內心的對話，使自己有所寄託和肯定。

「下入自己園中」的題旨，已經在前面出現過（四12、16，五1）。園子沒有上鎖，良人已經是佳偶的丈夫，佳偶的身分也已經是妻子。婚後，佳偶與良人享受性愛之歡愉。所以在隱喻方面，良人是「下入」了他自己的園子；他們成為一體了。

這裏提到的「香花畦」是一個地方，不再是身體部分。「香花畦」亦是隱喻，現實上不會是香氣四溢的花園，而是兩人纏綿的床榻。總之，那是屬於佳偶和良人的二人世界。

這節的第一句是「我屬我的良人，我的良人也屬我」，這種「彼此屬於對方的表達方式」在雅歌已是第二次出現（二16）。在二章16節，雅歌女子說：「我的良人屬我，我也屬他」（二16）。這裏，她說：「我屬我的良人，我的良人屬我。」耶路撒冷眾女子不再被提起，而在這裏也毋須出現，佳偶和良人彼此屬於對方。至於「他在百合花中牧放羣羊」，筆者在前文的解說提過，「牧放」可能不是牧羊，而是「品嘗」、「細賞」百合花（參3.3.2有關「牧放」的解釋，頁51～52）。佳偶曾經自喻為百合花（二1），良人也比喻女子是百合花（二2）。「百合花」（*šôšannîm*）這詞在雅歌一共出現八次，只有一次是指良人的嘴唇（五13），其他七次是指佳偶（二1、2）或佳偶的身體（二16，四5，六2、3，七2〔希伯來聖經〕七3）。因此，這裏「他在百合花中牧放羣羊」，是指良人在佳偶身上享受歡愉。意思是說他們兩人在洞房之夜，享受閨房之樂。

8.6 良人湧溢的讚賞（六4～10）

這一段（六4～10）良人再次對佳偶給予誇讚。當中，有雅歌男子第二首「瓦施芙」（六4～7）。「瓦施芙」顯著的共同點，就是把焦點都集中記載身體部分，加以美化和詩意化。還有第三首在七章1至10節。雅歌女子也有惟一的一首「瓦施芙」，即是在上文已看過的「良人頌」（五10～16）。

格勒特認為，六章4至10節與四章1至15節的詩行有顯著的共同點，兩者的開場白都用了類比語法。㉑

四1	六4
我的佳偶，你甚美麗！你甚美麗！你的眼在帕子內好像鴿子眼。你的頭髮如同山羊羣臥在基列山旁。	我的佳偶啊，你美麗如得撒，秀美如耶路撒冷，威武如展開旌旗的軍隊。

此外，四章1至15節和六章4至10節這兩首「瓦施芙」的相似之處，包括「你的頭髮如同山羊羣臥在基列山旁」（四1，六5）；「你的牙齒如新剪毛的

一羣母羊，洗淨上來，個個都有雙生，沒有一隻喪掉子的」(四2，六5)，以及「你的兩太陽在帕子內，如同一塊石榴」(四3，六7)，反映「瓦施芙」乃一種婚禮時所盛行的內容與歌唱文化。

雅歌男子讚美佳偶的美麗，並描述她的眼睛、頭髮、牙齒和鬢角。文中內容有重複第一首身體的讚歌，特別是六章5至7節(四章1至3節重複了詩句)。我們或許問，既已經讚揚了，又何必重複？然而，愛情言說不應言倦，男子毫不言倦地讚歎，女子永不覺得逆耳地聆聽。這首「瓦施芙」的前後都描繪佳偶整體的美，男子覺得佳偶美麗迷人，令他著迷而心生愛慕(六4～5，10)。在這首讚歌，他甚至將對女子的讚揚擴及更大的圈子，涉及「有六十王后八十妃嬪，並有無數的童女」，她們也讚許她(六9)。

這首「良人湧溢的稱讚」(六4～10)，可分為兩部分。第一部分用第二人稱的主觀讚賞，也就是「你和我」部分(4～7節)。第二部分用第三人稱的客觀稱讚，是「她和我」部分(8～10節)。4、10節可說有前後呼應，因為4節和10節都有一系列相關的比喻。4節比喻佳偶如得撒、如耶路撒冷、如軍隊；10節比喻佳偶如晨曦、如月亮、如太陽、如軍隊。而且，4節流露驚豔之感歎，對應10節是修辭式之提問。男子對佳偶不同身體部分的讚賞，集中在5至7節。

分段大綱(六4～10)

一、主觀讚賞佳偶(六4～7)
  1. 良人讚歎佳偶的美麗(六4～5上)
  2. 良人重複一些讚美的內容(六5下～7)

二、客觀讚賞佳偶(六8～10)

8.6.1 主觀讚賞佳偶(六4～7)

在這主觀的讚賞中，良人一方面表達了他心情那種驚異(4～5節下)，另方面重複他之前對佳偶的讚美(5下～7節)。

8.6.1.1 良人讚歎佳偶的美麗（六 4～5 上）

這節經文以「美麗」（*yāpāʰ*）作為句子開首的第一個字詞。筆者把這一節上半句的對偶排列如以下。

美麗啊，妳！我的佳偶！像得撒！

秀麗！像耶路撒冷！

雅歌男子稱讚佳偶「美麗」（*yāpāʰ*）一共十三次（一 8、15 [x2]，二 10、13，四 1 [x2]、7、10，六 4、10，七 2、7）。

「美麗」（*yāpāʰ*）在雅歌一共出現十五次（不包括：*yāpēʰ*），全都是**男子讚賞佳偶**，只有兩次出自耶路撒冷眾女子（五 9，六 1）。「我的佳偶」（*raʿyāṯî*）在雅歌全都是男子對雅歌女子的稱呼，在舊約也只出現在雅歌。全卷雅歌一共有九次「我的佳偶」，這裏是最後一次出現（參一 9、15，二 2、10，13，四 1、7，五 2）。視覺感官上的喜悅為先，所以美麗再次出於雅歌男子的口。這讚歎出自婚姻關係之後，實在可貴。㉒「秀美」（*nāʾwāʰ*）見於雅歌女子的自辯（一 5），男子已經兩次誇讚過她秀美（二 14，四 3），不過，雅歌男子第一次把佳偶的美麗及秀美與首都之城相提並論——得撒和耶路撒冷。

在此讚美佳偶「美麗如得撒」。「得撒」（*tirṣāʰ*）是一個地方，它在所羅門時代過後及以色列王國分裂之後，一直維持北國首都的地位有五百年之久。早期的北國以色列諸王，都留在得撒（王上十五 21，十六 8～23；王下十五 14～16），後來以色列王暗利遷都去撒瑪利亞（王上十六 24），得撒這座城才逐漸式微，甚至被人淡忘。雅歌把女子比喻「美麗如得撒」，是指在「得撒」屬於繁榮不衰的首都時代。那時候，得撒是首都之城，擁有輝煌與顯赫的地位，得天獨厚。這樣的氣勢才能與耶路撒冷相提並論，並雙雙有君王之城的地位。

「耶路撒冷」是大衛統一王國之後和所羅門時代的首都，南北國分裂後亦是南國猶大的首都，是希伯來聖經裏得天獨厚的城市。耶路撒冷是人稱為全美的城和全地所喜悅的城（哀二 15）。以賽亞也把錫安城擬人化為一名本來華麗的女子（賽三 16～24）。當上帝發光，就使錫安（即耶路撒冷）全然美麗（詩五十 2），因此耶路撒冷是上帝之城，在聖山上居高華美。當雅歌女子被形容為「秀美如耶路撒冷」，就賦予女子一種神聖光輝、上帝的眷顧以及獨特的地位。得撒和耶路撒冷都是首都之城，得撒在北、耶路撒冷在南。良人把佳偶的美麗比作得撒和耶路撒冷，有著傾國傾城之美；這衡量的標準屬無與倫比。

詩文接下一句傳達「威武」及「展開旌旗的軍隊」旗開得勝的意象。「威武」（*ʾăyummāh*）的意思本來是「可怕」、「令人敬畏」（*ʾāyom*），就如哈巴谷書一章7節形容迦勒底人，戰爭的暴行威武可畏（哈一7）。不過在雅歌的語境，並非有負面的意義。「威武」應理解為「崇高」得令人生畏，不敢直視。

「旌旗」原文是一個 niphal 形詞幹分詞，功能是分詞作名詞用，而 niphal 形詞幹帶被動式語意，因此是有「被插上旌旗」之意。

「展開旌旗的軍隊」（*kannidgālôṯ*）原文只有一個字，直譯是「像很多旌旗」。不過「旌旗」（*dāgal*）是 *niphal* 形詞幹分詞而不是名詞，有**「被插上旌旗」**之意。原文沒有「軍隊」這詞，很多譯本就如「和合本」就添加了「軍隊」的字詞，為「展開旌旗」作解釋。「環球聖經譯本」則譯作「好比軍陣威風凜凜」，它捨「旗幟」而擇「軍陣」。「旌旗」的名詞曾經出現於雅歌女子的口，說到她的良人領他進入宴會廳，為她插上愛的旗幟（*degel*；二4）；這蘊含勝利的意義。良人這裏也用「旌旗」描述佳偶，也喻作一座勝利之城的姿態。他們愛情對唱的內容，再次顯示一種相互性；彼此在對方讚賞的地方，借題發揮。

hiphil 形詞幹動詞主要用來表示主語使他人，或其他事物執行某個動作或進入某種狀態，因此它是一種使役動詞形式。

佳偶的崇高地位令人生畏，不敢直視。佳偶的眼神居然也令良人產生不安！他求佳偶不要直視他。「使我驚亂」（*hirhîḇūnî*）是一個 *hiphil* **形詞幹動詞**，帶使役意義，若應用於此動詞，它有警報、打擾和困惑之意。其詞根（*rhḇ*）的意思包含了傲慢、驚嚇和害怕。良人與佳偶之間一直產生愛慕與眷戀，這裏的意象不會是驚恐之混亂情景，反而是興奮與慾望被激起之情景。理由極簡單，佳偶的眼睛一直都是令良人傾慕的。他說佳偶很美麗，佳偶深情一望的吸引力，實在令良人難以抗拒。所以他嘴裏可能說「求你不要看我」，但心裏想的可能正好相反！這是另外一種形容佳偶眼睛迷人的方式；男子「被征服」、「被勾魂」，佳偶只要看他一眼，就令他受不了。

8.6.1.2 良人重複一些讚美的內容（六5下～7）

接著的5節下至7節，內容與四章1至3節幾乎一樣。重複的內容並非毫無意義地重述一個方程式，反而是傳達著雅歌女子在良人心中，地位依然不變。他依然渴慕佳偶，依然認為佳偶美麗——即使是在婚禮圓滿之後。

從「你的頭髮如同山羊羣臥在基列山旁……你的兩太陽在帕子內，如同一塊石榴」（六5～7）的詳細解說，我們可以回顧本書四章1至3節的經文詮釋（參6.3.1對四章1至3節的詮釋，頁122～127），這裏稍作簡單描述。六章5節下至7節的大意，是男子依然用山羊羣走下山的情景描繪佳偶飄動的秀髮，也借用一羣母羊來比喻佳偶明亮、潔白和整齊勻稱的牙齒。這兩者再次強調佳偶的青春與活力。再者，男子以在面紗後的鬢角和迸開的石榴，讚賞佳偶的臉色亮麗泛紅，亦可能是指擱在佳偶臉頰的珠串裝飾品，看起來十分可人。

8.6.2 客觀讚賞佳偶（六8～10）

雅歌男子對佳偶不住稱頌，也增添了二人世界之外的圈子。既然雅歌女子的愛情也涉及耶路撒冷眾女子，男子的愛情也延及更多的女性——「王后」、「妃嬪」，以及「無數的童女」。經文展示的場景令人想起所羅門的王宮，具體的說是他的後宮。「六十王后」、「八十妃嬪」之餘，還有「無數的童女」，讓人聯想佳偶在萬人當中獨一無二，有如佳偶對良人的讚譽：「在萬人之上」。王室後宮是妃嬪們爭寵奪愛的地方，在雅歌反成為王后妃嬪們同心讚許佳偶的地方，至少，從良人的角度來看是這樣。作為羣體的聲音，她們對兩人的愛情，是給予歌頌與讚譽的。

據列王紀的記載，所羅門有七百個公主，三百個妃嬪（王上十一3）。雅歌這裏提到「六十王后八十妃嬪」，數目相比之下有很大的差距。君王一般也只有一名王后，例如以斯帖記中的亞哈隨魯王（帖二17），所以這裏王后人數之多是令人詫異的。凱爾指出以色列和猶大史上也從沒以「王后」（*mməlāḵôṯ*）來稱呼君王身邊的女人，只說她們是王的妻子（參撒下十二8；代下十一21；耶三十八23），即使有，都只稱呼外邦國家的王后，如示巴女王、瓦實提和以斯帖。不過，雅歌曾經描述「所羅門的轎，四圍有六十個勇士」（三7），故此，

「六十」很可能是雅歌語境裏與王室有關的數目。如果雅歌男子真的是所羅門，詩文應該選用「雖有七百個公主、三百個妃嬪」的表達，則會更貼切。所以，比較可以理解的是良人並非所羅門，而是詩人借用君王的身分，表達良人雖然後宮佳麗數不清，但佳偶「三千寵愛在一身」。

「童女」(*ʿălāmôṯ*)指年輕的少女們，甚至是新婚的女人。法老王女兒身邊的侍女是個「女孩」(*ʿalmāʰ*；出二8，以單數表達)。詩篇提到歌唱的、作樂的和擊鼓的「童女」(詩六十八25)。由此可以理解，古代宮廷裏還有其他女性成員，例如：女侍從、樂師和歌手；她們亦是文中所言及「無數的童女」。簡言之，這羣女性的存在，主要是為了傳達佳偶有豔壓羣芳的超越性，即便王后和妃嬪亦是國色天香的美人。

9節提到良人稱女子：「她是我的惟一」，表示在美女如雲當中，男子的心裏卻只有她一個。男子描述過佳偶為他的「鴿子」(二14，五2)以及「我的完全人」(五2)。「鴿子」和「我的完全人」再次出現在這裏。

這一節經文出現兩次「她是獨一」(*ʾaḥaṯ hîʾ*)這語法結構，第一次是指我獨一的「鴿子」(*yônāṯî*；原文是附以第一身單數代名詞後綴)、我的「完全」(*ṯammāṯî*；原文也是附以第一身單數代名詞後綴)，另一個獨一是指「她母親獨生的」(*ləʾimmāh bārāʰ*)。第一次「獨一」是比較上一節的「六十王后」、「八十妃嬪」和「無數的童女」，佳偶屬獨一無雙；第二次「獨一」譯為「獨生」，關聯於佳偶的母親，意味著她得享獨愛的。形容詞「寶愛」(*bārāʰ*；「和修版」譯作「寵愛」)，本意是「純潔」、「清潔」、「純一」(伯十一4；詩二十四4，十九8)。「和修版」和KJV譯作"the choice one"，RSV和NRSV譯作"flawless"，可理解為「完美無瑕」。同樣的字詞在下一節亦出現，形容太陽「皎潔」(六10)。這兩次連續的出現，可以指良人將佳偶比喻為太陽，它的意義應該比較接近。所以，若將9節的「寶愛」理解為「純潔」，這比「寵愛」更理想。對生養她的母親而言，她是純潔的。

雅歌多次提到母親(一6，三4，八1、2、5)，佳偶也形容過所羅門的母親給他戴上冠冕(三11)。這裏良人提及佳偶乃是她母親獨生的，再次顯明兩人的情歌刻意共用相同的詞彙和概念。

這節經文又提到「眾女子」（*ḇānôṯ*），它很可能是連接 8 節的王后和妃嬪，可能也涵蓋耶路撒冷「眾女子」。不過，耶路撒冷眾女子從來沒有出現在良人的對話裏，她們一直是雅歌女子的對話對象；耶路撒冷眾女子在這裏出現是奇特的。這一節的重點不在於她們是誰，而在於佳偶的獨特。她在眾女子當中，從生她的母親，到王后和妃嬪以及眾女子們，出類拔萃。

最後，在場的女人不計其數，她們似乎不受佳偶的存在而感到威脅。她們和諧地說她「有福」（*ʾšr*）——也就是幸福、快樂之意。總之，她們都與雅歌男子一樣欣賞她、「讚美她」！值得一提的是，「稱她有福」（*wayəʾaššərûhā*）然後「讚美她」（*wayəhaləlûhā*）這雙重褒揚的題旨，亦見於箴言對才能女性的描繪：「她的兒女起來稱她有福；她的丈夫也稱讚她」（箴三十一 28）。兩段不同的經文，都論述著獨特、超凡和完美的女性，她們的價值都是無與倫比的！

10 節是一句修辭式提問：「那……是誰呢？」（*mî-zōʾṯ*）直譯是「這是誰？」很明顯是指佳偶。良人以這提問作為總結，是呼應 4 節對佳偶的驚歎：「我的佳偶啊！」加上這裏，雅歌一共有三次一樣的修辭式問句「這是誰？」（*mî-zōʾṯ*）佳偶問有關她的良人：「那從曠野上來、形狀如煙柱、以沒藥和乳香並商人各樣香粉薰的是誰呢？」（三 6）佳偶後來也問：「那靠著良人從曠野上來的是誰呢？」（八 5）這裏是良人向著其他人反問有關佳偶的事。

niphal 形詞幹是一個被動式動詞詞幹。

這裏提到「向外觀看」（*hannišqāpāʰ*）。這是一個 ***niphal* 形詞幹**陰性單數分詞，這裏的作用是修飾一個人的動作，基於它是陰性動詞，所以是指涉佳偶。它是 *niphal* 形詞幹，表示她是被良人發現她正在「向外觀看」。這動詞的詞根（*šqp̄*）與「瞭望」相同（民二十一 20，二十三 28），良人這樣的描述提供一種視線上的距離，指往下俯瞰的角度（撒上十三 18），或從視窗往外看的姿態（撒下六 6；箴七 6）。在經文中「這是誰？」之後以四個介詞「如」（*kə*）繼續形容佳偶：

- 佳偶「如晨光發現」。朗文指出「晨光」（*šāḥar*）反映迦南神話中的黎明之神，名叫沙哈爾（Shahar）。沙哈爾有個雙胞胎：沙利姆（Shallim），是黃昏之神，他們代表一天的開始與結束。㉓ 如果這個關聯是刻意的，那麼良人這裏呼應了佳偶之前的比喻，她說他像神明般身體發光、安在黃金底座（五 14），而良人這裏說佳偶像黎明之神，令人人敬仰。他們用相同的語言來彼此仰慕——佳偶歌頌良人像古代近東神明般的尊貴，良人歌頌佳偶如迦南神明般崇高。

- 佳偶也「美麗如月亮」、「皎潔如太陽」。她的美麗已無可置疑，這裏再較之於月亮和太陽。「皎潔」（*bārā^h*）在上一節是指「純潔」（參上文 9 節的分析），但這裏卻有「炙熱」的意思。在這一節，她不只是超越王宮裏的眾美人，也與月亮和太陽爭豔。詩文沒有直接用「月亮」（*yārēaḥ*）和「太陽」（*šemeš*）這兩個詞，而用「像那白色的」（*ḵalləḇānā^h*）和「像那熾熱的」（*kaḥammā^h*）這兩個詞指涉月亮和太陽。詩文裏的「月亮」和「太陽」，與上文所說的「晨光」，都是刻意關聯迦南神話之舉。這同時增加了意象和詩歌的意境。
- 佳偶「威武如展開旌旗軍隊」（*ʾăyummā^h kanniḏgālôṯ*），「展開旌旗」這個組詞已經出現於六章 4 節，理當同解（參上文分析）。不過一些學者認為，繼月亮和太陽之後，詩文這裏要表達的其實是指向「星星」，也就是閃爍的羣星。[24] 他們的解釋是經文已經提到「月亮」、「太陽」，它們是天上神聖意象的詞彙，接下去理當關乎所有的天體，包括「星星」。所以，赫斯將「威武如展開旌旗軍隊的是誰呢？」譯為「震撼如展現壯麗的繁星」（Terrible as the display of the stars）。這一句總結了天空中所有的日夜星宿元素，展示極為震撼的美麗。「環球聖經譯本」用軍隊列陣的意象去形容佈滿天空的羣星，故譯為「好比星羣熠熠生輝」。英文譯本如 New English Translation 譯為“awe-inspiring as the stars”，而 NIV 亦作“majestic as the stars”，兩者都有「雄偉如羣星」之解。其實，原文的字詞是「旗幟」（*degel*）而非星星，比喻為星星的解說是借用了意象的關聯。原文並沒有「軍隊」這字詞，其威武與得勝的姿態被擬人化，用來比喻佳偶的高貴。

就如 4 節一樣各自從遠方看得撒和耶路撒冷，這兩座帝王之城是得勝之城，矗立在山上顯出君王的威嚴。從較遠的佳偶去看佳偶，她一樣崇高、輝煌與顯赫。佳偶的氣質非比尋常，使得雅歌男子對佳偶給予十分的敬愛與欣賞。

信仰反省

雅歌男女的婚姻，還有他們濃得化不開的愛慕言語，再次向我們顯示：婚姻不是愛情的墳墓。他們的結合解脱了婚前相思之苦，他們彼此的讚賞也繼續打造更親密的婚後關係。幸福的婚姻是需要兩人努力營造的。只要兩人敢愛、敢言，只要他們彼此欣賞且不倦於言説。

雅歌女子勇敢表達她的愛，不隱藏她對良人的渴慕。她提醒她的好友圈子，他在她眼中的好、珍貴和價值。雅歌男子一再給予佳偶讚賞，也肯在眾人面前稱讚她。雅歌男子兩次形容佳偶「你的兩太陽在帕子內，如同一塊石榴」（六7；參四3），反映佳偶在結婚之日的美容，在婚後依然歷歷在目。圓滿了婚禮之後，雅歌男子依然對佳偶感覺如昔，同樣地稱讚佳偶的眼睛、頭髮、牙齒和雙頰。如果説他第一次對佳偶的讚賞是為了取悦女子以得到性愛（四1～15），那麼他第二次對佳偶的讚賞，是對他們關係一種衷心的委身（六4～10）。

更珍貴的是，兩人在雅歌的描述中都歌頌對方是自己的惟一。佳偶向好友述説良人是一萬人當中獨特的一個（五10）。良人在眾女子當中宣告佳偶美麗、完美和高貴，而且她是他的獨一（六9）。兩人若能常常彼此珍惜、讚賞和肯定，即使夫妻關係偶爾有張力，也能勝過隔閡，兩人不至於關係僵化。

溫習及思考問題

1. 在解釋五章2至8節之時，你會傾向字面解讀抑或隱喻解讀？請説明原因，也分析字面解讀和隱喻解讀的利與弊。
2. 為何良人一下子用很多親密呼喚「我的妹子，我的佳偶，我的鴿子，我的完全人」（五2）？
3. 為何良人在關鍵時刻，轉身走了（6節下）？而雅歌女子因此覺得「魂不守舍」，你認為是甚麼意思呢？
4. 城中「巡邏看守的人」再次出現（參三3）。為何這裏他們打傷雅歌女子，還奪去她的「披肩」？
5. 五章10至16節是惟一以雅歌女子的角度而寫的「瓦施芙」。雅歌女子如何讚賞她的良人？整體上，她的描繪給你哪方面深刻和特別的印象？

6. 比較兩處耶路撒眾冷女子對雅歌女子的安撫（五9，六1），她們如何支持雅歌女子的愛情？
7. 雅歌女子如何表達她對良人的委身和專一（六2～3）？
8. 良人如何再次誇讚雅歌女子（六4～10）？這一次，他的焦點在哪裏？與之前的「瓦施芙」有甚麼不同？你認為這種愛情關係真實嗎？

短註

❶ 提倡只用字面解讀的學者：Fox, *The Song of Songs*, 145；Longman III, *Song of Songs*, 165～166。

❷ 鮑勃和格勒特對雅歌這段詩節是否隱喻的觀點，參 Pope, *Song of Songs*, 519；Garrett and House, *Song of Songs/Lamentations*, 204。

❸ 學者對「門」看為是女性的陰道的討論，可參 Exum, *Song of Songs*, 189。另外，朗文根據一份類似雅歌這裏情景的蘇美爾人愛情詩歌，證明雅歌的「門」就是暗示女性的陰道。參 Longman III, *Song of Songs*, 166；另外，吉加默什（Gilgamesh）向伊施塔（Ishtar）說，她是一道「門」，指的都是女性的陰道。參 Pritchard, ed., *Ancient Near Eastern Texts*, 84。

❹ 凱爾將「衣裳」解釋為緊身的長內衣。參 Keel, *The Song of Songs*, 189。

❺ 有關格勒特對3節的解釋，可參 Garrett and House, *Song of Songs/Lamentations*, 208。

❻ 依舜對3節的解釋，可參 Exum, *Song of Songs*, 195。

❼ 關於「孔」的解釋，謝挺根據一則烏加列的神話故事，指迦南神 El 的「手」是暗喻，意思是 El 的私處。謝挺：《雅歌》，頁 264。另參黃朱倫：《雅歌註釋》，頁 204。

❽ 有關「手」的意義，有學者引一段烏加列文文獻（52: 33～35）來作這樣的理解。參 Cyrus H. Gordon, *Ugaritic Textbook*, AnOr 38 (Rome: 1965), 409。格勒特亦有提這一點。參 Garrett and House, *Song of Songs/Lamentations*, 209 的註解。

❾ 不同學者對「孔」的解釋，可參 Murphy and McBride Jr., *The Song of Songs*, 171；Fox, *Song of Songs*, 144～145；Garrett and House, *Song of Songs/Lamentations*, 209～210。

❿ 格勒特對5節一系列行動的討論，可參 Garrett and House, *Song of Songs/Lamentations*, 211。

⓫ 學者對「走了」的意義，可參 Keel, *The Song of Songs*, 186；Garrett and House, *Song of Songs/Lamentations*, 212。

⓬ 格勒特對「巡邏的守衛」的解說，可參 Garrett and House, *Song of Songs/Lamentations*, 213。

⓭ 依舜對這段詩節內容的解說，可參 Exum, *Song of Songs*, 189, 191。

⓮ 根據謝挺，雅歌三章6節至五章8節是「分合之詩」。參謝挺：《雅歌》，頁 269。

⓯ 格勒特對9節耶路撒冷眾女子的提問的解釋，參 Garrett and House, *Song of Songs/Lamentations*, 220。

⑯ 古埃及人對紅色的藝術表達的討論，參 Hess, *Song of Songs*, 181；另參 M. Dietrich, O. Loretz and J. Sanmartin eds., *Cuneiform Alphabetic Texts from Ugarit, Ras Ibn Hani and Other Places* (Münster: Ugarit-Verlag, 1995), 1.14.ii 9。

⑰ 朗文將「兩腮」解為男人兩頰的鬍子。Longman III, *Song of Songs*, 173～173。另參 Duguid, *The Song of Songs,* 131；Snaith, *Song of Songs*, 81。

⑱ 將男子身體的描繪對比但以理書第二章的討論，可參 Longman III, *Song of Songs*, 173；Duguid, *The Song of Songs,* 132；Jenson, *Song of Songs*, 56～57。

⑲ 有關凱爾指出埃及壁畫與良人的描述的關連，參 Keel, *The Song of Songs*, 202～203。

⑳ 依舜指出佳偶的重點描述，參 Exum, *Song of Songs*, 202。

㉑ 參 Garrett and House, *Song of Songs/Lamentations*, 35。

㉒ 格勒特提及暗嫩污辱了妹妹的貞操，後又厭惡她（撒下十三 15）的這則敘事。他將暗嫩與雅歌男子成為反比，因為雅歌男子對佳偶繼續帶著崇敬，視雅歌女子依然有不可侵犯的高貴。他的討論可參 Garrett and House, *Song of Songs/Lamentations*, 227。

㉓ 朗文引述迦南神話故事 *The Birth of the Beautiful Gods*，推測雅歌的作者有意使用神話典故所提及的「晨曦」（Shahar）和「黃昏」（Shallim）裏一位美麗的神明 *šäHar*，形容雅歌女子有非凡的美麗。朗文指出「晨光」與迦南神話的神明有關的討論，參 Longman III, *Song of Songs*, 183；另參 Garrett and House, *Song of Songs/Lamentations*, 229。

㉔ 除了 Hess, *Song of Songs,* 204～205 之外，參 Hans-Peter Müller, "Begriffe menschlicher Theomorphie: zu einigen cruces interpretum in Hld 6,10," *Zeitschrift für Althebräistik* 1 (1988): 112～121。另參 Gary Alan Long, "A Lover, Cities, and Heavenly Bodies: Co-Text and Translation of Two Similes in Canticles (6:4c; 6:10d)," *JBL* 115 (1996): 703～709。

第九章

思鄉：「回來！回來！」（六 11～13）

- 佳偶在探索
- 四次的呼喚：回來

雅歌女子有娘家。她經常提到自己的母親(一6,八1)和「母親的家」(三4,八2)。這一章的焦點,就是雅歌女子的幸福感與思鄉情交織在一起(六11~13)。這段詩節是交叉結構的C' 部分,與詩節C(二8~17)對稱。兩段詩節呼應之處是相當明顯的,就是果樹紛紛開花結果的意境。

須留意的是,這一章的三節經文(尤其是六11~12)是詮釋雅歌的癥結,馬所拉版本的希伯來文充滿爭議,引致不同翻譯版本,學者們也諸多猜測。讀者們需要預備連續三節的思路鋪張不太合理,亦不太確定說話者是誰。

9.1 佳偶在探索(六11~12)

在六章11至12節,說話的人不太明顯是雅歌女子還是男子。學者們在解經中眾說紛紜,難以統一。「和合本」把這段經文看為是雅歌男子的說話,延續他在上個詩節裏對雅歌女子的讚歎(六4~10),其中主要原因可能是雅歌經常使用園子意象(garden imagery),來指涉性愛的歡愉(參四12~16,五1,六2)。「園子」喻指女子的身體,在這裏雅歌男子則下到這園子去探索,就如雅歌前文提及一樣(四16,六2)。

不過,筆者認為這兩節詩節是雅歌女子在說話,原因有三:

- 她回應良人的稱頌,同時要探索她與他之間的愛情成果,就是:「要看谷中青綠的植物」、「要看葡萄發芽沒有」、要看「石榴開花沒有」(11節)。所以,這裏的「核桃園」是一個真實的園子(所以雅歌女子才成為說話的人)。雅歌女子在這裏有一系列的探索,與詩節C(二8~17;參第一章的大綱,頁8)呼應,內容非常接近,特別是二章12至13節:「地上百花開放⋯⋯無花果樹的果子漸漸成熟,葡萄樹開花放香」。那時,雅歌男子邀她去探索春季美景:「與我同去!」(二13)。這裏,她以行動探索開花結果的美景,現在是她和良人共同擁有的「春季」。
- 這裏的「園子」與男子之前提及的「園子」不同。男子去的園子乃花卉、香樹與果子的園子(四16,六2),意思是他要探索佳偶的「身體」,親一親芳澤。那個「園子」是意象,不是真實的園子。這裏的「核桃園」第一次出現,是不同的園子,顯示了不同的主角和用意。

- 之前提及男子在園子的動詞是「牧放羣羊」（*lirʿôṯ*；六2），而這裏在園子的動詞是「要看」（*lirʾôṯ*），兩者所用的動詞是不同，但詞形卻相同，都是不定詞。在下一章，雅歌女子也有「看」的題旨，與這裏的「看」很接近。她再次要看葡萄樹發芽了沒有、花開了沒有、石榴放蕾了沒有（七12〔希伯來聖經〕七12）。

詩文出現新的名詞——「核桃園」（*ginnaṯ ʾĕḡôz*；「和修版」譯作「堅果園」），不純粹只是花園或葡萄園，而「核桃」（*ʾĕḡôz*）在希伯來聖經只出現一次。「核桃」是一個波斯借用詞（loan word），可泛指堅果，尤其是核桃。這「核桃園」與前文的奇特香料及花草植物同列（四13～14），都是異國的產品。除了在加利利或更北部一帶，以色列炎熱的氣候不太適合種植核桃。

朗文認為，雅歌女子「要看」的是男子的身體；這「核桃園」或「堅果園」可以指男子的性器官，又或是指一處他們享受性愛的地方。❶ 換句話說，朗文繼續以意象的進路來解讀這裏的園子。這或許也向讀者提示，雅歌的解讀往往需要注意語帶雙關的可能性。故此，雅歌女子「要看」（*lirʾôṯ*）的動作是一種探索。雅歌女子在探索一個「核桃園」。這裏再次提到「石榴」（*hārimmōnîm*），是複數名詞，象徵多產。這顯示雅歌男女的愛情與性愛達致更深一層，開花結果。「谷」（*nāḥal*）在希伯來聖經是一個普遍用詞，在雅歌則只出現在這裏，是指一個受保護的河流流域。「核桃園」和「谷」的場景，在雅歌是新的場景。另外，這裏亦提及「葡萄」和「石榴」，它們在前文已經出現過，可參考前文的分析（二13，四3、13，六7）。

12節（我坐在戰車）如何關聯上一節（我在園子看看），是解經的挑戰。詩文說「不知不覺」（*lōʾ yāḏaʿtî*）若譯「我不知道」會比較傳神。「和修版」將「我的心……」翻譯為「我彷彿……」，這「我彷彿」應該是指「我的靈魂」（*nap̄šî*）。「車」（*markəḇôṯ*）原文意思是指「戰車」，而且是一個複數名詞，它很可能是指一列的戰車。整節的直譯是：「我不知道的情形下，我的靈魂已把我安置在我百姓高官的一列戰車裏。」整個句子其實需要一一加以解說。

這詩節的開首句令詩文的內容發展有點突兀，雅歌女子「突然」不知不覺坐在戰車裏！

這是雅歌裏被公認為最難解的一節經文。經文有斷裂（fragment）的特徵，使原意難以確定。最早的翻譯本如「七十士譯本」和「武加大譯本」已經出現翻譯和解經上的不協調。後來的學者們因採納不同譯本的翻譯，他們各自有不同的解讀，至今仍沒有定案。有學者認為經文原稿已遭受無可救藥的損壞，後來的編修者為要令句子較為通順，便修改希伯來文，包括修訂整節經文的分節。有者甚至越過這一節，完全不詮釋它。❷ 不過，大部分學者和聖經譯本都盡可能按照可理解的原文處境來解說。本書亦嘗試按這方向來推測其意。

第一，究竟是「我尊長」抑或是一個名字「亞米・拿達」?

「我尊長的車中」在「和修版」譯作「我百姓高官的戰車」，它有一個註：「『我百姓高官』或音譯『亞米・拿達』」。而「我尊長」（*ʿammî-nāḏîḇ*）的意思引發學者最多的推測。希伯來聖經出現過亞米・拿達的名字一共十三次，英文譯作"Amminadab"。亞倫的妻子以利沙巴，是亞米・拿達的女兒（出六 23）；亞米・拿達屬於猶大支派（民一 7，二 3，七 12、17，十 14）。路得記也提到亞米・拿達，他是波阿斯的曾祖父（得四 19、20）。此外，歷代志上也提到他（代上二 10），還有另外幾位同名字的亞米・拿達（代上六 22，十五 10、11）。因此，這裏的「我尊長」的原文也可能是一個人的名字，筆者且中譯為「亞米・拿底」，是參自 KJV（Amminadib；可視為 Amminadab 的另外一個名字的形式）。這位「亞米・拿底」在當時應該是眾所周知的人物，他在歷史上留名，以致有戰車取以命名。我們相信「亞米・拿底」這個名字，對原初讀者來說是有意思的，只是對現代讀者不太確定其意而已。

第二，「尊長」與「亞米・拿達」的關係

「亞米・拿底」這名義也有「我的尊貴人」（"my noble people"；NKJV 的英譯）之意，因為「尊貴」（*nāḏîḇ*）可以作形容詞或名詞。「和修版」將「我尊長」譯作「我百姓高官」，「和修版」加上「我百姓」是有其原因。有學者在翻譯的過程中，把「我的百姓」（*ʿammî*）原文修改為介詞「與」（*ʿim*），句子便可以組成「與尊貴人並坐或在一起」之意。❸「環球譯本」的翻譯是：「不知不覺之間，我的心已把我放在尊貴人的車中」，這翻譯與「和合本」相似。至於這位「尊貴人」，他的身分特殊，對雅歌女子而言更為特別。雅歌女子也被稱為「尊貴的女子」（七1），此刻她坐在「尊貴人」的身邊是一種呼應，他們的身分是配對的。雅歌女子曾經形容她的良人為「王」（一4），英文譯本也多有把「尊貴人」譯為「王子」（"prince"; 參 ESV, RSV, NRSV）。這裏不難聯想「尊貴人」就是雅歌女子的良人，他是佳偶的「白馬王子」。

結合以上兩個解說，「尊長」可以是一個名字，同時也是雅歌女子的「白馬王子」。她為她的良人取名「我的良人是王子」（"My-beloved-is-a-prince"; *ʿammî-nāḏîḇ*），故亦有「亞米・拿底」的含義，意思是說，雅歌女子說自己坐在戰車裏，在她的王子旁邊。

雅歌女子坐在她的良人旁邊，兩人一同身在戰車裏。按照詩文的發展，在這個詩節裏，佳偶發現「核桃園」裏的植物和果實的確有開花結果（六11），這代表良人對她的愛與承諾如昔一般。所以，她的安全感飆升，有被愛惜與被保護的感覺，彷彿置身在一個令她感到有安全感的地方，例如：戰車。在她身邊就是為她提供保護，給予她安全感的愛人。有學者指出，一首古埃及愛情詩歌也有類似的場景，就是情詩的男主角突然以王子的姿態出現在戰車裏。❹雅歌女子突然發現自己在一座戰車裏，她將與她的王子一起離開，去展開一個新的旅程，也是婚後新的生活。這輛戰車，有如她之前乘坐的「轎」（三7）和「華轎」（三9）。

雖然原稿的問題產生解讀上的困難，以上的解讀仍然是可接受的。很多學者都知道詮釋六章11至12節帶有挑戰，他們的詮釋雖不能十分確定，卻也絕不馬虎。總意是，這段經文表達雅歌女子愛慕她的良人，她感受到有良人陪伴的幸福，並且雙雙展開新生活，一起重築愛巢。

9.2 四次的呼喚：回來（六13）

這一節經文在希伯來聖經是七章1節。由此開始，希伯來聖經與其他某些譯本在雅歌的經文節數就相差一節。這一節奇特之處，是「書拉密」這個稱號第一次在雅歌出現。雅歌全書只有這裏把「書拉密」與雅歌女子扯上關係，使讀者以為「書拉密」就是雅歌女主角的名字。另外一個奇特的是「回來」(*šûḇî*)這動詞在這上半節共出現四次，可理解為從所在地回來，亦可理解為舞蹈時「旋轉」的動作。依舜認為，這「回來」代表雅歌男子(也可能包括耶路撒冷眾女子)想把雅歌女子從「核桃園」喚回來，因為「尋見、離開、尋覓、呼喚」是雅歌男女常見的場景。❺ 下半節有人立刻問道：「你們為何要觀看書拉密的女子？」表示說話的人轉了。上半節是佳偶的家人，而下半節是良人。筆者將這節經文分為上、下節作評析。

分段大綱(六 13)

一、家人在呼喚(六 13 上)
二、良人在叩問(六 13 下)

9.2.1 家人在呼喚(六 13 上)

13 節下有「我們」，說話的人自然不再是 12 節的雅歌女子。這「我們」與一章 4 節「我們必因你歡喜快樂。我們要稱讚你的愛情」的「我們」一樣出現得撲朔迷離。說話者是從第三者角度的羣體聲音，類似耶路撒冷眾女子(參五 9)。筆者認為，13 節上那羣體的聲音，很可能是五章 1 節的「朋友們」，他們就是新婚的雅歌男女說話的對象：「朋友們，請吃！」他們是參加婚禮的宴客，包括雅歌男女的家人，而 13 節下的「我們」也應該包括耶路撒冷眾女子，因為她們與雅歌女子的家人，都是雅歌女子未婚之前的精神寄託。

經文中的「我們」要來看「書拉密女」。「書拉密」這名詞有一個定冠詞(*haššûlammîṯ*)，所以「書拉密」不是雅歌女子的名字，而是一個頭銜(title)或綽號(epithet)。「書拉密女」在原文是沒有「女」這詞，可直譯為「那位書拉密」。雅歌男子曾經形容雅歌女子為「我的完全人」(*ṯammāṯî*；五 2)，這裏的「書拉密」亦可能是一個類似的描述詞，用於形容極其貌美的佳偶，也就是雅歌的女主角，就如「西施」(她另有原名)這符號標誌的是一個沉魚落雁般的貌美女子。

在全本聖經，「書拉密」只出現在雅歌。在希伯來文語法結構上看，「書拉密」一詞主要由「書」（*šûl*）—「拉」（*la*）—「密」（*mîṯ*）再加上一個定冠詞（*ha*）組成。須留意的是，希伯來語法上 *lamed* 和 *nun* 有出現交替使用的情況，如此，「拉」的 *lamed* 也可以寫成 *nun*，有學者因此把書拉密關聯於書念（Shunem）。「七十士譯本」的「梵蒂岡翻頁手抄本」（Codex Vaticanus）在這節經文翻譯上，寫的是「書念」（*Soumaneitis*，即 *Shunammite* 的另一種形式），而「亞歷山大翻頁手抄本」（Codex Alexandrinus）與「武加大譯本」則譯作「書拉密」（前者是 *Soulamitis*；後者是 *Sulamitis*）。無論是「書念」或「書拉密」，指的都是一位女子，而很可能就是指書念女子。聖經有兩次提及書念女子。以利沙被一名住在書念的富有婦人接待，並預言她一年之後有一個兒子，後來還救活了她的兒子（王下四 8～37）。另外，大衛年紀老邁的時候，臣僕為他找了美貌女子亞比煞侍候他，經文說亞比煞是書念女子，而且極其美貌（王上一 1～4）。亞比煞天生美貌的名聲，可能促使「書念女子」成為「美女」的代名詞。一首歌頌巴比倫女神伊斯塔（Ishtar）的詩歌，也提到一個詞 *Sulmanitu*，歌頌伊斯塔的貌美、智慧與能力。在這個基礎上，「書拉密」極有可能是「貌美女人」的代名詞。

進一步而言，「書拉密」的詞根（*slm*）與所羅門的詞根相同，或許是雅歌作者刻意配對的代名詞，加強雅歌男女的絕配地位和身分對等。「所羅門」一詞有「平安」、「完全」或「完美」的詞義，如果「所羅門」是雅歌男子的綽號，那麼「書拉密」就是雅歌女子的綽號，兩者很可能都帶著「平安」的意義。除了顯示書拉密與所羅門是絕配，「書拉密」亦有可能是「使我平安的美人」的描述詞，就如良人曾經稱讚佳偶是他的「完全人」（五 2）。

總而言之，除了「所羅門」之外，雅歌全書就只有這一段詩節出現兩個人名——「書拉密」和「亞米・拿底」。他們的名字有平安和尊貴的含義，只是不太確定為何這兩個人名出現在這段詩節而不見於他處。不過，這更顯出這詩節十分特殊，雖然解讀有其難度。

9.2.2 良人在叩問(六 13 下)

上半節剛說完「使我們得觀看你」，下半節有人馬上問道：「你們為何要觀看書拉密女？」從下一章的內容看來，這下半節可看為雅歌男子在說話，其原因是，接著的一章又是一首「身體頌歌」(七 1～8)，是從雅歌男子對佳偶盡情讚揚的視覺來創作，所以這裏為這首頌歌轉接位，將接下去的詩文焦點，盡都放在佳偶的身上。

詩文中提到「跳舞」，並「瑪哈念」(*hammaḥănāyim*；「和修版」譯作「兩隊人馬」)。「瑪哈念」原文是一個附以定冠詞前綴的雙數名詞，可直譯為「那兩支軍隊」。出乎意料地，作者再與軍隊相提並論。在希伯來聖經裏，將「跳舞」連繫於「戰爭」並非少見(參出十五 19～20；士十一 34；撒上十八 6)。戲劇演繹之下，民間男女在開戰之前會為戰士跳舞助興，戰勝之後更有舞蹈慶賀。

亦有可能「像觀看瑪哈念跳舞」(*kimḥōlaṭ hammaḥănāyim*)的意思很可能是指一種名叫「瑪哈念」的舞蹈，而瑪哈念的意思亦是指兩個軍隊。所以，「和修版」另有注腳：「兩隊人馬在跳舞」或譯「瑪哈念跳舞的」(如「和合本」的翻譯)。在希伯來聖經，瑪哈念也是一個地名(撒下十七 24、27)。所以，上一節我們接觸到「亞米・拿達的戰車」(即 12 節的「尊長的車中」)，這一節則提到「瑪哈念跳舞」。前者以人名為戰車掛彩，後者也可能以地名為舞蹈取名。

這裏提到「為何」(*mah*)這助語詞，它應該指「如何」或「多麼」。句子的意思是「你們如何觀看書拉密的女子？就像看著瑪哈念的舞蹈那麼專注！」若將句子再作修飾，亦可譯作：「你們觀看書拉密的女子時多麼的專注！就像看瑪哈念的舞蹈那樣！」

雅歌這裏提到「跳舞」和「兩隊人馬」，或許是跳舞者分兩隊的排列舞陣。當舞蹈者在跳舞的時候，觀眾一般都定睛觀望著跳舞者，一直到跳舞完畢。詩文並非說雅歌女子真的在跳舞，或所有人在看她跳舞，而應當是指所有人的視線都在雅歌女子(那位書拉密)的身上，歷久不移。所有人定睛在雅歌女子身上，因為她實在美麗動人。所以接著下來並非描繪雅歌女子跳舞，而是再次描繪她的秀美(七 1～8)。那是良人一首「瓦施芙」(「身體頌歌」)。

信仰反省

在許多亞洲文化中，婚姻不僅是兩個人的結合，更是家庭的連結。華人家庭若是雙方聯婚後，不相干的兩個家庭此後成為一家人。在亞洲多處的原住民社羣，婚姻更是兩個家族以及擴大羣體生活的交匯。一個女子婚後，回家則不只是回娘家而已，更是回去她生於斯、長於斯的地方。婚後對原生家庭以及所熟悉的羣體產生緬懷與思念，有時會令人百感交集。婚後女子也有一個新的家庭和羣體，開始編織新的生活體驗和建立新的羣體關係。總之，婚禮儀式背後是一種文化象徵和集體記憶，能加強羣體認同感。故此，雅歌中娘家的呼喚「回來，回來，書拉密女」（六13上），以及夫家的叮嚀：「你回來，你回來，使我們得觀看你」（六13下），容易成為結婚女子的共鳴。

作為結語，這段詩節一共有三種聲音——雅歌女子說話（六11～12），她的家人和朋友說話（六13上），還有雅歌男子說話（六13下）。「佳偶—家庭—良人」的三角關係在新婚時是複雜且微妙的。這種情懷在新婚初期的亞洲女性相當普遍，因為未婚之前她們大多與家人同住。筆者有一名女性朋友，即使她很高興自己與愛人結婚，婚後第一天就因為思念熟悉的家人而哭泣。西方女性則不同，女性通常讀完書就獨居，一直到結婚。所以，我們從這一段詩節的焦點，看到雅歌女子的幸福感與思鄉情交織在一起（六11～13）。話雖如此，她自然也預備與良人去揭開人生經歷新的一頁，組織一個屬於他們的家庭天地。

溫習及思考問題

1. 你認為六章11至12節說話的人是雅歌女子還是男子？請解釋原因。
2. 經文到此，我們接觸了許多次雅歌提到「園子」，例如本章的核桃園（六11）。雅歌為何有這麼多園子？這些園子讓你產生甚麼想像空間？
3. 請分享愛情詩歌如何藉著意象的力量傳達情意。這意象在雅歌如何表達出來？請舉出一些經文作例子說明。
4. 雅歌女子為何「突然」坐在戰車裏（六12）？請解說這節難解經文的挑戰，並分析其意。簡言之，經文的總意是甚麼？

5. 如何解釋「書拉密」？六章 13 節的「我們」又是誰？

短註

❶ 朗文認為「核桃園」指涉男子性器官或享受性愛的地方。參 Longman III, *Song of Songs*, 184～185。

❷ 依舜認為聖經編修者對 12 節作了大幅度的編修，她的討論可參 Exum, *Song of Songs*, 222。另有學者對這節經文不作任何的詮釋，可參 G. Krinetzki, *Kommentar zum Hohenlied: Bildsprache und theologische Botschaft*, BBET 16 (Frankfurt am Main and Bern: Peter D. Lang, 1981)；參 Keel, *The Song of Songs*, 225。

❸ 將「我的百姓」改為介詞「與」這方面的翻譯的學者，有例如：Pope, *Song of Songs*, 589；Longman III, *Song of Songs*, 187；Duguid, *The Song of Songs*, 141；Exum, *Song of Songs*, 225。

❹ 古埃及愛情詩歌提到男主角突然以王子的姿態出現在戰車裏的討論，可參 G. Ruth Gerleman, *Das Hohelied*, BKAT 18（Neukirchen-Vluyn: Neukirchener, 1965）；另參 Keel, *The Song of Songs*, 228。

❺ 依舜對這節經文四次「回來」的詮釋，參 Exum, *Song of Songs*, 223～224。

第十章
彼此戀慕
（七 1～八 4）

- 良人戀慕佳偶
- 佳偶戀慕良人

這一章的段落是詩節 B'（七 1～八 4；參第一章導論，頁 8）。這段詩節的內容令人感覺熟悉不過，因為內容蘊含濃厚的戀慕之情，就如 B（一 9～二 7）那段落男女彼此仰慕的情景。

婚後，雅歌男女彼此眷戀的聲音依然交織在一起，反映他們初見面時的激情和傾心。詩節 B'（七 1～八 4）和詩節 B（一 9～二 7）有不少相異之處：

- 「他的左手必在我頭下；他的右手必將我抱住」是呼應對性愛關係的渴慕（八 3；參二 6）。在詩節 B，當時是在婚前，兩人對肌膚之親有熱切期望和幻想。而在詩節 B'，他們已經在婚後，他們戀慕亦不糾結於彼此赤身露體的相處。
- B' 和 B 兩個詩節其他彼此呼應之處：
  用字上彼此呼應：「果子」（七 13；參二 3）、「花」（七 12；參一 14，二 1～2）、「氣味」（七 8、13；參一 12）、「蘋果樹」（八 5；參二 3）等等的愛情場景。
  - 男女雙方都大膽且露骨地表達傾慕愛戀之情。在七章，男子說女子的「身量好像棕樹」，他「要上這棕樹，抓住枝子」（七 7～8）。而女子在詩節 B 曾說：「我的良人在男子中，如同蘋果樹在樹林中。我歡歡喜喜坐在他的蔭下，嘗他果子的滋味，覺得甘甜」（二 3）。
  - 詩節 B'（七 1～八 4）比詩節 B（一 9～二 7）含有更多性愛的隱喻，也含有更豐富的詞彙。
  - 詩節 B' 和 B 以幾乎相同的詩句結束：「耶路撒冷的眾女子啊，我囑咐你們：不要驚動、不要叫醒我所親愛的，等他自己情願」（八 4；參二 7）。

在經文的章節方面，這一段詩節在希伯來聖經是七章 2 節至八章 5 節，在中英文聖經卻是七章 1 節至八章 4 節。這種情形的發生，是因為希伯來聖經把雅歌六章 13 節列為七章 1 節。故此，雅歌第七章的每一節，在希伯來聖經的節數比我們熟悉的中文譯本或英文譯本都多了一節，也因此雅歌七章在希伯來聖經一共有十四節經文。為了方便閱讀和查考，本章所提及的節數，是根據讀者比較熟悉的中文譯本的節數，同時在括弧內引述希伯來聖經的節數。這段詩節主要分為兩大段落，第一段落是談及良人對佳偶的戀慕(七1~9上)；第二段內容是佳偶對良人的戀慕(七9下~八4)。

10.1 良人戀慕佳偶(七1~9上)

七章1至9節上其實是雅歌男子第三首「瓦施芙」(有關「瓦施芙」的討論，頁131)或「身體頌歌」。就如之前男子所唱的兩首「瓦施芙」(四1~8，六4~10)，女子的秀美是詩歌的焦點。這一首延續雅歌男子的愛慕之心，也更進一步進入雅歌男女的肌膚之親。雅歌主角的性愛體驗也進一步實現和滿足。

男子是從女子的腳開始讚賞她，然後描述女子身體部位的方向，彷彿跟著他的視線，從女子的腳部逐漸移動到頭部。他深情的欣賞女子的大腿、肚臍、肚子、兩乳、頸項、眼睛、鼻子，以及頭和頭髮(七1~5)。然後他的焦點回到女子整體的身軀，特別用較長篇幅描述女子的雙乳，然後止於女子的鼻子和上顎(七6~9上)。過程中，這一首「瓦施芙」所運用的比喻比以前更多，從物質的比喻(玉、杯、酒、象牙塔、水池、美酒)，到自然界的比喻(麥子、花、小鹿、棕樹、果實、葡萄、蘋果)，以及地方的比喻(希實本、大馬士革、黎巴嫩、迦密山)。整首「瓦施芙」只有6節沒有用任何比喻。雅歌男子只能夠讚歎：「何其可悅，使人歡暢喜樂！」這裏乃全詩的高潮，也就是男子在表達他對雅歌女子的戀慕。

這段詩節開首，良人稱佳偶為「王女」(*baṯ-nāḏîḇ*；「和修版」譯作「尊貴的女子」)是由一個名詞「女兒」(*baṯ*)及一個形容詞「尊貴」(*nāḏîḇ*)組成。這種結構表達在六章12節曾出現過，「和合本」譯作「尊長」(*ʿammî-nāḏîḇ*)，意思是「我百姓的高官」或音譯人名「亞米・拿達」。「尊貴」意味著高尚或貴族的地位，雖未必有王室的身分。這裏「王女」呼應之前「尊貴的王子」，顯示雅歌男女的登對和絕配。這尊貴的分量，也反映在其他中文聖經譯本當中，「呂振中譯本」譯作「像人君威儀的女子」。接著良人開始形容佳偶的身體(七1~5)。他形容佳偶的「鞋」穿在她「腳」上，然後由腳移向上描述，提到佳偶的大腿、肚臍、肚子和兩乳，及至她的頸項、眼睛、鼻子、頭髮。之後，他加了一句讚歎，再次形容她的身量、兩乳、鼻子及口。格勒特認為詩文似乎反映女子那時是赤著身體的，但有穿鞋子。❶ 除了格勒特，很多學者都認為，雅歌女子在這裏若不是穿得很少，就是赤裸。❷

分段大綱（七 1～9 上）

一、良人欣賞佳偶的腳和腿（七 1）
二、良人欣賞佳偶的肚臍和腰（七 2）
三、良人欣賞佳偶的兩乳（七 3）
四、良人欣賞佳偶的頸項、眼睛、鼻子（七 4）
五、良人欣賞佳偶的頭與髮（七 5）
六、良人讚歎佳偶的身量（七 6～7）
七、良人享受佳偶的身體（七 8）
八、良人欣賞佳偶的口（七 9 上）

10.1.1 良人欣賞佳偶的腳和腿（七 1）

這裏特別提到女子穿「鞋」。猶大地的女子甚少穿鞋，雅歌女子穿鞋可意味她的身分特殊或屬於貴族。猶大地的鞋子是涼鞋，女子穿進去依然看得到部分的腳和腳趾。對於鞋，「猶滴傳」就提到這麼一句：「她的涼鞋抓住了他的視線，她的美貌逮住了他的靈魂；而劍就砍斷了他的脖子！」（16.9）❸ 因此，女子的「腳在鞋中」很是美觀，令心上人喜愛，甚至具有誘惑力。

這裏的「腳」（*paʿam*）並非普遍使用「腳」（*regel*；參五 3）的用詞。這裏的「腳」亦可理解為「腳步」（參詩十七 5）。所以，有學者認為這裏是指雅歌女子的腳步，而不是腳本身。❹ 因此有學者認為「腳」是指雅歌女子的舞步，因為上一節提到眾人觀看書拉密，像觀看瑪哈念舞蹈，這裏則可以作跳舞的理解。❺ 無論是腳、腳步還是舞步，重點是女子的「美好」（*yāpāʰ*；「和修版」譯作「秀美」），這是雅歌全書一直重複的概念（一 8、15，二 10、13，四 1、7、10，五 9，六 1、4、10，七 7）。

女子的「大腿」令雅歌男子著迷，他比喻她的「大腿」好像「美玉」。「你的大腿」(*yərēḵayiḵ*)原文是雙數名詞，應譯作「妳的雙腿」，是接近臀部的腿部。至於「圓潤」(*ḥammûq*)其實應作「曲線」(curve)之解，形容雙腿豐滿均稱。所以男子讚賞的，是女子的大腿展現優美曲線。福克斯指出，這曲線之美是指臀部轉動的姿態。❻ 良人形容佳偶像「美玉」(*ḥălāʾîm*)，這是一個複數名詞。這詞的原文詞根(*ḥălî*)在希伯來聖經只出現兩次，另一次是在箴言，是一個單數名詞(參箴二十五12)，意思是「首飾」。在箴言，這「首飾」與黃金相提並論，代表珍貴的裝飾品。「玉」作為一種「寶石」(gemstone)，在中文語境含有光滑之意，這或與西方的寶石切割概念不一樣。「美玉」用來比喻女子大腿的曲線，意指晶瑩剔透。女子這猶如美玉的大腿，是巧匠雙手之作。男子其實在讚賞雅歌女子的大腿曲線白璧無瑕，實屬完美。

10.1.2 良人欣賞佳偶的肚臍和腰(七2)

男子的視線轉移到女子的腹部，提及她的「肚臍」和「腰」(「和修版」譯作「肚子」)。「肚臍」(*šor*)在希伯來聖經也曾出現於不同經卷。箴言三章8節「這便醫治你的肉體，滋潤你的百骨」(參「和修版」的註：「『肉體』: 原文是『肚臍』」)，它經常被理解為「肉體」，好與「骨頭」達致平行(另參結十六4)。

女子的肚臍被比喻如「圓杯」。「杯」(*ʾaggan*)其實應該是指體積比較大、可以盛水的「碗」(bowl；賽二十二24)，甚至是「盆」(basin；出二十四6)。無論是杯、碗還是盆，形狀都是「圓」的。在這隱喻之下，這碗所盛的是「酒」，因此亦可以翻譯為「杯」。佳偶的肚臍無論是圓碗或圓杯，它「不缺調和的酒」。「調和的酒」可能是葡萄酒加上香料釀製的酒，這是古代近東社會普遍釀酒的做法。

我們如何理解整句「你的肚臍如圓杯，不缺調和的酒」呢？學者們的推斷相當富有想像力，不過需要與「你的腰如一堆麥子」一起理解。「腰」(*beṭen*)在原文，除了是指「肚腹」(belly)之外，也可理解為「身體」(body)，或「子宮」(womb)。至於「麥子」(*ḥiṭṭîm*)這複數名詞，且有一個量詞「一堆」(*ʿărēmah*)。這些麥子的中間部分被捆起來，綁在一起成為一堆，而中間部分比較細小，外形看來像女子身體的腰部。女子的肚臍好像一個盛酒的碗，加上她的腰好像一堆麥子，可歸納成三個不同的理解。

- 第一個理解是字面理解。詩文純粹在描述雅歌女子肚臍的美觀。所謂「不缺調和的酒」是指「圓杯」而非「肚臍」，而且她的身材線條好看，像一堆捆綁起來的麥子的形狀。
- 第二個理解是生理的隱喻。有些學者認為「肚臍」其實是指外陰，「酒」是指亢奮時陰道出現的潮濕情形，「麥子」則是指私處的毛髮。❼ 這個層面的理解，完全是在描述男女之間發生性愛時的器官和反應，而「百合花」也在雅歌隱含性愛的寫照（二16，六2～3）。
- 第三個理解是生育的隱喻。由於「腰」也可能意指「子宮」，而「麥子」是一種土地的生產，那麼詩文是反映女子的生育能力，也就是說她的肚腹能夠孕育孩子。❽

筆者認為第一個層面的理解最為恰當，也最為直接。雅歌男子是在近距離欣賞女子的身體，他稱讚她的「肚臍」，形狀好像一個平時裝著美酒的碗。古代近東的酒經常用香料調和，美麗的碗也會經常使用來裝酒。一個好看的酒杯，人不會不拿來用，所以詩文用「不缺調和的酒」來表達。再者，雅歌男子可能環抱著女子的纖腰，所以把她的纖腰比喻為捆綁著的一堆麥子，中間部分是凹進去的。在男子眼中，她可說是柳腰花態、綽約多姿。至於「百合花」，可能雅歌男子所用的比喻與日常的傢俱點綴物有關。凱爾以繪圖展示古代埃及人擺設食物時，周圍會用蓮花作點綴，考古發現的碗碟古物也有蓮花的圖案在邊沿。❾ 此外「周圍有百合花」似乎也呼應男女之前比喻過的，女子「好像百合花」（二1～2）。

第二個理解在性愛隱喻的解釋方面，或許過於主觀和偏激。一些學者對性愛細節的偏重其實會產生美學的反效果，有時大煞風景。況且，「酒」在雅歌的語境也從來不意指體液，即使「酒」與性愛場景有關（參一4，五1）。至於第三個理解，也就是關聯生育能力的解釋，筆者覺得過於功能化。就如依舜指出，雅歌的焦點，一直都是在女子的美貌而不是她的生育能力。❿

10.1.3 良人欣賞佳偶的兩乳(七3)

雅歌男子對佳偶的戀慕，焦點來到女子的胸部。這一節與四章5節「你的兩乳好像百合花中吃草的一對小鹿，就是母鹿雙生的」相似。這裏還比較省略些，沒有提及「百合花」。佳偶的「兩乳」被喻成「一對小鹿」，而且是「雙生」的，這給人想像一對小鹿齊齊跳動的圖景，用來形容女子雙乳有彈性。值得一提的是，女子雙乳成為焦點不止於這一節。過後，男子還會繼續描繪他如何戀慕女子的兩乳(七7～8)。女子的「兩乳」彷彿是這裏「瓦施芙」的主要關注。

10.1.4 良人欣賞佳偶的頸項、眼睛、鼻子(七4)

雅歌男子曾經說，女子的頸項猶如「大衛……的高臺」(四4)，這裏再次提到女子的「頸項」，而且比喻成「象牙臺」。健壯的頸項使人有翹首引領之態，故此頸項有自信的含義；其負面意思則是驕傲，一副昂首看人的姿態。這裏比喻頸項的焦點，是從軍事含義的「臺」，轉移至美學含義的「臺」。相比之下，大衛的「高臺」反映堅固的堡壘，這裏「象牙臺」則呈現女子引頸而望之美態。「如象牙臺」(*kəmiḡdal haššēn*)原文是由「臺」(*kəmiḡdal*)及「象牙」(*haššēn*)這兩個名詞組成，這兩名詞都是附屬形，而後者附以定冠詞，預料是人所周知的一座「象牙臺」。阿摩司書提到的，也帶定冠詞的「象牙的房屋」(*bāttê haššēn*；摩三15)及沒有帶定冠詞的「象牙床」(*miṭṭôṯ šēn*；摩六4)。在阿摩司書裏的「象牙的房屋」和「象牙床」都是奢侈品，是用來諷刺以色列的奢侈與浮華。而雅歌這裏的「象牙臺」沒有諷刺的含義，也不會是指由象牙製成的臺，可能只是鋪上象牙裝飾的臺。象牙本來就是昂貴的珍品，有象牙的裝飾顯出尊貴氣派。女子的頸項如象牙臺，令人想像她昂首的美姿，凸顯頸項白皙秀頎，令良人十分著迷。相映成趣的是，雅歌女子也用「雕刻的象牙」形容良人的身體(五14)。

男子說：「你的眼目像希實本、巴特・拉併門旁的水池」(4節)。「眼目」(*ʿayin*)本來就有「泉源」的意思，這裏說佳偶的眼睛像「水池」(*bərēḵôṯ*)，意思固然不言自明。這「眼目」的雙關語，表達雅歌女子有水汪汪的雙眸。不過這裏並非只是一般的水池，而是有指定的地點，就是「希實本」，以及具體的說明是「巴特・拉併」門旁的水池。「希實本」(*ḥešbôn*)是約旦東面之地，也是希伯來聖經經常提到的亞摩利王西宏之首都(民二十一26～30)。希實本曾被以色列人奪取(民二十一25)，約書亞分地時，希實本被分派給呂便支派和迦得支派(書十三17、26)，後來希實本被摩押人和亞捫人所得(賽十五4；耶四十八45)。考古學家挖出一個巨大的水庫遺址，認為是屬於公元前九至八世紀希實本這地方。⓫ 因此很有可能，希實本聞名之處，在於它有一個蓄水池，雅歌的詩人也熟悉這個蓄水池。蓄水池的水屬於靜態，呈現一種寧靜的幽美，雅歌男子用來比喻佳偶有寧靜明亮的雙眸。

至於「巴特・拉併」(*baṯ-rabbîm*)，也是一個地名，是希實本內的一座城。「巴特・拉併」的字義是「眾多人的女兒」(daughter of multitudes)。這「女兒」的稱謂令人想起七章1節的「尊貴的女子」(原文是「女兒」)。作為「眾多人的女兒」,「巴特・拉併」可說是希實本的稱謂，指一座人口稠密之城，映照繁榮。這進一步肯定雅歌女子的尊貴。城內門旁設有水池，是讓人潮得到解渴和舒暢。本意上，詩文要傳達的是，雅歌女子的雙眼如一波清澈的水。秋水盈盈的雙眸，讓注視她的良人心裏得到舒暢。

從這波光瀲灩的雙眸，男子的視線轉移到雅歌女子的鼻子。把一個女子的「鼻子」比喻作「黎巴嫩塔」，是欣賞之意而非滑稽之作。就如四章4節提及過的「臺」(*migdal*)有高貴之意；雅歌女子的鼻尖帶出高貴的氣質。一片平地上有座塔就顯得突出，所以雅歌女子的鼻樑和鼻尖可能高而挺直，彷彿「朝向大馬士革」的方向。而黎巴嫩盛產的香柏樹含有馥郁香氣，故這裏「黎巴嫩塔」也傳達女子氣若幽蘭的芳香。

我們或許也察覺到，雅歌經常用特定的地名以及該地理條件所附帶的意義，比喻雅歌的女子。這裏有「希實本、巴特・拉併門旁的水池」，亦有「基達的帳棚」(一5)、「隱・基底葡萄園」(一14)、「沙崙的玫瑰花」(二1)、「基列」的山羊(四1，六5)、「黎巴嫩的香氣」(四11)、「黎巴嫩……的溪水」(四15)、「美麗如得撒」和「秀美如耶路撒冷」(六4)。這麼一來，雅歌所呈現的詩歌也讓人彷彿看見如詩如畫的美景。

10.1.5 良人欣賞佳偶的頭與髮（七 5）

在之前一首「瓦施芙」，雅歌女子讚賞男子是從頭部到腿部（五 10～16）。即便細節的描述身體不同部位，兩首「瓦施芙」都會談到整個身子（五 14，七 7）。在這裏，雅歌女子的腳部和頭部都帶有尊貴王室的氣派。佳偶的腳是尊貴的，她的「髮綹」也擄掠了男子。

男子說佳偶的頭「好像迦密山」（*kakkarmel*）。「迦密山」（*karmel*）原文只有「迦密」（Carmel）的地名，中文翻譯加了「山」。作為一個名詞，「迦密」的意思是「種植園」（plantation）、「果園」（orchard）或「花園」（garden）。迦密處於一座山脈當中，所以「迦密山」由此得名。迦密山其實並非很高，但足以眺望加利利湖和耶斯列谷。顧名思義，它肥沃的土地盛產橄欖樹和葡萄園，景色十分優美恬靜。用「迦密山」來比喻雅歌女子的頭部，令人聯想她有一頭厚密的秀髮，就好像生長茂盛的樹木和園子。

「迦密」（*karmel*）的讀音也和「赤紅」（*karmîl*）顏色相近，可說是與接下去描述女子紫紅色的秀髮同聲相應。雅歌女子的頭髮是「紫黑色」，原文是「像那紫黑色的」（*kāʾargāmān*）。「紫黑色」（*ʾargāmān*）是一種骨螺貝的殼所製成的色素，極其昂貴。按照詩文所說，「像那紫黑色的」（*kāʾargāmān*）可能意味著某個被染了紫黑色的繩線，用來比喻女子的秀髮。「紫黑色」的重點在其珍貴，也因為紫色經常關聯王室的身分，這裏亦顯出王室的尊貴（參七 1），以及女子的美麗，就如接著的 6 節所說「我所愛的，你何其美好！何其可悅，使人歡暢喜樂！」

「頭上的髮」中的「髮」（*dallā^h*）意思是「下垂」、「懸掛」之頭髮。福克斯指出，埃及女性在宴會、家居、宗教儀式以及跳舞時的髮型裝束，是長長的層疊卷髮。⓬ 凱爾也展示埃及一幅藝術家的精心繪圖，圖中埃及女子彎腰取杯，她下垂的一綹綹長髮遮住臉部，露出眼睛，呈現一種神祕美感。雅歌女子有類似的下垂之長髮，好像迦密山茂密的樹林。這下垂的茂密秀髮，也曾被喻為像走下基列山的一羣山羊（四 1，六 5）。

「綹」（*rahaṭ*）是量詞，指一束理順了的絲、線、鬚，或毛髮。這裏「髮綹」是指女子的秀髮被理順成一束一束，就如埃及古廟的浮雕和圖畫所示的女子髮辮。而「繫住」(ʾāsûr)的詞形是一個被動式分詞，意思原本是有「被囚禁」之意。換句話說，佳偶的秀髮被整理成很多的「髮綹」(bārəhāṭîm)，順著臉龐垂下，其美感和秀麗進一步把雅歌男子——她的「王」擄掠了！之前女子明眸一瞥和她頸項的鏈子，已經奪了他的心(四9)。

10.1.6 良人讚歎佳偶的身量(七6～7)

「我所愛的」原文只有「愛」(ʾahăḇāʰ)一個陰性單數名詞。雖然沒有附屬代名詞如「我的愛」，顯而易見男子用親暱的稱呼，就如用英文的“love”。「你何其美好！」是呼應男子在之前說的讚歎：「你的腳在鞋中何其美好！」(七1)接下來雅歌男子亦用同樣的美言讚賞女子的身量、兩乳、鼻子和上顎，所以這首「瓦施芙」的思路應該連接下去，一直到第9節上。

「使人歡暢喜樂」(battaʿănûḡîm；「和修版」譯作「喜樂的女子」)原文是詩行的最後一個字，「和修版」在此有一個注腳另譯「在喜樂中」。若按原文，直譯是「帶著喜樂的」(with the delights)，原文沒有如「和修版」的「女子」這翻譯。「喜樂」(taʿănûḡî)有「精緻」、「奢華」和「愉悅」等多重的意思。雅歌女子是令人愉悅的愛人。全個句子其實可以譯作：「親愛的、喜樂的，妳何等美麗、何等令人喜悅！」這短短的一節詩行，高密度的使用「親愛」、「喜樂」、「美麗」和「喜悅」的美詞。

良人又返回欣賞佳偶的身體。「你的身量」(qômāṯēḵ)指的其實是高度(height)過於身形(figure)。男子把雅歌女子的身材比喻為棕樹，是描述她像棕樹高挑修長。這或許與一般人理解的「身材」稍微不同，因為一談到「身材」，我們會關聯胖瘦苗條，或曲線挺拔。「環球聖經譯本」把7節譯為「妳像棕棗樹亭亭玉立，妳的雙乳像果子串串」。「亭亭玉立」很正確的把「修長」之意傳達出來。男子把雅歌女子從腳部細細的描述到頭部，此刻讚賞她整個人的高度。

「棕樹」(tāmār)是以色列盛產的果樹，樹木可高達百多尺。棕樹出產的棗子美味可口，至今都令當地人和外國遊客十分喜愛。以色列的棕樹，就像亞洲地帶的椰樹，是諸多用途的樹木。它們的樹身、樹葉、果實等每一部分，都可用來製造傢俱、籬笆、繩索、草蓆和籃子等家庭用品。「棕樹」也用來形容女性或為女性取名。創世記有記載猶大的媳婦名叫她瑪（創三十八 6～30），押沙龍的妹妹也名叫她瑪（撒下十三 1），意即「棕樹」。

「兩乳如同其上的果子」指的是她的兩乳就如棕樹的果實，這裏用來比喻女子的乳房，「纍纍下垂」。「纍纍」（*ʾeškōl*）在一章 14 節是比喻良人好像「一棵」（*ʾeškōl*）鳳仙花，那時也提到女子的胸懷。這裏同樣的字詞巧妙的用在女子身上，形容她的「兩乳」。棕樹的果實是一串串很多粒的椰棗，不會只有兩顆。因此詩文所描述的「纍纍」果實不是指數目，而是指下垂的形態。可以想像在夫妻之樂當中，裸體的雅歌女子對良人具有吸引力，以致他想進一步有所行動——爬上棕樹（8 節）。

凱爾把雅歌關聯於與古代近東宗教，他圖文並茂地解說雅歌女子的身材被喻為棕樹，類似美索不達米亞女神的形象，而棕樹是一種神聖的樹，甚至如聖經所說的「生命樹」。⓭ 詮釋雅歌的比喻不能完全忽視雅歌的宗教處境。在上一首「瓦施芙」，雅歌男子在雅歌女子口中近似一尊閃亮發光的神像（五10～15）。

10.1.7 良人享受佳偶的身體（七 8）

雅歌男子的行動明顯是為了達到性愛的親密，詩文內容卻高度隱喻化了男子的行動。詩人用爬上棕樹的隱喻，形容雅歌男子想享受佳偶兩乳的芳澤。箴言有提到丈夫喜愛妻子，並滿足於妻子的兩乳：「願她的胸懷使你時時知足，她的愛情使你常常戀慕」（箴五 19），意思是說妻子的能夠給丈夫帶來歡愉；可見這不是雅歌才有的概念，只是雅歌的描述比較直接和袒露，3 節和 7 節都提到「你的兩乳」（*šāḏayiḵ*），8 節更說明良人要爬上棕樹，抓住枝子。

男子的「我說」（*ʾāmartî*）似乎是多此一舉。但是，男子可以直接表達「爬上棕樹，抓住枝子」的意願。不過，「我說」代表一種決心，良人要想盡辦法爬上棕樹，嘗到椰棗的決心，去得到女子身體所能帶給他的甜美歡愉。同時，這代表男子開始有一份參與感，他把自己捲入了女子美麗的意境，開始有意願（「我說」）和行動（「我要」）。

「鬧劇」之說和「赤裸」寫照

雅歌七章1節至9節(希伯來聖經：七2～10)是雅歌幾首「瓦施芙」之中最引人矚目的一首，除了因為衣裳暴露才可能看見的大腿、肚臍和腰之外，其內容直言不諱雅歌女子的兩乳。所用的比喻，例如棕樹上纍纍的果實、和葡萄纍纍，實為袒露。

一些學者並不欣賞此類的比喻，有學者把這段詩節標籤為「怪誕」(grotesque)文學作品，例如布萊克(Fiona Black)；波爾(Roland Boer)則認為這段詩節類似「色情」(pornographic)作品。⓮ 也有學者認為這段詩節是「戲仿或喜劇」(parodic or comic)，例如阿塔利亞．布倫納。布倫納認為作者在開女子身體的玩笑，因為所描述的身體部分，距離完美的標準很遠——肚子大如麥堆、頸項太長、眼睛渾濁、鼻子屬於特大號。⓯ 不過，布倫納也假設了女子是在跳舞，而推斷詩歌內容反映觀眾不斷的點評她身體的缺陷。換句話說，全場是一「鬧劇」。

另外，也有不少解經者推論，因為描繪得露骨且直接，這首「瓦施芙」中的雅歌女子只穿著一件薄紗，也有可能是完全赤裸。凱爾的註釋書有展示幾幅埃及考古出土的繪圖，有一幅身穿薄紗的女子用酒杯侍候膳食，一幅薄紗女子手握琵琶半躺臥姿態，另一幅赤裸女子手拿樂器和蓮花，卻戴著耳環和項鍊。⓰ 這些考古繪圖支持學者們的假設，也就是女子身穿薄紗和「赤裸」。

筆者認為「鬧劇」之說，在這段詩節全文的讚賞氛圍之下不能成立。雅歌女子兩次被描述為「秀美」(七1)和「美麗」(七6)。固然，比喻的客體有的難以美化，例如「一堆麥子」、「塔」、「水池」，讀者們依然要按照詩文的意境和地理的關聯，嘗試一一構想和體會。至於「赤裸」的寫照，在雅歌的語境是毋庸贅述的。雅歌有幾處的確反映男女都可能赤裸的場景。不過，這並非代表雅歌乃是色情之詩。反之，詩歌豐富的比喻手法，美化了夫妻親密相處的意境。

「抓住」(*ʾāḥaz*)有緊抓的意思。雅歌女子有表達過「我拉住他，不容他走」(三4)，這裏男子亦要緊緊抓住女子。「枝子」(*sansinnîm*)可能是亞蘭文的借用詞，意思是「棗果梗」，舊約書卷只出現一次。故此，「枝子」是指這棵棕樹所結出的棗枝。「抓住枝子」在隱喻上，是傳達男子抓住了女子的手，「撫摸」女子的胸部，然後「親吻」她那好像纍纍葡萄的雙乳。⓱ 這一節含有強烈的性愛隱喻，詩人的表達毫不含糊。

這首「瓦施芙」特別之處，在於男子三次提到雅歌女子的雙乳（3、7、8節）。之前男子的「瓦施芙」只有一次提及女子的雙乳（四5），雅歌女子也只有一次說到自己的胸懷，那時她渴慕良人的擁抱（一13）。這說明了這首「瓦施芙」——也就是雅歌最後一首的「瓦施芙」或有總結的功能——強調佳偶的雙乳能帶給良人滿足和歡愉。故此，男子品嘗芳澤之後說：「願你……」（*wəyihyû-nāʾ*），語氣是一個感歎詞。「願你的兩乳好像葡萄纍纍下垂」中的「纍纍」（*ʾeškəlôṯ*）是一個複數名詞，但不是指涉椰棗而是「葡萄」（*gep̄en*）。「葡萄園」本來就與女子的身體有關（參一6），而雅歌這裏也一直在描述著女子的身體。不過，這裏以「葡萄」比喻「兩乳」，也可能是為下一節的美酒而預設的意象。

「願你」希伯來文（*wəyihyû-nāʾ*）這動詞不是以祈願式語法表達，但它帶有祈願的意義，因為它附以一個感歎助詞「願」（*nāʾ*）。

「願你的兩乳好像葡萄纍纍下垂，你鼻子的氣味香如蘋果」這兩個句子只有一個動詞「**願你**」（*wəyihyû-nāʾ*），它附以一個連接詞（*wə*），表示句子與上一句「我要上這棕樹，抓住枝子」連接；第二句是以「香氣」（*wərêaḥ*）開始，它亦附以連接詞（*wə*），表示它也連接上一句「願你的兩乳好像葡萄纍纍下垂」。如此，第二句的動詞同樣是「願你」，只是因為要配合詩句的押韻，作者在此省略了這動詞。「鼻子」（*ʾap*）有時也理解為「臉部」，例如詩篇十篇4節說：「惡人面帶驕傲」的「面」，其實與雅歌「鼻子」原文相同。此外，「鼻子」原文也含有「怒氣」的意思，例如利百加提醒雅各，要等到以掃的「怒氣」消了才回家，也是用同樣的名詞（創二十七45）。一個人憤怒的時候，鼻孔氣息比較重。正所謂「生氣」，是與呼吸或氣息有關。雅歌女子「鼻子的氣味」（「和修版」譯作「鼻子的香氣」）香如蘋果。「蘋果」有果香，是愛情之果的隱喻。雅歌女子曾經用蘋果比喻過她的良人（二3），也說蘋果能夠治療她的相思（二5）。這裏「鼻子的香氣如蘋果」的「蘋果」是複數（*tappûḥîm*），果香不只是來自一個蘋果，而是很多蘋果。簡言之，雅歌女子的氣息像很多蘋果，馥郁芬芳。

10.1.8 良人欣賞佳偶的口（七 9 上）

男子繼續品嘗味覺上的甜美：「你的口如上好的酒。」（「和修版」將「口」譯作「上顎」）按照語法，這一句是雅歌男子說的，因為「妳的上顎」（*wəḥikkēḵ*）是陰性第二人稱附屬代名詞。「上顎」已經在雅歌出現過，與「品嘗」或「口」有關，人品嘗蘋果，會覺得甘甜（二 3，五 16）。這品嘗的動作自然使人想到親吻。故此，「呂振中譯本」直接譯為：「而你的接吻如上好的酒」，而「環球聖經譯本」譯作「深吻」（「你的深吻如同美酒」），「新譯本」卻譯作「口」（「你的口像美酒」）。可見「上顎」泛指口舌的運作，因為除了言談之外，它是品味和親吻的器官。

「如上好的酒」（*kəyên haṭṭôḇ*）在原文的表達，不止像「美好的酒」，而是無論在味道還是果效方面都是「上好優質的酒」之意。男子在這裏表達他想親吻女子，就像他要喝一口美酒那樣。他想親吻女子的衝動，就像女子之前渴望男子的親吻一樣：「願他用口與我親嘴；因你的愛情比酒更美」（一 2）。在這裏，也一樣有美酒作比喻。

10.2 佳偶戀慕良人（七 9 下～八 4）

雅歌女子以熱情奔放的語氣，回應良人上一段愛慕之情（七 9 下～10），然後陸續可見兩個場景，先是戶外的田園（七 11～13），然後在城中的室內（八 1～4）。這兩個場景都是雅歌女子體驗愛情的地方。雅歌女子接受良人對她所傾吐的戀慕之情，於是就主動邀他一起享受他們愛情的果子（七 9 下～13）。在這裏，雅歌女子第三次囑咐耶路撒冷眾女子「不要驚動、不要叫醒我所親愛的，等他自己情願」（八 4，參二 7，三 5），第三次的出現是回望之前的兩次，意味著婚前她堅持守身如玉是對的，即使當時她對性愛存有熱切的慾望。她在這裏提醒她的閨蜜，她婚後才真正地體驗性愛，這是兌現了自己對貞潔的承諾。

分段大綱(七9下～八4)

一、回應良人愛慕之情(七9下～10)
二、田園的戀慕之歌(七11～13)
三、內室的戀慕之歌(八1～4)

10.2.1 回應良人愛慕之情(七9下～10)

說實話,9節的詩文富有爭議性。上半節本是雅歌男子的聲音「你的口如上好的酒」(9節上),下半節立刻轉接到「女子說:為我的良人……」。原文是沒有「女子說……」。這裏的「良人」(*dôḏî*)是雅歌女子在全首雅歌給良人的親密稱呼,所以理所當然出自雅歌女子的口,只是與上文「你的口如上好的酒」的轉接有點突兀。學者因此推論經文抄本肯定出現問題,所以把「我的良人」(*dôḏî*)解釋為一個複數名詞「愛人們」(*dôḏîm*),意指他們兩人;而且認為9節是男子繼續在說話,意思是「妳的上顎如美酒,直流入我們(愛人)的口裏」。⓲

不過,某些譯本(「和合本」、「和修版」、「新譯本」和「環球聖經譯本」)及不少學者們的立場(參福克斯、赫斯、杜古德等等),認為9節下開始就是雅歌女子的聲音。⓳ 筆者亦認為當雅歌的女子聽到良人對她的讚賞,她幾乎是急不及待與良人對唱起來,「你的口如上好的酒」如今「流入睡覺人的嘴中」。這似乎中斷了男子稱讚她的聲音,卻顯示雅歌女子也戀慕她的良人。雅歌男女彼此對唱情歌,以傾訴雙方戀慕之情。這一唱一和,其實不失為默契,反映夫妻之間的和諧、恩愛和溫馨。

「流入睡覺人的嘴中」亦是眾說紛紜的一句。「睡覺人」(*yəšēnîm*)是一個複數形容詞,意思是「睡眠中」或「熟睡」(sleeping)。「七十士譯本」以及不少早期譯本,把「睡覺人」原文的 *yod* 修改為 *waw*,將「嘴」(*śip̄ṯê*)譯作「我的唇和牙齒」(*cheilesin mou kai odousin*),而「唇」及「牙齒」都是複數名詞。結果,整句子可以解作「留在我的唇齒之間」,沒有將「睡覺人」譯出來。一些中英文譯本都根據這個理解(參「呂振中譯本」、「新譯本」、「環球聖經譯本」,

ESV，RSV 和 NRSV 等）。不少學者都同意「七十士譯本」這個解釋，也按照此意修改希伯來文的意思。⑳ 中英文譯本和學者們那「唇齒之間」之解，其實亦不無道理，也許使詩文的意境更加順暢。

不過，如果按照「馬所拉本」的「睡覺人」之意，雅歌這一節是否意味著兩人親密相處後，因喝了美酒，沉睡時嘴唇留香的情景？㉑ 這樣的理解毋須篡改原文，同時亦合理地理解這節經文。因此保留「睡覺人」意思依然是可以理解的。所以，不少聖經翻譯保留「睡覺人」（sleepers）之解（參「和合本」、「和修版」、KJV、NKJV、NASV 等）。

雅歌女子接著對她的良人傾吐戀慕之心，呼應上文男子對她的戀慕之情。女子的關注並非在男子的身體部分，而是與男子一起享受愛情的葡萄園和果園（七 12～13）。女子戀慕男子的焦點，明顯的與男子戀慕她的焦點不同。男子的焦點盡都在佳偶的身上，而女子的焦點是在他們兩人的愛情（七 10～13），以及親暱纏綿的甜蜜時刻（八 1～4）。

「他也戀慕」（*təšûqāṯô*）這詞可圈可點。「我屬我的良人，他也戀慕我」與雅歌女子之前的表達頗有不同。她曾經說「良人屬我，我也屬他」（二 16），亦說「我屬我的良人，我的良人也屬我」（六 3）。這裏出現了「戀慕」（*təšûqā^h*），這詞在雅歌是一個新的概念。「戀慕」在希伯來聖經只出現三次，另兩次都具有負面的意義。其中一次是上帝對夏娃說的：「你必戀慕你丈夫」（創三 16），那是在人類吃了分別善惡樹的果子之後，面對上帝的懲罰的叛逆事件。另外一次也是在創世記，上帝對嫉妒而發怒的該隱說的其中一句話「你若行得不好，罪就伏在門前。它必戀慕你，你卻要制伏它」（創四 7）。雅歌不同之處，是「戀慕」行為的反動。在創世記，夏娃「戀慕」她的丈夫、該隱戀慕罪；但是，在雅歌，則是雅歌女子被戀慕！

謝挺進一步指出，在創世記的兩次「戀慕」，都隨伴同樣的希伯來文「管轄」（*māšal*，創三 16）和「制伏」（*māšal*，四 7）；不過在雅歌，男女的戀慕並沒有此種強制的負面意義。㉒ 雅歌男女的戀慕——具體地說，是男子對女子的戀慕——是祥和的、互屬的、溫馨的。雅歌園子的男女，修復了伊甸園子的男女關係。若說伊甸園的愛情產生了悲劇、轄制、破裂，雅歌園的愛情則是重尋、重建、重新奠定真摯的愛。

10.2.2 田園的戀慕之歌（七11～13）

雅歌女子呼喚良人「來吧！」她建議他們倆一起走，雙雙出去外面的田間，然後住宿在村莊裏。這連串的行動，反映一系列緊密的行動：「來吧！」(*ləkāʰ*) 離開這裏、「去」(*nēṣēʾ*) 田間、在村莊「住宿」(*lîn*)。「來吧！」是以命令式語氣表達，「出去」和「住宿」是以第一人稱複數動詞表達，意思是「我們一齊出去」和「我們一齊住宿」。雅歌女子的語氣不再是「我」，而是「我們」。雅歌女子建議「我的良人，來吧！」(*ləkāʰ dôḏî*)，與良人之前的邀請「我的佳偶，我的美人，起來，與我同去！」(*qûmî raʿyāṯî*，二10、13) 相映成趣。前者是良人主動邀請，如今佳偶主動建議；兩人期待一起做的事(欣賞春季)是一樣的。這一前一後、一唱一和，訴盡兩人和諧委身、有行動力的「愛情之旅」。

女子建議在村莊裏住宿。在春季，人們出去賞花和採果子，是熱鬧的羣集活動。預備在村莊住宿是為了保護自己，以免回家路上遇見野獸或盜賊，同時也避免暴露在寒冷的夜晚。

上一節女子説「你我可以往……去」和「你我可以……住宿」，這一節亦有雙雙對對的行動，就是「我們早晨起來」(*naškîmāʰ*)、「我們……看看」(*nirʾeʰ*)。「早晨起來」原文其實是「清早」或「早早開始」(*šākam*) 的意思。這個動詞在希伯來聖經多次出現，例如：耶和華用蠅災擊打埃及人之前，吩咐摩西要「清早」起來，站在法老面前(出八20〔希伯來聖經〕八16)；約伯「清早」起來為眾孩子獻燔祭，恐怕他們宴會時犯了罪(伯一5)。所以，「我們早晨起來」意味著她要早早就與良人一起去葡萄園。能夠與所愛的人在一起是幸福的。雅歌女子的憧憬，是與她的良人一起欣賞春季的美景。所以隔天一早便呼籲良人與她一同起來，往她們所熟悉的葡萄園去。珍惜這「在一起」的感覺，反映雅歌女子的女性情懷，其重點是享受在一起的時光。

從經文「看看葡萄發芽開花沒有，石榴放蕊沒有」(七12下) 看，雅歌女子似乎雀躍地要與她的良人往葡萄園去。「石榴」可説是一種愛情果。整個去田間、賞春景之舉，可理解為「享受愛情」的隱喻。格勒特就認為，在村莊住宿和田間賞花，與雅歌的園子、葡萄園和草地相同，都是象徵愛情歡愉的雙關語（double entendre）。㉓這意味著雅歌男女又回到了他們兩人享受性愛的樂園，雅歌的葡萄園成為她們兩人享受閨房之樂的床榻。良人戀慕佳偶（七1～9上），佳偶也戀慕良人（七9下～八4）；以至於她傾盡全心把她的「愛情」給良人。

「風茄」（*dûḏāʾîm*；「和修版」譯作「曼陀羅草」）亦可譯「愛情花」（參「和修版」注），不過學者大都視為「愛情果」（love fruits），它長於地中海一帶。㉔它的發音與「愛情」（*dôḏ*，一2、4）和「我親愛的」（*dôḏîm*，五1）相近。雅歌女子也一直稱呼男子為「我的良人」（*dôḏî*），發音相近。因此「風茄」和「愛情」有諧音，把「風茄」譯成「愛情果」也很傳神。無論是「風茄」還是愛情果，它「放香」才是焦點。古埃及的壁畫也有類似的彩繪，描繪愛情果有香氣，其中有一幅描繪在宴會上，一個女人拿著果子讓另一名女人嗅。㉕另外，有一幅描繪上半身盛裝、下半身卻赤裸的皇后，手拿某種愛情果放在法老的鼻子部分。因此，「放香」——也就是發出香氣，看來能於男女肉體的歡愉帶來助興的作用。

「風茄」被看為是一種有催情作用，並易於受孕的植物。在舊約其他書卷也有出現「風茄」，利亞用來與拉結換取與雅各春宵一夜的交換條件，而利亞過後也真的懷孕（創三十14～17）。風茄（mandrakes）的根部很像人形，類似中國和韓國的人參。具有藥性的草本植物大多都會被製成食物或補品，並因其功能而別具一格，風茄也是如此。在雅歌，「風茄」只在雅歌出現一次，它的香味成為雅歌男女愛情的催化劑。

「佳美的果子」公開的陳列在家門內。「門」（*pəṯāḥênû*）、「新陳」（*ḥăḏāšîm gam-yəšānîm*）及「佳美的果子」（*kol-məḡāḏîm*）是複數名詞。這些複數名詞傳達很多且豐富的意境。「佳美的果子」本意是佳美之物，加上「新陳」，意思是新的、陳的佳美果子。「新的」可以理解是新鮮的果子，「陳的」可以理解為曬乾了的果子，這些乾果都是美味的。如果從修辭表達去看，這「新的」和「陳的」是兩極化的字對（polar word pair），就如「日和夜」、「天和地」、「光和暗」、「善與惡」，有涵蓋了一切所有的意思。這裏的「新」和「陳」涵蓋了「所有一切」

佳美的果子之意。簡言之，在雅歌女子的家門內存放了各類各樣、所有上好的果子。

「在我們的門內」(*wəʿal-pəṯāḥênû*)的「門」(*peṯaḥ*)，意思是「出口」或「入口」。在春天果子成熟的季節，雅歌男女的「愛情小屋」門口都堆滿了豐收佳美的果子，是她為良人保存的。這美麗溫馨的氛圍，不失為綜合地慶祝雅歌男女的愛情。

10.2.3 內室的戀慕之歌（八1～4）

八章1節以「巴不得」(*mî*；「和修版」譯作「惟願」)作開始，它本來是疑問式代名詞「誰？」不過這裏成為祈願的語助詞「誰」。雅歌女子有感而發，祈願她的良人「像」她的兄弟。古代近東愛情詩的男女會以「兄妹」彼此尊稱，這在古埃及愛情詩歌亦可見。雅歌女子在這裏說「巴不得你像我的兄弟」與古代社會的男女社交禮節有關。在公開的場所，雅歌女子有礙於男女之間的社會禮節，不能隨心所欲表達恩愛的舉動。「在外頭」(*ḇaḥûṣ*)亦有「在街上」的意思，也就是回到城內的場景。

雅歌女子祈願她的良人「像吃我母親奶的兄弟」，意思是親生兄弟。那麼，她在公開場合就可以與他親吻而不怕遭受眾人的譴責。這反映雅歌女子受局限於禮儀規範。

當然，雅歌女子並非希望她的良人真的成為她的兄弟，否則她們的愛情就成為亂倫。她祈願良人「像」她的兄弟，而非「是」她的兄弟。她的祈願是能夠在大眾場所，公開的讓她們能夠流露夫妻恩愛的舉動。古時以色列的社會禮節不認同夫妻有公開的親密舉動，具體說是指「親嘴」。[26] 若有女性公開表達對丈夫的愛意，她一般上會被排擠、受歧視。可見，雅歌女子對良人的愛之表露，在當時社會的禮節和禁戒裏，是受局限的。

雅歌女子這裏再次說：「我必引導你，領你進我母親的家」。依舜指出，雅歌八章1至4節與二章4至7節有強烈的共鳴。根據依舜，這兩處經文都設景於郊外(countryside)，跟著就進入內室隱祕之處作為雅歌男女歡愛的地方。而且，之前雅歌男子領她進入宴會廳，這裏雅歌女子引導男子進入母親的家。㉗依舜的看法很有道理，而筆者亦察覺到，相比之下雅歌女子的自信也提高了。之前她忍受相思之苦，表達自己為愛而生病（二5）；這裏她依然深愛著良人，卻也坦誠自己想公開的親吻良人（八1）。在二章的詩節裏，她需要人給她葡萄餅和蘋果，使她暢快（二5）；在八章的詩節，她要使她的良人「喝石榴汁釀的香酒」（八2）。無論如何，兩處的經文都接著提到「他的左手必在我頭下，他的右手必將我抱住」（二6，八3），然後同樣以囑咐耶路撒冷眾女子來結束：「不要驚動、不要叫醒我所親愛的，等他自己情願」（二7，八4）。這些重複之處，反映雅歌的詩歌特徵，就是重複地去吟唱，就像我們唱歌時會重唱副歌一樣。

「我可以領受教訓」（*təlammədēnî*；「和修版」譯作「她必教導我」）語法上可以是指「她曾教導我」。由此可以想像，作為母親的曾經教導家裏的女兒有關女孩子的青春期、發育期、閨房祕事和分娩之事。年長的女性，尤其是身為母者，一般上會傳授有關性愛知識給年輕的女性。上一節雅歌女子也提到「吃我母親奶的」（八1），想必這也反映母親在家有「教導」過女兒如何哺乳孩子。在這裏的場景，雅歌女子明顯已經不需要母親「在場」教導她，所以將 *təlammədēnî* 理解作「她曾教導我」是比較正確的。

雅歌女子有一系列的動作。在1節「我……遇見你」（*ʾemṣāʾăḵā*）、「我……與你親嘴」（*ʾeššāqḵā*），這一節「我必引導你」（*ʾenhāgăḵā*）、「我……領你」（*ʾăḇîʾăḵā*），「我……就使你喝」（*ʾašqəḵā*）。這系列的第一人稱主語，以及帶賓語意義的第二人稱陽性動詞後綴，傳達了說話者的意願及慾望，而且一個比一個更親密。

「石榴汁釀的香酒」不是單品的飲料。「香酒」（*yayin hāreqaḥ*）是加了香料的葡萄酒，而「石榴汁釀」（*mēʿăsîs rimmōnî*）是「壓碎的石榴汁所釀的甜酒」。這裏不只是美酒，而是香酒加上石榴汁調校而成的甜酒，它大幅加強了愛慾的含義。有兩幅古埃及壁畫展示法老王在後宮見妃嬪們的場景，繪圖上見到她們是赤裸著身體，手上拿著石榴和愛情果遞給法老，性愛的描繪可說是不言而喻。學者們都認為，「我……使你喝石榴汁釀的香酒」充滿著性愛的意象（參四3，六7），雅歌女子是向她的良人獻上自己的身體，讓對方品嘗她的芳澤。㉘

雅歌談到「母親的教導」

格勒特花了不少篇幅解釋雅歌裏所提及的「母親的家」是指「子宮」(三4，八2)。他認為，八章2節這裏的意思更加明顯；他更進一步指出「母親的家」是指雅歌女子的生殖器官，也就是繁殖後裔的地方。這個說法與母親作為一位「教導」女兒的人，是息息相關的。格勒特指出，在性事上，母親是女子的第一位教師，也是女兒學習的對象；而學習的範圍還涵蓋了女生發育期、月事來潮、性愛觀念、生兒育女和哺乳孩子的事。㉙古時候沒有學校會傳授性教育知識，所以在雅歌八章的男女歡愉之場景，雅歌女子描繪她的母親「曾經教導她」是絕對可以理解的。

我們可以聯想到在性教育已經普遍的今天，孩子們可從多方的成長課程、媒體平台和朋友圈子，接觸到與性愛有關的資訊。不過，筆者也贊成，母親成為女兒學習的對象是一項無可推卸的責任。敬虔的母親更需要刻意的培育下一代，傳授合乎聖經教導的性愛理念。母親走過對愛情充滿幻想和憧憬的少女青春期，自己最能夠理解何為追求愛情、何為肉慾的試探，以及何謂夫妻閨房之樂。過去，很多女性是在完全沒有指引的情況之下，面對生理期的慌張、婚後初夜的狼狽，以及懷孕的不適。雅歌女子說她的母親曾經教導她密室之事，使她自然的，也很自信的提及男女的性愛。所以，她也嚮往自由戀愛，甚至期望超越社會禮節，能夠公開流露她對良人的愛。

3節「他的左手必在我頭下；他的右手必將我抱住」與二章6節相同，而不同之處在於雅歌女子已經是良人的妻子，夫妻的親密相處可以引致更進一步的性愛。不過，也有學者認為這句子的意思是相依與支援的意思。

這是第三次出現於雅歌女子口中，對耶路撒冷女子們發出語重心長的囑咐(參照二7，三5)。雅歌男女的愛情再次有羣體力量的扶持，特別是雅歌女子的閨中好友「耶路撒冷女子們」。雅歌女子的身分不同了，她已經與良人成為夫妻，「不要驚動、不要叫醒我所親愛的，等他自己情願」是雅歌女子向耶路撒冷女子們確定，過去自己的堅持是正確的。此外，還有一處不同的是在「不要驚動」(*mah-tāʿîrû*)和「不要叫醒我所親愛的」(*mah-təʿōrərû*)的詢問句，詩句用「甚麼」(*mah*)而不是之前用過的「如果不」(*ʾim*)，是屬於比較強烈的詢問語氣。這強烈的詢問語氣，也為接下去歌頌愛情的強烈熱情埋下了伏筆。

信仰反省

雅歌七章 1 至 9 節以濃厚的詩意和豐富的比喻，讚美雅歌女子的美麗與尊貴。這不僅是良人對她外貌的細緻描述，更是透過外在的美來表達對愛人深深的渴慕與欣賞。良人對女子的讚美是全方位的，從腳到頭顯示她的尊貴和完美。這顯示他對她的敬重與珍惜。

雅歌七章 10 節至八章 4 節亦延續了濃烈的愛情主題，讓雅歌女子表達對她的歸屬與愛慕（七 10）愛意深深的詩，表達自己毫無保留與真摯專一。可見愛情需要有雙向互動。相愛中的男女要刻意的表達自己的深情，讓對方知道我們欣賞對方的獨特與價值，願意把對方視為無價的珍寶。

雅歌用了許多自然界的意象，如象牙塔、棕樹、葡萄和蘋果等等，還有盛產樹木花草的美地如黎巴嫩和迦密山。這些自然界意象間接的表達了愛的自然、純真、豐盛和美麗。我們感受到雅歌男女是十分具有吸引力的。因此，詩歌是表達愛的最佳語言。透過愛情詩，雅歌女子的優雅和雅歌男子的獨特，得以發揮得淋漓盡致。

溫習及思考問題

1. 請概略描述最後這首「瓦施芙」（七 1～9）的重點。這首身體讚歌與其他讚歌有甚麼相同之處？又有甚麼不同之處？
2. 如果用你本地生長的樹木花草和名勝地名做比喻，你會如何取代文中的麥子、小鹿、棕樹、果實、葡萄、蘋果等等的出產，以及希實本、大馬士革、黎巴嫩、迦密山等等的地名（七 1～9），用此來描繪所愛之人的美麗？
3. 雅歌七章 9 節的「睡覺人」作何解釋？學者提出甚麼不同的見解？你認為 9 節下的意思是甚麼？
4. 雅歌女子說：「我屬我的良人，他也戀慕我。」試談論本章對「戀慕」的分析和解說。請分享你的見解。

5. 談談田園的戀慕之歌（七 11～13）描繪的意境。為何田園之地會成為愛情的場所？
6. 談談室內的戀慕之歌（八 1～4）描繪的場景。為何雅歌女子希望良人是她的兄弟？女子在母親的家可以領受甚麼教導？
7. 第三次出現於雅歌女子口中那番對耶路撒冷女子的囑咐（參二 7，三 5），與之前兩次不同的地方在哪裏？

短註

❶ 格勒特對女子是赤著身體的討論，參 Garrett and House, *Song of Songs/Lamentations*, 238。

❷ 有關更多學者對女子赤身的討論，參 Delitzsch, *Proverbs, Ecclesiastes, Song of Solomon*, 122；Robert Gordis, *The Song of Songs: A Study, Modern Translation and Commentary*, Text and Studies of the Jewish Theological Seminary of America (NY: Jewish Theological Seminary of America, 1954), 96；黃朱倫：《雅歌註釋》，頁 236；謝挺：《雅歌》，頁 306。不過，依舜反對雅歌女子裸露的見解，尤其是赤裸在跳舞的說法，參 Exum, *Song of Songs*, 232。

❸ 「猶滴傳」這句子是筆者自譯英文版本。NRSV 譯作"Her sandal ravished his eyes, her beauty captivated his mind, and the sword severed his neck!"。

❹ 有關學者將七章 1 節的「腳」解為腳步的討論，參 Duguid, *The Song of Songs*, 143。

❺ 將七章 1 節的「腳」解為「舞步」的討論，參 Hess, *Song of Songs*, 211～212；Longman III, *Song of Songs*, 193～194；謝挺：《雅歌》，頁 306。

❻ 有關福克斯對大腿的描述的討論，參 Fox, *The Song of Songs*, 158。

❼ 在隱喻基礎上理解七章 2 節的學者有：Pope, *Song of Songs*, 617～620；Fox, *The Song of Songs*, 158；Longman III, *Song of Songs*, 195。

❽ 直接以隱喻理解七章 2 節的學者有：Garrett and House, *Song of Songs/Lamentations*, 240；Hess, *Song of Songs*, 214；Keel, *The Song of Songs*, 234。

❾ 有關凱爾對「百合花」的解釋，可參 Keel, *The Song of Songs*, 233～235。

❿ 依舜對七章 2 節的觀點，參 Exum, *Song of Songs*, 234。

⓫ 考古學家對蓄水池的發現這方面的資料，參 Lawrence T. Geraty, "Heshbon," in *Anchor Bible Dictionary*, ed. David Noel Freedman, (New York: Doubleday, 1992), 3:182。

⓬ 關於福克斯對埃及女性在不同場合的髮型的討論，參 Fox, *Song of Songs*, 335～341。特別參照插圖 1, 3, 4, 6, 7。亦參 Keel, *The Song of Songs*, 237。

⓭ 凱爾把「兩乳」如同棕樹果子關聯於與古代近東宗教的討論，參 Keel, *The Song of Songs*, 240～243。

⓮ 學者布萊克(Fiona Black)及萊克波爾(Roland Boer)對這段詩節的負面評論，可參 Fiona C. Black, "Beauty or the Beast? The Grotesque Body in the Song of Songs," *Biblical Interpretation* 8 (2000): 302 ～ 323；Roland Boer, "Night Sprinkle(s): Pornography and Song of Songs," in *Knockin' on Heaven's Door: The Bible and Popular Culture* (London: Routledge, 1999), 53～70。

⓯ 阿塔利亞・布倫納將這段詩節看為是「鬧劇」的討論，參 Athalya Brenner, "'Come Back, Come Back the Shulammite' (Song of Songs 7.1-10): A Parody of the *wasf* Genre," in *On Humour and the Comic in the Hebrew Bible*, ed. Athalya Brenner and Y. T. Radday (Sheffield: Almond Press, 1993), 234～257, 248～250。

⓰ 有關凱爾的註釋書展示埃及考古出土的繪圖，參 Keel, *The Song of Songs*, 237, 240。

⓱ 8 節含有強烈的性愛隱喻的討論，參 Duguid, *The Song of Songs*, 143；Hess, *Song of Songs*, 221；Exum, *Song of Songs*, 238；Keel, *The Song of Songs*, 246。

⓲ 依舜認為這裏絕對出現一個抄本的損毀。參 Exum, *Song of Songs*, 239。

⓳ 學者對 9 節下的説話者是女子的立場，可參 Fox, *Song of Songs*, 163；Hess, *Song of Songs*, 223；Duguid, *The Song of Songs*, 146～147。

⓴ 支持修改原文的學者，可參 Garrett and House, *Song of Songs/Lamentations*, 237；Exum, *Song of Songs*, 240；Snaith, *Song of Songs*, 110。

㉑ 對於贊成原文意思的學者，可參 Keel, *The Song of Songs*, 247；Hess, *Song of Songs*, 223；Duguid, *The Song of Songs*, 147。

㉒ 謝挺對舊約聖經「戀慕」的解釋，可參謝挺：《雅歌》，頁 311～312。

㉓ 格勒特認為整個去田間賞春之舉是象徵愛情的歡愉的雙關語，參 Garrett and House, *Song of Songs/Lamentations*, 246。

㉔ 將「風茄」解釋為「愛情果」的學者，可參 Exum, *Song of Songs*, 241；Hess, *Song of Songs*, 227。

㉕ 有關畫作出現香氣的描繪，可參 Keel, *The Song of Songs*, 258, 259。

㉖ 在公開場所夫妻的禮儀，可參 Gianni Barbiero, *Song of Songs: A Close Reading*, VT Supplement 144, trans. Michael Tait (Leiden: E. J. Brill), 425；另參 Duguid, *The Song of Songs*, 149。

㉗ 依舜指出雅歌八章 1 至 4 節與二章 4 至 7 節的關連，可參 Exum, *Song of Songs*, 247。

㉘ 學者們討論「我……使你喝石榴汁釀的香酒」這句子充滿著高度的性愛意象，可參 Garrett and House, *Song of Songs/Lamentations*, 249；Hess, *Song of Songs*, 230；Keel, *The Song of Songs*, 262～263。

㉙ 格勒特將「母親的家」解作「子宮」的討論，參 Garrett and House, *Song of Songs/Lamentations*, 249。

第十一章
委託終身（八 5～14）

- 愛情的宣言
- 兄弟的情誼
- 彼此委終身

這份愛情詩歌集來到尾端了，八章5至14節是雅歌的結語(*finale*)。在這詩節A'(八5～14；參一章導論的大綱，頁8)，女子對良人的熱切，可從「愛情如死之堅強」(八6)的宣言裏看得出。雅歌女子這句膾炙人口的宣言，呼應在詩節A(一2～8)她說過的「愛情比酒更美」(一2)。詩節A和A'(八5～14)的思路關聯之處，也包括她激情的「求你快來！」(八14)呼應「我們就快跑」(一4)的激情。

此外，在這兩個呼應的詩節裏，詩人都提到佳偶的眾兄弟(一6，八8)。雅歌女子對兄弟所說的話：「我是墻」(八10)，呼應詩節A(一2～8)時她對耶路撒冷女子說的話：「我雖然黑，卻是秀美。」(一5)同時，詩節A'(八5～14)以女子的聲音結束：「我的良人哪，求你快來！如羚羊或小鹿在香草山上」(八14)，以呼應詩節A(一2～8)男子說：「你這女子中極美麗的，你若不知道，只管跟隨羊羣的腳蹤去，把你的山羊羔牧放在牧人帳棚的旁邊。」(一8)最後，兩段詩節都提到葡萄園。女子從「我自己的葡萄園卻沒有看守」(一6)，變成「我自己的葡萄園在我面前」(八12)！

從上文可見，詩節A和A'的呼應是多方面的。雅歌到了這裏，似乎完結了佳偶和良人的愛情頌。雅歌最後一句話以雅歌女子的聲音結束(八14)，正如雅歌全書以她的聲音開始(一1)。讀者巡視了他們從愛慕期待，到委託終身的愛情故事。過程中，我們也一瞥癡情的女子如何熱切地思念她的良人，而愛她的良人又如何讚賞她、戀慕她。於是，「她和他從此過著幸福快樂的生活」之憧憬，會持續地藏在讀者的腦海裏。

這個詩節大致上反映雅歌女子的聲音，特別是她壯烈的愛情宣言。雅歌女子形容愛情的猛烈和熱情，並宣告自己對愛情的重視(八5～7)。她的兄弟在這個總結的愛情詩裏有對話，表達他們對雅歌女子的攔阻是出自於保護，而雅歌女子也自辯清白貞潔(八8～10)。最後，雅歌以男女對彼此訴求和彼此歸宿而告一段落(八10～14)。雅歌的佳偶找到了千金不換的心上人，良人也持續的對佳偶有所戀慕。簡言之，這個詩節，可分為三大段落段解讀：愛情的宣言(八5～7)；兄弟的情誼(八8～10)；彼此委終身(八11～14)。

11.1 愛情的宣言(八5～7)

八章5至7節是全章最長的一段經文，不失為愛情詩歌集的結局之高潮。赫斯認為，這幾節是解讀雅歌全書的鑰匙。❶ 雅歌女子的語氣，令人想起在三章6節她說的話。那時，她盛裝婚嫁，幸福地自言自語：「那從曠野上來、形狀如煙柱、以沒藥和乳香並商人各樣香粉薰的是誰呢？」在這裏，她也是幸福地問自己：「那靠著良人從曠野上來的是誰呢？」(5節)筆者認為是雅歌女子自言自語，主要原因是因為三章和八章上下文的處境，沒有人回答她的提問。當然一些解讀者認為，這句話出自耶路撒冷女子的口，她們代表羣眾的歌聲，就如在三章6節一樣。

雅歌男女以夫妻的身分登場。雅歌女子靠著良人「從曠野上來」。「靠著」(*miṯrappeqeṯ*)是一個「一次頻詞」，它是 ***hithpael* 形詞幹**分詞。這個動詞在希伯來聖經只出現這麼的一次，而這個 *hithpael* 形詞幹分詞是用以修飾雅歌女子當時的狀況，其意思是指「一個將自己身體依偎在她良人肩膀上的女子」。這是一種「在一起」的幸福畫面。「從曠野上來」和「是誰呢？」是重複三章6節的描述。當時她身披新娘打扮，娶親的轎子待發。八章5節則有些不同，雅歌女子如今有丈夫在她的身旁，成為她的支柱和力量。

> *hithpael 形詞幹的功能是表達一個反身的動作(reflexive action)，即是指一個自己對自己作的行動。*

雅歌女子很快就把焦點投射在蘋果樹下的場景。這裏是他們愛情的樂園，她坦蕩蕩的宣告愛情宣言，傾訴自己對愛情的執著和堅定。

「蘋果樹」在二章3節出現過，當時隱喻化了雅歌女子對情慾的憧憬(參4.4.1的討論，頁74)。八章5節下的「蘋果樹」也是隱喻化的表達，特別是她在蘋果樹下「叫醒」(*ʿôrartîḵā*)男子。「叫醒」的詞根(*ʿwr*)在雅歌一共出現九次(二7 [2x]，三5 [2x]，四16，五2，八4 [2x]、5)，其中用了三次 ***polel* 形詞幹**(二7，三5，八4、5)的，是帶著強化意味，因此有「挑動」(*təʿōrərû*；參二7)的意思，

> *polel 形詞幹是 piel 形詞幹的變體，大多與 piel 形詞幹表達相同的行為。piel 形詞幹是很靈活的詞幹，要根據上下文或特定動詞表達來斷定它的功能是否只是一個簡單的動作，抑或密集式的、強化式的，又或使役動作。*

而這重複三次的動詞正好出現於「不要驚動、不要叫醒我所親愛的，等他自己情願」這句子，另一次是在八章5節「我……叫醒你」。對照之下，八章5節「叫醒」應帶有「挑動」的意思，它亦可以譯作「擾亂」或「挑起」。故此，雅歌女子在蘋果樹下「叫醒」她的良人，不純粹是喚醒熟睡了的良人，而是要「挑動」良人，享受性愛。

> 第二句出現「為你劬勞」與「生產」這兩個動詞。這句子的主要動詞是「為你劬勞」，而「生產」是一個狀語，用以修飾上一句「母親」的狀態，而這個兩詩句也是平行句。

這裏兩次提及「在那裏為你劬勞」（*šommāʰ ḥibbəlaṯḵā*），是由副詞「在那裏」（*šommāʰ*）及動詞「**為你劬勞**」（*ḥibbəlaṯḵā*；「和修版」譯作「為你陣痛」）組成，而第二次出現時則有「**生產**」（*yəlāḏaṯḵā*）這動詞。按照字面意思，「生產」和「陣痛」是描述女人分娩的過程。不過，此刻不可能是在說良人的母親在這蘋果樹下生下他。當這兩個句子併在一起，「在蘋果樹下」再加上「挑動」的語境之下，比較可能是指在享受性愛之後而牽動的懷孕與分娩。學者們甚至認為，內容提及「母親」和「樹」，是反映傳宗接代和家庭樹的概念。❷

「劬勞」再加上「生產」，是強調懷孕的母親在分娩過程中那種「陣痛」。這反映了生命的孕育，是與性愛的激烈行動有關，焦點是當時孕育的時機，而非生產的時刻。良人的母親如何懷了他，如今他們的性愛也會孕育下一代，而且經歷一次生產的過程。

我們看到雅歌女子的成長。她從一名懷春少女，進而成為有夫之婦，然後預備孕育下一代。這或許也說明一名女性能夠為愛情付上很多代價，包括過去為追求愛情而心心念念，也包括未來為人父母預備背負的責任。更重要的是，雅歌男女的性愛有婚姻和家庭的取向。

接著6、7節是兩句轟轟烈烈的愛情宣告，可以說是整卷雅歌最令人印象深刻的詩句。「印記」和「戳記」原文都是同一個名詞（*ḥôṯām*），在雅歌只出現於這裏，不過在希伯來聖經卻出現無數次（參創三十八18、25；王上二十一8；出二十八11、21、36，三十九6、14、30）。

雅歌的「印記」和「戳記」都是指刻上名字的印章。耶和華形容猶大王約雅斤（又名哥尼雅）是祂「右手上帶印的戒指」（耶二十二24），「帶印」這詞與雅歌使用的相同。耶和華也向所羅巴伯說：「到那日，我必以你為印，因我揀選了你。」(該二23)古代近東所用的印章有兩種形式，一種是小型的，通常鑲嵌於戒指上，擁有者可以直接用手蓋印；另一種是以圓筒式鑲嵌於吊咀上，通常以頸鍊戴在脖子上，使用者需要用手指滾動印章來蓋印。❸ 有些印章鑲崁了特殊的金屬或寶石，因此很有價值。印章帶有個人的獨特身分，故此不會轉讓給人。

「求你將我放在你心上如印記」中的「求你將」(*śîmēnî*)原文是一個帶祈願式的動詞，「環球聖經譯本」及「聖經新普及譯本」都譯作「請你將」；不過，筆者則較喜歡「呂振中譯本」的翻譯：「將我印在你心上如印章吧！將我帶在你手臂上如戳印吧！」這樣的翻譯平衡了女子的心境，她不是在懇求良人要如此行，而是她向良人道出她的心願。她向良人說，要把她放在他的心上和手臂上，像「印章」一樣。

至於「帶在你臂上如戳記」，若真的按照字面的意思，那麼「將我放在你心上如印記」則是一個比喻。其中的「心」反映一個人的想法和感情之所在，是一個人的內在生命；雅歌女子要良人把她放在他生命最寶貴之處。「臂」代表一個人行動和權柄的範疇，而「心」代表內心深處，所以「帶在你臂上如戳記」再加上「放在你心上如印記」，是代表全人的範圍所在。雅歌女子不只是一直要在良人的身旁，她也要住在他的心裏面。

雅歌女子這裏「將我放在你心上如印記」的「將我」以祈願式表達，是可以理解的。帶在手臂上的印章可以脫下來，但放在心上的印章則沒那麼容易放下了。雅歌女子祈願的，是長長久久的相愛，一生一世的委身。

6節下是一句令人心潮澎湃、熱烈激情的愛情宣言。在雅歌其他地方提到愛情的時候，都是用描述性語言，有學者認為6節是為愛情作出定義：「愛情是甚麼？」

不過，這一句也實在來得很突然。雅歌女子把「愛情」(*ʾahăḇāh*；原文直譯是「愛」)比喻成像「死」(*māweṯ*)那麼堅強。好端端的、熱烈烈的愛情，怎麼與死亡扯上關係？下一句的平行句將「嫉恨」(*qinʾāh*；「和修版」譯作「熱戀」)喻成如「陰間」(*šəʾôl*)那麼牢固，都是負面的。整句平行句是在描述有關愛情和熱情的負面比喻。若從整句平行句去看，它是在肯定有關愛情和熱情的正面意義，就是「堅強」和「牢固」。原文的焦點，是在所謂的「愛情的堅強」和「熱情的牢固」。

至於「因為愛情如死之堅強，嫉恨如陰間之殘忍」的平行句。「死」和「陰間」在此是被擬人化。死者的住所就是「陰間」，是一處去了不能回頭的地方。不過，死亡怎樣變成「堅強」呢？「堅強」（*ʿazzāh*）的原文其實有「強壯」或「猛烈」之意。民數記提及探子們回報窺探迦南地的情形，他們形容那地的居民很「強悍」（民十三28），原文的詞根（*ʿz*）與雅歌的「堅強」一樣，有兇猛之意。所以，於雅歌而言，「死亡」是強壯、強悍或兇猛的，因為它來勢洶洶的臨到人身上，使人無可逃避。在這個基礎上，筆者認為雅歌女子是在描繪愛情的猛烈，而且她勢必要得到愛情，令她心所愛的良人抵擋不住。

須注意的是，「愛」（*ʾahăḇāh*）比喻為如「死亡」而不是勝過死亡。焦點是在「愛情……之堅強」——也就是指「愛情的猛烈」，而不是死亡的猛烈。意思是說，相愛的人也會面對死亡的威脅。死亡會臨到，因此相愛的人更加要曉得把握相愛的此時此刻。故此我們可以說，雅歌女子表達的愛情定義，是一種生死不渝的愛。

而「殘忍」（*qāšāh*；「和修版」譯作「牢固」）原文有「艱難」或「嚴重」之意。以色列人回顧在埃及的日子，形容自己做的是「苦」工，原文與雅歌這裏用的詞相同（申二十六6）。至於這裏的「陰間」，與「死亡」相提並論（詩八十九48〔希伯來聖經〕八十九49），是一個艱難、苦澀和沉重的地方（創三十七35）。雅歌這裏的「死亡」與「陰間」是有平行的作用。

「嫉恨」（*qinʾāh*；「和修版」譯作「熱戀」）原文是「熱情」或「熱心」，但更普遍的意思猶如「和合本」般解作「嫉恨」之意。這詞也用來描述耶和華的「熱心」（賽九7）和「妒忌」（民二十五11）。這詞如果解作「熱情」或「熱心」是有正面的意思，如果解作「嫉恨」則有負面的意思。可見「嫉恨」的原文是有正負兩面的意思。「嫉恨」驅使人做出難以想像的事：「惟有嫉妒，誰能敵得住呢？」（箴二十七4）民數記提到一個條例，丈夫懷疑妻子不忠，可讓妻子在祭司和眾人面前經過冗長且羞辱的考驗，都是因為他「妒忌」（民五15、18、25、

29、30)。此外箴言也說:「(丈夫)因為人的嫉恨成了烈怒,報仇的時候決不留情。」(箴六34)總而言之,妒忌是熱情的負面彰顯,驅使人做出意想不到的事。

「愛與死亡」:古代近東的神話主題

雅歌一句「因為愛情如死之堅強,嫉恨如陰間之殘忍」引發學者們熱烈討論古代近東有關「愛與死亡」的神話故事。

烏加列神話故事提到愛情女神阿娜(Anat)和她的伴侶巴力(Baal)。巴力在迦南地是無所不能的雷雨之神,因為他能夠呼風喚雨,所以是備受迦南人膜拜的神祇。在迦南神話當中,神祇之間常有鬥爭。在一次宇宙性戰鬥當中,一名強大的神祇莫特(Mot),也就是死亡之神,打敗了強而有力的巴力。迦南人相信,巴力之死會引致迦南地嚴重的旱季。而阿娜在巴力的遺體還沒有被莫特帶入陰間之際,藉著一隻牛(巴力的形象)懷胎,生下了新的巴力。❹

埃及神話故事亦有類似的主題。艾西斯(Isis)與奧西里斯(Osiris)這兩名埃及神祇本是姐弟,但結為夫妻(古埃及法老王家族為了保存王族血統,亦有這種做法)。奧西里斯的弟弟塞特(Seth)因妒忌而害死了奧西里斯。艾西斯苦苦的千里尋夫,終於在尼羅河找到了奧西里斯的屍體。有醫治力量的艾西斯能夠讓奧西里斯復活,但未能讓奧西里斯甦醒。她與處於半死半活狀態的奧西里斯有性交,生下荷魯斯(Horus),荷魯斯因此是象徵埃及王權之神祇。亦因如此,奧西里斯被古代埃及視為生育之神、復活之神、尼羅河之神等多重稱號。❺筆者去過埃及探索古迹幾次,知道艾西斯與奧西里斯之間的愛情故事,都是至今埃及人熟悉的神話傳說。

以上兩個古代的神話故事,都說到伴侶的死亡以及女主角的不離不棄。雅歌女子的愛情宣言:「因為愛情如死之堅強,嫉恨如陰間之殘忍」或許有這些神話思想作為背景。不過,希伯來聖經亦有論述女子經常在死亡的威脅之下對愛付出行動,例如保護大衛躲避掃羅追殺的米甲(撒上十九11~17),以及守護自己的兩個兒子屍體的利斯巴(撒下二十一10~11)。

更重要的是雅歌女子自己對愛情的體驗和實踐。對她而言,愛情是猛烈的,能夠使她有力量面對死亡的威脅。意思是說,即使死亡也不會終止她對良人的愛。同樣,對她來說愛情也是熱情和專一的。在妒忌的火焰之下,猶如陰間黑暗的艱難和嚴重。

作為平行句，這裏「嫉恨」與「愛情」是平行的，就如「嚴重」與「猛烈」平行、「陰間」與「死亡」平行。經文的焦點，是在「嫉恨……之殘忍」，也就是「妒忌的嚴重性」，而不是陰間帶來的恐怖。簡言之，筆者將6節下的平行句譯為「因為愛情猛烈，好像死亡；妒忌嚴重，好像陰間」。

繼死亡和陰間所隱含的黑暗圖景之後，6節的第三部分「所發的電光是火焰的電光，是耶和華的烈焰」傳達強烈的光之意象。雅歌女子口中繼續發出令人心潮澎湃、激動熱烈的愛情宣言，特別是在猛烈火焰的意境之中。

在原文，這部分經文只有四個詞，就是兩次的「電光」（*rəšāp̄eʸhā*、*rišpê*）、「火焰」（*ʾēš*）、「烈焰」（*šalheḇeṯyāʰ*），這些詞全都與「火」有關。第一個「電光」是指「她的火光」，就是上文剛剛提到的「嫉恨」（陰性名詞）的火光。另一個「電光」的意思可以是指「閃電」的火光（詩七十八48）、「火箭」的火光（詩七十六3〔希伯來聖經〕七十六4），或指「火星」（伯五7）。這句子的「電光」是附屬狀態，與另外一個字「火焰」（*ʾēš*）組成「火的火光」附屬連詞，表示火的形態是猛烈的。

而「烈焰」（*šalheḇeṯ*）是一個獨立形名詞，在希伯來聖經只出現於雅歌這裏。這詞通常是指猛烈之火。在以西結書是指不熄滅的火焰，可以燒滅所有綠樹和枯樹（結二十47〔希伯來聖經〕二十一3）；約伯記提到的火焰，也是把嫩枝燒乾的火焰（伯十五30）。這裏出現獨特的後綴"*yāʰ*"，大多數解讀者承認是「耶和華」的簡寫，因此理解它為「耶和華的烈焰」，例如、「環球聖經譯本」及NASV與ESV的翻譯。近代比較多學者和聖經譯本認為，這後綴的確可能是「耶和華」的簡寫，不過它更有可能是加強文中「烈焰」的強烈度，甚至意味著神聖之火焰（mighty flame）或宇宙性之火焰（almighty flame）。「和修版」譯作「極其猛烈的火焰」，而加了「耶和華的烈焰」於注腳，這注腳正是「和合本」的翻譯。

其實，詩篇本身就已經有四十三次出現這後綴的縮寫，包括至少二十七次「哈利路亞」（*haləlû-yāh*；意思是「你們要讚美耶和華」），這個詞都有這後綴，並理解為「耶和華」。而事實上，希伯來聖經其他書卷當出現這後綴時，亦有很多是被理解為「耶和華」（參出十五2，十七16；賽十二2，二十六4，三十八 11 [x2]）。因此，若將雅歌出現的這後綴理解為「耶和華」也合理，而且更為雅歌這首愛情詩歌集奠定了合法性的地位。這意味著在雅歌，相愛中的男女是意識到上帝也參與其中。這也意味著婚姻裏的性愛也為耶和華所知曉，以至基督徒能夠說：「上帝是愛。」（約翰一書四 8）

筆者理解這後綴為與耶和華屬性有關的形容詞，將「烈焰」解為與上帝的屬性有關之火焰。這樣，整句 6 節是強調愛情的強烈，描述的愛甚至是一種火勢兇猛的力量。所用的「烈焰」在以西結書和約伯記都是隱喻，比喻神聖的憤怒，而不是字面的火勢（參伯十五 30；結二十 47〔希伯來聖經〕二十一 3）。所以，6 節第三部分可以直譯為「她〔指妒忌〕的火光是火的火光，是極其猛烈的火焰」。

耶和華因為「妒忌」，對敬拜偶像的以色列民發怒，所發的火焰可燒乾一切。同樣地，在雅歌的意境當中，雅歌女子因為「妒忌」，對愛情的要求是專一、執著、別無她者。所以，她要良人把她放在他的心上，就如印章刻上她的名字。對她而言，愛情是猛烈的（「如死之堅強」），妒忌是嚴重的（「如陰間之殘忍」）。妒忌所發出的熾熱火焰會是狂暴的。

7 節上都有兩個名詞及兩個動詞是與水有關的，就是「眾水」（*mayim rabbîm*）、「大水」（*ûnəhārôṯ*；「和修版」譯作「江河」）、「熄滅」（*yûḵlû ləḵabbôṯ*）、「淹沒」（*yišṭəpûhā*），與上一節四個與火有關的詞相互輝映。水和火本來就不相容，在雅歌這裏卻形成一種對比手法，來襯托愛情的題旨。「電光」與「眾水」在文中形成一種對抗的力量，而且是大水不能勝過大火的趨勢。雅歌女子在此仍在傳達著她的愛情宣言，她一直都肯定愛情的強烈力量。愛情如熱火滔天的力量，可以勝過宇宙性的大水。

「眾水」讓人想起創造時的混沌大水（創一 2），反映一種壓倒性的洪濤，因此具備一股破壞的力量。在創造之時，大水被創造主——上帝所駕馭，宇宙成為一個井然有序和孕育生機的世界。「大水」（*nəhārôṯ*）是複數的，有洶湧的河流的意味，它與「眾水」合起來形成一種一瀉千里、浸天的景象。只是，這潦原浸天的水勢卻不能淹沒和熄滅愛情的熾熱火焰！

有學者把這洶湧的水之景象關聯迦南宗教神祇之間的對抗與得勝。主要的概念是論及雷雨之神巴力與海神亞米（Yam），為了爭奪萬神之首的王權而打鬥的神話故事。這位海神名為“Yam”，是有一個別名「那哈王子」（Prince Nahar），希伯來文意思是「江河王子」。❻ 學者們都指出迦南宗教神明的名稱，例如：「死亡」（*môṯ*）、「陰間」（*šəʾôl*）、「江河」（*nāhār*），還有「火焰之神」（*rešep̄*），皆出現在這段經文之內。❼ 而有趣的是，「眾水」的概念也出現在烏加列文獻當中，反映迦南神話的詞彙。

在希伯來聖經反創造的題旨當中，宇宙性的大火會吞滅深淵的大水，結果引致毀滅和乾旱（摩七 4）。在雅歌，愛情的火焰也不能被眾水所熄滅，不能被大水所淹沒。因此，雅歌女子的愛情宣言包含宇宙性含義。其中的「不能熄滅」、「不能淹沒」都是否定式說法，目的是表明愛情力量的強大。雅歌是有關於愛情的詩歌，愛情在本質上是不能被摧毀的。矢志不渝的愛情，不會被威脅的力量所駕馭。

同樣，愛情也不能被財寶所換取。所以，女子有這樣說：「若有人拿家中所有的財寶要換愛情，就全被藐視」（7 節下）。古往今來，「財寶」與「愛情」之間似乎存在一種選擇。不少人因為貪圖財寶而辜負了真愛。不過雅歌女子對愛情的定義是情比金堅！「財寶」的誘惑並不能打動她的芳心，因為她早已心有所屬。所以，有人如果窮盡了家裏的財寶利益而妥協了愛情的真摯，便會全然被藐視。「藐視」在原文共出現兩次，第一個是不定詞（*bôz*），第二個是 *qal* 形詞幹動詞（*yāḇûzû*）。因此，「就全被藐視」（*bôz yāḇûzû lô*；*lô* 是介詞「這樣」）的原文可直譯為「這樣，就可以用藐視的態度去藐視」。大多數譯本都將第一個「藐視」譯作「全然」、「完全」，故此句子亦可以譯作：「他應當完全被藐視」。這裏的「藐視」以疊詞形式出現，強調女子對此的強烈鄙視，特別針對以金錢換取愛情的手段。由此可見，愛情是無價之寶，無可比擬。

信仰反省

雅歌女子的愛情宣言(八5～7)可能給讀者們帶來諸多反思。

首先，人對愛情的追求是一種勢不可擋、勢在必得的意志。愛情所發出的力量也要求自己排除萬難和付出委身。因此，人若沒有預備付出生命和委身，就不要輕易的走入愛情。否則，我們會引致情感上、心理上的災難，造成自己諸多牽掛、引致妒忌。雅歌女子的愛情是付出的愛情，當然她也有所得著——滿足、幸福、歸宿和歡愉。只是，愛情的過程要有執著的心態和堅定的意志，並且預備自己面將要對脆弱和傷害。

再者，雅歌的愛情提到「死亡」。當一個人與自己心愛的人結婚，是把自己的生命交託給對方。把名字刻在對方的心版上，就是兩個人心連心了。兩人不再像過去那樣一個人過生活、一個人做抉擇、一個人規劃生涯的生活方式。所以，愛情是一種「向自己死去」的決定，向我行我素死去，向單獨過活死去。同樣，愛情也包括向婚外情死去，以致能夠持續性的享受婚姻之內的性愛。此外，面對死亡的真實性，相愛的男女如果不能天長地久，至少可以彼此矢志不渝。生命是短暫的，男女更要曉得把握現在以持續性的相愛，並珍惜相愛的每時每刻。

同時，雅歌女子形容愛情為猛烈。雅歌用強烈的措辭來形容愛情。愛情是猛烈的，所具備的熱情會是嚴重的。愛情被詩人擬人化，能夠帶出宇宙性的力量。就熱情而言，妒忌引發的火，是毀滅性的火焰。在立約的基礎上，上帝不容他的百姓事奉他神。以色列人拜偶像就是毀約和背信，破壞了神人關係。同樣，在婚約的基礎上，第三者的存在是不能容忍的。我們或許已經知道婚外的性愛所帶來的破壞力量，不只拆毀一個美好的家庭，也造成當事人和孩子們心理上、心靈上永久的創傷。阻擋這些破壞力量的，就是對愛情的初衷和熾熱，就是連「眾水」(破壞的勢力)都不能熄滅的熱情和委身。

11.2 兄弟的情誼(八8～10)

雅歌女子的哥哥們與她對話。他們似乎在解釋之前他們對她的愛情諸多攔阻，是出自於對妹妹的保護。在古代近東的社會，一個家庭裏如果沒有父親當家，就是哥哥當家。創世記提到利百加的哥哥拉班，在利百加和以撒的婚姻上也扮演著決定性的作用(創二十四章)。雅歌從未提及雅歌女子的父親，卻一直提到母親(一6，三4、11，六9，八1、2、5)。雅歌女子哥哥們有責任保護她。這種保護包括維護她的貞潔，並決定她的婚事，就如經文裏提到的「提親」。

哥哥守護妹妹的貞潔，並為她的失貞而復仇，在希伯來聖經是有據可循的，例如底拿的哥哥們(創三十四7～31)和她瑪的哥哥押沙龍(撒下十三章)。

故此，雅歌女子的哥哥們為了保護她而看守她。「她的兩乳尚未長成」是還沒有成年的說法。一般上，希伯來聖經其他書卷描述一個人之所以被界定為成長，就是以曉得棄惡擇善（賽七15）或曉不曉得叫父母（賽八4），又或能不能分辨左手右手（拿四11）。所以，女子的哥哥們說法有點奇怪。用乳房的發育來描繪一個人的成長，是在雅歌的語境之下才有的概念，何況雅歌也有不少篇幅論述女子的胸部（參八1）。她的哥哥們認為她身體的發育還不成熟，不適合談婚論嫁。

故此，她的哥哥們為她的提親的事而問：「我們當為她怎樣辦理？」為著他們的妹妹，他們顧慮如何處理提親的事。「提親」（*šeyyəḏubbar*）明顯是中文翻譯所提供的相關場景，整句的意思是「她被提起話題的那一天」。這話題很明顯是指談婚論嫁的事。提親應該是在雅歌女子婚前才有的事。所以，這裏可能是雅歌女子的一種回憶。

接著是提到兩個隱喻——「牆」和「門」（9節）。面對一道牆，人就不能通過；面對一道門的話，閉門的時候不能通過，在開門之後則可以通過。因此，人可以選擇開門或閉門。作為隱喻，「牆」和「門」是隔開、圍住和保護的一道防守。它們都是女子貞潔（chastity）的隱喻，「牆」和「門」都是一層相隔兩方的攔阻，只是「門」可以隨意被開啟。「門」因此容易被認為是傾向亂交的隱喻。

「她若是牆」中的「牆」（*ḥômāh*），指的是女子守身如玉，像一道「牆」一樣擋住威脅、抵抗婚前的性愛。那麼，「建造銀塔」是指眾位哥哥會加倍的保護她的貞操。「塔」（*ṭîrah*）其實是有「紮營」的意思，在希伯來聖經其他書卷是解作「營寨」（創二十五16；民三十一10）。紮營或營寨的意思反映戰爭時兵馬隊伍紮營休息，同時謹慎看守，保護城內的人的意思。「銀」的材料當然比一般的材料來得好，而且有價值。「銀塔」本意是為了加固城堡，若應用在雅歌，是指不能讓危險臨到雅歌女子的「貞潔」。

她若是「門」（*deleṯ*），一般是指女子可能會開門讓別人進來，這表示她可能默許婚前有性愛，不懂得潔身自愛。不過，有學者指出，這裏所提及的「門」，並非是敞開的門；若是敞開的門，詩人可以用另外一個希伯來字「門口」（*petaḥ*）。❽ 這裏的「門」是關閉的。這麼一來，下一句則完全可以理解了，因為哥哥們就是要加強保護。她的哥哥們說，如果妹妹是「門」，他們「用香柏木板圍護她」。香柏木是質料堅固的木材，可用來建造聖殿的材料（王上六15～20）。香柏木的價值也昂貴，用來防護「門」就反映貞潔的珍貴。「圍護」（*nāṣûr*）有限制、關閉或綁定的意思，大意是傳達設限，使她不能自由。如果妹妹是「門」，他們就會在門上綁上堅硬的「香柏木」，提高安全的保護。可能他們會限制她在家中，使她不能出門，目的是為了保護她。這個限制和關閉的動機，明顯絕非惡意。換句話說，無論是「牆」還是「門」，他們也會加強措施保護她。如果妹妹曉得保護自己，哥哥們會極力保護妹妹的貞潔，確保她守身如玉，以處女之身完璧出嫁。

雅歌女子的回答來得很快，或許是時候她為自己辯護。她說：「我是牆」，意思是說她不是「門」，表示她沒他們想像中那麼隨便。雅歌女子似乎認為哥哥們的操心乃多此一舉，她說：「我是牆」是清楚有力的回答。哥哥們的保護和關心態度在她看來是不必要的。

除了「我是牆」，雅歌女子也對哥哥們反駁「我兩乳像其上的樓」（「樓」在「和修版」譯作「塔」）。他們說「她的兩乳尚未長成」（八8），她立即自辯自己的兩乳其實已經成長，而且像「塔」那麼高起和挺拔。「塔」（*miḡdālôṯ*）在這裏是一個複數名詞，指的是女子的雙乳。雅歌女子自辯自己的雙乳像塔，是一種誇張的比喻。

接著的「那時」（10節）指的是女子已發育的時期，需要找到「平安的人」，意思是說那時她已經有了心儀的對象。說話的人是雅歌女子，這裏「在他眼中」（*ḇəʿênāyw*）的「他」是指她的良人，「眼中」是指留下的印象。在她良人的印象中，她是一個找到了安定和祥和的人。換句話說，她從此芳心不再漂泊。

至於「平安」(*šālôm*)，是指一種祥和的狀態，也有安全、滿足、整全的意思。故此，「環球聖經譯本」譯作「獲得安全」。「平安」與11節的「所羅門」有關，因為兩者的詞根相同。「所羅門」是整卷雅歌的「王」，也就是雅歌女子心目中的良人。雅歌女子和哥哥們的互動，就好像今天一些已經芳心暗許的女子與家裏長輩的互動。女子認為自己已經情根深種，可以談戀愛了，但是家人卻認為她還沒預備好，不可輕舉妄動。雅歌女子反駁說：「我在他眼中像得平安的人。」意思是，她那時候早已心有所屬、找到她的「所羅門」了。

11.3 彼此委終身(八 11～14)

這是雅歌最後一詩段。這段有雅歌男女彼此對話，整卷書以此為「愛情頌」告一段落。11至12節是女子說話，歌頌她的良人，13節是男子回應，而14節，也就是最後一句，出自女子的口：「我的良人哪，求你快來！如羚羊或小鹿在香草山上。」口吻和內容就如前面兩次般迫切(二9、17)。

雅歌男子再次被佳偶譽為「所羅門」(參三9、11)，男子曾經也有兩次在佳偶口中以「王」的姿態出現，顯示他是雅歌的男主角(一4、12，三9、11，七5〔希伯來聖經〕七6)。詩文提及的「巴力．哈們」，希伯來聖經沒記載過這個地名，而它的所在地也不易於尋找。有學者嘗試將它與典外文獻「猶滴傳」提及過一個名叫「巴拉蒙」(Balamon)的地方(「猶滴傳」8.3)聯上關係。根據BDB，「巴力．哈們」是一個別號，所指意思是「豐盛的主人」(lord of abundance)。❾ 歷史上的所羅門王富堪敵國是毋庸置疑的。雅歌女子用「巴力．哈們」這個綽號，俏皮地提示所羅門是「豐盛的主人」或「富裕的丈夫」，並與她的良人拉上關係。

「葡萄園」的題旨重複在這個詩節(八5～14)出現，用以呼應第一詩節(一2～8)。「葡萄園」在這裏和下一節一共出現三次。這「葡萄園」有兩層的意義，就是字面的和隱喻的意義。這兩層意義可能一起進行。按照字面，這一節的「葡萄園」是指產業，所羅門王在位時極其富裕，相信亦擁有無數葡萄園。按照隱喻，從雅歌的語境裏，「葡萄園」經常與性愛有關，也關聯雅歌女子的身體(一6、14，二15，七12〔希伯來聖經〕七13)，字面和隱喻之間的含糊，或許是詩人刻意塑造的詩歌意境。雅歌女子的「葡萄園」，如今已經屬於「所羅門」。

「交給」(*nāṯan*；11 節)原文意思是「給」或「送給」。歷史上的所羅門王把他無數產業託付給人管理，而雅歌這裏卻要反映「所羅門」把「葡萄園」託付給「看守的人」。「看守的人」(*lannōṭrîm*)是一個分詞作名詞用，它的動詞在雅歌曾出現四次(一 6 [x2]，八 11、12)，一章 6 節出現的兩次「看守」，第一次是雅歌女子的哥哥們向她發怒，並要她「看守」葡萄園，而第二次是她回應說：「我自己的葡萄園卻沒有看守」。八章 11 節重複使用「看守」這個動詞，顯示這兩段經文的關係密切。想必所羅門王有很多護衛和手下幫忙他打理政事的，說明雅歌女子不必親自看守「葡萄園」，也不像婚前看守哥哥們的「葡萄園」一樣。這裏提到「一千舍客勒銀子」，是指「葡萄園」出產的價值。以賽亞書曾這樣說：種一千棵葡萄樹的價值，是一千舍客勒(賽七 23)，由此可見雅歌這裏的「一千舍客勒銀子」是大筆的金額。

「葡萄園」的字面和隱喻兩層意義是同時進行的，兩者間中的含糊，是詩人一種詩歌的意境。按照字面的理解，雅歌女子親力親為，為自己去管理葡萄園，所以她說「我自己的葡萄園在我面前」；但接著，她又說：「一千舍客勒歸你」，這是指若地裏出產的葡萄賣一千的話，全數都歸給良人，反正葡萄園如今也是她的了。而這裏提及的「二百舍客勒」，應該是指看守葡萄園的人的工價，所以應該留給協助打理葡萄園的人。

按照隱喻的理解，雅歌女子說：「我自己的葡萄園在我面前」，這句子原文直譯是「我的葡萄園、是我的、是屬於我的」(*karmî šellî ləpānāy*)。我們不難發現女子要強調的「她的」。她已經脫離家庭的管束，她長大又已成熟，可以獨立了。她的「葡萄園」雖不屬於她的家人，但卻屬於「所羅門」。這反映古代以色列社會的家庭觀念，女子婚前屬於父家，婚後屬於夫家。

「你的聲音」(*ləqôlēḵ*；13 節)是有一個第二身陰性代名詞後綴，所以它是「妳的聲音」。良人曾經也說過類似的話：「求你容我……得聽你的聲音；因為你的聲音柔和」(二 14)，這裏亦然，其不同之處在於在場的多位「同伴」(*ḥăḇērîm*；複數名詞)似乎也為雅歌女子的聲音而被吸引。「同伴」(*ḥāḇēr*)是指朋友，他們與她的良人一樣也是牧羊人。他們是雅歌裏的羣體聲音，是雅歌男女愛情的支持者、婚姻的見證人。如今，進入「愛情頌」的尾聲，他們要繼續聆聽雅歌女子的聲音，彷彿是為了讓愛情詩歌的吟唱流傳下去、生生不息。

這裏又提到「住在園中的」，它帶出重要的概念。如今雅歌女子已住在園中。雅歌女子成為眾所矚目的焦點，大家期待她、欣賞她。良人對佳偶更是心悅誠服。

雅歌女子說「我自己的葡萄園在我面前」的立場清楚、充滿自信。她的良人在這一節是屬於甘拜下風的姿態，對她說：「求你……」雅歌男子似乎在暗示渴望兩人可以單獨相處，好讓他們得以發揮他們的激情。他懇求雅歌女子讓他聽見她的聲音，意思是說，他們愛情故事可以繼續吟唱下去，就讓佳偶繼續吟唱吧！男子的懇求，為他們持續相愛而鋪路。就如下一節、也就是最後一節可見，雅歌的「愛情頌」餘音未了，還不算劃上句號。

在這最後一句中，雅歌女子又再稱她的佳偶為「我的良人哪」。她曾喚起她的良人，看他像羚羊和小鹿般輕快蹦跳的動作（二 9、17），反映相愛之人的赤子之心。雅歌女子在此並沒有回應眾人的期待，她只是把焦點鎖定在她的良人身上。她熱切地呼喚「我的良人哪，求你快來！」她也想從眾人當中抽離出來，把所有的注意力都投在良人身上。而且，要「如羚羊或小鹿」般輕快離開眾人，雙雙朝向屬於她們的香草山去。

回顧雅歌女子在第二章，她呼喚良人時存有慾望（二 9、17）。在這裏，她熱切的心沒有減退。雅歌曾兩次提到他們一同去一座山，在二章，雅歌女子呼喚良人在天起涼風之時，回去崎嶇的山上（二 17）；在四章，也是天起涼風的時候，良人說他要去沒藥山和乳香崗（四 6）。這裏的「在香草山上」是第三次。在這裏，則是女子呼喚良人去「香草山」（*hārê ḇəśāmîm*）。「香草」（*bōśem*）出現於雅歌無數次，意指「香料」（參四 10、14，五 1）、「香氣」（四 16）、「香花園」（五 13，六 2），這裏則是「香草山」。可想而知，她們其實是回到屬於他們兩人的愛情樂園裏。在雅歌，「山」是胸部的隱喻，格勒特認為這裏或許有更廣的意義，就是愛情有宏偉、美麗與持久性的場景。[10] 雅歌男女的愛情，可說有天地作見證。

在這裏，作為雅歌詩歌集最後一句，雅歌女子渴慕與良人繼續享受二人世界的親密，不受外界所干擾。我們可以想像，雅歌男女雙雙去到山區享受屬於他們自己的空間，留下眾人遠遠地憧憬愛情的願景。依舜指出，這裏是一個充滿靈感的結局（an inspired ending）。⓫ 與其為雅歌作總結，這一節把讀者牽引回去更早的戀愛階段，而且還渴望有更多。換句話說，雅歌「愛情頌」沒有完結篇。雅歌男女在永遠的熱戀中。

雅歌以女子說「願他用口與我親嘴」（一2）開首，也以「求你快來！」（八14）為休止。女子的聲音在雅歌屬於前後呼應，成為一卷精彩絕倫、引人入勝的愛情詩歌集的框架。雅歌的愛情詩歌集沒有目的地，兩人沒有說「我們已經愛夠了。」杜古德認為雅歌好像一個旅程，邀請讀者與所愛的人去體驗這個「永無完結」的旅程。⓬

整體而言，雅歌到了這裏，佳偶和良人的「愛情頌」也暫告一段落。我們檢視了佳偶和良人從愛慕期待，到委託終身的愛情故事。讀一遍雅歌，我們得以體會相愛的男女如何真摯坦誠地傾心吐意。女子直言自己如何熱切地思念她的良人，甚至渴慕身體上親密接觸。愛她的良人是如何欣賞她的體態美容，湧溢地讚賞她、戀慕她。過程中不乏相思成病、忐忑不安和諸多牽掛！真摯的愛情卻經得起這一切心理負擔，只要一心一意追求愛情並且對愛情投以委身。雅歌男女的愛情，可說是堅決真摯，千金不換。我們希望雅歌男女的「愛情頌」成為世上相愛男女的回響，以致「她和他從此過著幸福快樂的生活」不只是憧憬，而是事實。

信仰反省

雅歌傳達愛的堅定和牢固，如沖天大火，不能被眾水熄滅、也不能被江河淹沒(八6～7)。使徒保羅也比喻基督的愛，是不能被患難、困苦、逼害、飢餓、赤身露體、危險和刀劍所隔絕的(羅八35)。舊約的愛(*ʾahăḇāh*)與新約的愛(*agapē*)應該有個對話的空間。

閱讀雅歌之後，我們可從雅歌男女的愛情知道上帝是肯定人間的愛情。雅歌的出現，使我們知道希伯來聖經所提倡的是真摯不偽的愛，它不否定夫妻之間享受的性愛，也不提倡結婚是為了傳宗接代。此外，人與人之間除了夫妻的愛和熱戀男女的愛之外，也有信仰羣體彼此的愛。雅歌男女的同伴和耶路撒冷眾女子，是支持她們相愛的羣體。對於信仰羣體的愛，被稱為「愛的使徒」的約翰強調，信徒之間要有合一的愛：「你們若有彼此相愛的心，眾人因此就認出你們是我的門徒了。」(約十三35)

聖經也留下記錄，傳達基督親口說他愛我們：「我愛你們，正如父愛我一樣；你們要常在我的愛裏。」(約十五9)而他也說自己常在天父的愛裏(約十五10)。對於愛的教導，恐怕沒有基督徒不熟悉哥林多前書裏的「愛的真諦」(林前十三1～13)，特別是說到「愛是永不止息」(林前十三8上)。佳偶和良人的愛，在雅歌的最後亦是沒有止息。

詩文中那極其猛烈的火焰，提醒我們愛情的體驗和委身，需要在上帝的愛之基礎上來理解。雅歌的愛有宇宙性的闊度，因為它來自創造主上帝。

溫習及思考問題

1. 這一章的詩節(八8～14)如何與第一個詩節(一2～8)前後呼應？
2. 按照學者的看法，「在蘋果樹下」和「生養」及「劬勞」(八5)的組合，構成甚麼的含義？
3. 雅歌八章6節提到心裏的「印記」之比喻。人一般上會用甚麼來比喻心頭上的愛人？
4. 雅歌女子有壯烈的愛情宣言，她重複用與「火」有關的詞形容愛情猛烈，藉此宣告自己的熱情(八6)。換作是你，你用甚麼比喻愛情的力量？你用甚麼比喻你的熱情？
5. 請討論八章6節裏所指的是「耶和華的烈焰」(「和合本」)還是「極其猛

烈的火焰」(「和修版」)?

6. 除了耶路撒冷眾女子，雅歌也出現雅歌女子的兄弟們。他們在雅歌的重要性何在？
7. 如何解釋雅歌最後出現的「所羅門」(八 11)?
8. 「雅歌愛情頌沒有完結篇，雅歌男女在永遠的熱戀中」的說法，你贊成嗎？
9. 這一章是雅歌最後的詩節，被視為「最美的歌」，有否讓你為之心動？最感動你的詩句是哪一詩節？令你產生同感嗎？

短註

❶ 赫斯認為八章 3 至 7 節是解讀雅歌全書的鑰匙。他的討論可參 Hess, *Song of Songs*, 235；另參 Longman III, *Song of Songs*, 206。

❷ 學者甚至認為「母親」和「樹」是反映傳宗接代和家庭樹的概念。參 Garrett and House, *Song of Songs/Lamentations*, 253；Duguid, *The Song of Songs*, 154；Hess, *Song of Songs*, 237。

❸ 有考古圖案顯示，一名埃及的祭司手指上戴著法老王名字的印章。參 Keel, *The Song of Songs*, 271。

❹ 古代近東神明的敘事，可參 J. C. L. Gibson, "Baal and Mot," 68～81, 主要參考頁 72。

❺ 埃及神明的敘事，可參 Lichtheim, *AEL*, 2:83；另參 Keel, *The Song of Songs*, 274。

❻ 學者把洶湧的水之景象關聯於宇宙作解讀的，參 Exum, *Song of Songs*, 253～254；Longman III, *Song of Songs*, 212～214；Duguid, *Song of Songs*, 155。

❼ 學者認為雅歌反映迦南神話的詞彙，參 Hess, *Song of Songs*, 239；Exum, *Song of Songs*, 254；Duguid, *Song of Songs*, 155；Keel, *The Song of Songs*, 274；Longman III, *Song of Songs*, 214。

❽ 對於「門」不是指敞開的門的討論，參 Fox, *The Song of Songs*, 172；Exum, *Song of Songs*, 258；Keel, *The Song of Songs*, 279；Garrett and House, *Song of Songs/Lamentations*, 260。

❾ 「巴力・哈們」的意義，可參 Hess, *Song of Songs*, 246。

❿ 格勒特對 14 節的山的意義，可參 Garrett and House, *Song of Songs/Lamentations*, 265。

⓫ 依舜對結尾一句的評論，可參 Exum, *Song of Songs*, 261。

⓬ 杜古德將雅歌看為一趟愛情的旅程，參 Duguid, *The Song of Songs*, 159。

緊扣時代 服事教會

以文字傳揚基督真道

讀者意見表

衷心多謝你購買本社書籍。本社一直致力以出版事工服事教會，幫助信徒扎根於神的話語，促進靈命增長。為使我們的出版更能滿足你的需要，請填寫下列各項資料，並寄回或傳真予本社。

所購書籍：________________

本書最吸引你的地方：
□作者 □適切性 □文筆 □設計 □實用性
□其他：________________

購買本書地點：
□基道書樓 □基督教書店 □非基督教書店

性別：□男 □女 職業：________________

信仰：□基督徒 □非基督徒

年齡：□ 16 歲或以下 □ 17～25 歲 □ 26～35 歲
□ 36～55 歲 □ 56 歲或以上

學歷：□中三或以下 □中五 □預科
□大學 □研究院

□我欲更多了解基道出版社的事工及考慮支持，請寄給我下列資料：
□機構簡介 □新書資料 □基道會員通訊
□《基道文字事工通訊》

姓名：________________ 電話：________________

地址：________________

____

傳真：________________ 電子郵件：________________

其他意見：________________

____

多謝賜教！

意見表可以傳真（2687-0281）或直接郵寄以下地址：
香港沙田火炭坳背灣街26號富騰工業中心1011室
基道出版社編輯部收